Auf Umwegen

Andreas Steffens

Auf Umwegen

Nach Hans Blumenberg denken

*Für Helmut und Franziska Fleinghaus,
meinen Lebenslesern*

Das Nachleben beginnt ein oder zwei Menschenalter nach dem Tode des Autors, das Überleben frühestens nach einem Jahrhundert, und wirklich unsterblich wird überhaupt nur ganz weniges.

Wolf von Niebelschütz
   Dichtung, Ruhm und Nachruhm

Statt nach dem Ziel des Ganzen zu fragen, soll der ideale Leser an sich nehmen, was er für seine Reise brauchen kann.

Henning Ritter
   Der Arbeiter, Nachruf, F.A.Z., 4. 4. 1996

Leben kommt vor Philosophieren, aber doch nur, damit dieses möglich sei und jenem auf die Beine helfe.

Karl Kraus
   Die Fackel, Nr. 890–905, Juli 1934

Inhalt

Vorrede   10

Erster Teil

Zu einem Portrait

Vorhergesehen
    Max Bense: Vom echten Philosophen   16
    Ernst Boch: Ichlos   20
    Paul Valéry: Reich im Geist   23
Esprit de Finesse, deutsch   25

Zweiter Teil

Hauptsächlich

Apologie der Selbstbehauptung
    Eine Jahrhundertphilosophie   32
Orbis Pictus
    Georg Christoph Lichtenberg – Hans Blumenberg   49
Erbschaft Neuzeit   58
Blumenbergs Paradox
    Anthropologie im Konjunktiv   89
Ungenannte
    Vorarbeit am Mythos: Leopold Ziegler   115
    Kein Mitbewohner seines Nootops? Reinhold Schneider   118
    Achtung durch Verschweigen: Joachim Ritter   127
Einbekannter Ursprung
    Die Herkunft der Metaphorologie   135
Kleiderordnung
    Vom philosophischen Nudismus zum Ideenkleid:
    Das anthropologische Potential der Metaphorologie   140

An Bord gerufen: Heimkehr ins Nicht 150
Landungsbrücke Philosophie
    Ein verschwiegener Pionier der Metaphorologie 160
Philosophie jenseits der Philosophie
    Eine Mikrologie übersehener Bedeutung 168
Vorwegnahme posthumer Ausdrücklichkeit 176

Dritter Teil

Gelegentlich

Erdachtes Leben
    Wie Hans Blumenberg sich von Georg Simmel
    erfinden ließ 182
Georg Simmels Entdeckung der Lebenswelt
    Eine lebensphilosophische Marginalie 191
Kein Fest in Sicht
    Anmerkung zum unbemerkten Ende
    der Postmoderne 197
Noch nicht genau genug gesehen?
    Paul Valéry oder Das Buch, das fehlt 201
Ausgerechnet Löwen
    Eine Kunst der Fabel 209
Unterwegs mit einem Löwen 214
Fataler Besuchsversuch
    Ein Löwe zuviel 216
Ein-Satz-Theorie des Romans
    Und deren Einlösung durch Georges Perec 223
Der unendliche Autor 229
Eine beiläufige Promotion
    Hitlers Ideen 231
Auschwitz am Himmel 239
Ein akkurater Fehler 245
Hintersinn 247

Fragwürdigkeit des Aphorismus'
    Ankunft ohne Reise oder Rigorismus im Konjunktiv 249
    Gefahr der Kürze 253
Sprachlosigkeit einer Akademie
    für Sprache und Dichtung 256
Keine Frage 259
Ein Motto für philosophische Selbstbehauptung 262
Letzte Worte, nacherfunden und vorhergesagt 263
In anderem Namen 268
Philosophenhunde 271
Der wirkliche Buber
    Husserls gelebte Epoché 278
Ein Schnittmuster für Husserls Ideenkleid
    Vorläufer Fontane 283
Ein Stattdessen, das keines ist
    Erotik noch im Denken 288
Schwierigkeit der Philosophie 292
Zu wenig, zu viel
    Der Umfang von Gesamtausgaben 294
Nicht verschmäht
    Alkohol und Nikotin 298
Worüber zu schweigen war
    Bedeutende Förderung durch einen einzigen Satz 306
Sie oder Wir
    Aussichtslosigkeit der Weltrettung 309
Aus der Kindheit
    Die Erscheinung der Erscheinung 319
Hauptsächlich nebenbei
    Gnosis als Hobby 324
Ironie der Geschichte 327
Mehr als genug
    Ertrag der Nachdenklichkeit 329
Im Geflecht der Bezüglichkeiten
    Zum Titelbild 336

Nachweise 339

Vorrede

Kein Schreiben ohne Lesen. Wer schreibend liest, wird schließlich über Gelesenes schreiben. An jedem Satz eines Autors formulieren seine Lektüren mit. Das Geheimnis der Schrift ist ein erinnerungsloses Gedächtnis des Gelesenen. *Wir alle sind, was wir gelesen.* Inmitten der schleichenden Verdrängung der Schrift durch das Bild als Kulturtechnik der Weltteilhabe gilt diese Zeile aus Josephs von Eichendorff *Bilderbuch aus meiner Jugend,* die Golo Mann als Titel der Sammlung seiner Lektüre-Essays wählte, nur noch für die, die ihr Leben schreibend führen, und sich lesend in ihm orientieren. Einst Bildungsmittel aller, wird Geschriebenes zum Bildungsgut weniger. Aber die Bilder, die es ersetzen, sprechen nicht. Kein Bild hat jemals die Redensart erfüllt, es sage ›mehr als tausend Worte‹. Schweigend wartet jedes darauf, zur Sprache gebracht zu werden.

Das stumme Gespräch mit den Schriften anderer gehört zur eigenen Autorschaft, wie das Gespräch unter Lesern über deren Hervorbringungen zu den Glücksfällen ihrer Wirkung. Ganz besonders, wenn, wie in der Philosophie, die Gegenstände des eigenen Schreibens bereits Geschriebenes sind. Die Sprachgestalt des Denkens äußert sich als Schrift.

Passionierte Leser, lecteurs fervents. Der Autor hat an ihnen eine Hausmacht, die zuweilen, etwa durch Briefe, Besuche oder bei anderen Gelegenheiten in Erscheinung tritt – doch nur in Spitzen und zum Teil. Wichtiger ist ihre schweigende Gegenwart (Ernst Jünger, *Autor*, 60 f.). Jedoch nur für den gelesenen Autor. Nicht für dessen Leser.

Eine solche andere Gelegenheit ist ein eigenes Buch. Mit diesem endet das Schweigen meiner Autorschaft als Leser Hans Blumenbergs.

Sie begann mit der Notiz, die ich mir am 28. Juni 1983 machte: »Hans Blumenberg oder Die Übersetzung des esprit de finesse ins Deutsche«. Sie klingt bereits wie der Titel eines Buches, und erscheint mir im Rückblick als Motto zu dem, was dieses bietet.

Wer die Optik des Denkens derart schärft wie er, muß die Neigung wecken, sie auch auf ihn selbst zu richten. Das habe ich über die Jahre immer wieder getan, seit ich ihn 1980 mit der Lektüre von *Schiffbruch mit Zuschauer* und der *Arbeit am Mythos* entdeckte, und den Vortragenden daraufhin als Schwarzhörer in Münster erlebte. Sein Hörer war ich nur einige Zeit; sein Leser bin ich geblieben. Ein Lebensleser.

Daß Philosophie bei so viel Unerträglichem auch ein Werk wie seines hervorbringen konnte, hat dazu beigetragen, daß ich dabeiblieb, trotz vielfacher Desertionen in andere Regionen, trotz oft lange währender mehr als nur widriger Umstände, die es mit sich bringt, sich dem Nachdenken als einer Lebensaufgabe zu widmen. So spröde es bei aller sprachlichen Eleganz aufs Ganze ist, diese Kraft zur Verführung hat dieses Werk. Es kann die überhebliche Lust auf ›Nachfolge‹ wecken, die es nicht nur nicht geben kann, die für den, der sich dazu verführen ließe, auch die bedenklichsten Lebensfolgen haben müßte in Zeiten, die vom Denken weniger als Teil des Lebens aller nichts mehr wissen wollen.

So viele veröffentlichte Schriften es von ihm gibt, so wenig bekannt ist ihr Autor; gerade wenig genug, um sich anhand ihrer viel denken zu können. Sein Lebenswerk ist so reich nicht nur an Umfang, sondern an Wahrnehmungen, an denen seine Lieblingstugend der

Nachdenklichkeit Nahrung finden kann, daß es eine eigene Lebensaufgabe wäre, es zu erschließen und angemessen zu präsentieren.

Das empfiehlt sich nicht. Sich darauf einzulassen, wäre auch nicht im Sinne eines Philosophen, der für einen nur den halten wollte, der ohne Philosophie leben kann – und sich des Vergnügens versichert, das darin liegt, es dennoch zu tun, weil es sich *mit* ihr ein wenig besser leben läßt, als es ohne sie der Fall wäre. Wenn schon nicht für alle, für die sie denkt, wenigstens für die wenigen, die es tun. Philosophie ist der Luxus einiger, zu bedenken, was alle angeht. Daran sollte dabei immer wieder gedacht werden.

Philosophen sind Solitäre. Sie gehören zu den letzten, die noch eine Chance darauf haben, Wilhelms von Humboldt Ideal eines geisteswissenschaftlichen Lebens ›in Einsamkeit und Freiheit‹ zu erfüllen. Vorausgesetzt, es gelingt ihnen, sich von akademischen Pflichten zu eigener Arbeitszeit ausreichend freizuhalten. Das wußte Hans Blumenberg so konsequent sicherzustellen, daß er fakultätsnotorischer Mißgunst umso mehr Nahrung lieferte, als er sich den akademischen Umtrieben entzog. Auch am Ort seines Wirkens bestand er auf der Verborgenheit seiner Person, aus der er nur für die Dauer seiner Lehrstunden hervortrat, wenn er seinen Hörsaal betrat. Durch einen Nebeneingang. Seiner Maxime entsprechend, zielsicher sei nur der Umweg.

Einer, der nicht den Ehrgeiz zu erkennen gibt, eine eigene ›Schule‹ zu begründen, muß sich dem Verdacht aussetzen, es nicht ganz ernst zu meinen.

Unter ›Schule‹ verstehen wir in der Philosophie die zünftige Form der akademischen Wissenschaft seit Schopenhauer, der ihrerseits seit dem späten Altertum die traditionelle Form der philosophischen Schulbil-

dung vorausging (Gadamer, *Lehrjahre*, 236). Seit ihrer Akademisierung mit der Ausbildung der universitären Wissenschaftsorganisation im 19. Jahrhundert gehört sie zur Philosophie so sehr, daß als ein Philosoph nur gilt, dem es gelingt, die Angehörigen seiner ›Zunft‹ dazu zu bewegen, ihn im Zitationskarussell und Rezensionswesen der Fachorgane nicht zu übergehen, und denen Karriereaussichten zu eröffnen, die sich ihm als ›Schüler‹ zugesellen.

Erst nach Erscheinen der *Legitimität der Neuzeit* fand man sich angesichts deren stupender Gelehrsamkeit dazu bereit. Gadamers und Löwiths Rezensionen in der *Philosophischen Rundschau* bezeugten einen Respekt, der weniger erwiesen wurde, als er der Tarnung des Unwillens diente, das nur widerstrebend zur Kenntnis genommene Werk in seiner Substanz anzuerkennen. Als hätte sich da eine große Begabung in etwas verrannt. Als läge der Fall längst bei den Akten, den er verhandelte. Die Zeugnisse, die er zur Wiederaufnahme beibrachte, waren dann doch zu gewichtig.

Das Widerstreben des Fachs erstarrte zur Ignoranz, als die *Arbeit am Mythos* bewies, was man immer schon beargwöhnt hatte, es mit einem zu tun zu haben, der mehr ›Literat‹ als Philosoph sei. Dafür, daß das sogar stimmte, ohne doch die philosophische Dignität seiner Schriften zu beeinträchtigen, lieferte die Veröffentlichung der frühen Feuilletons einen späten Beweis, wenn es noch eines bedurft hätte. Bevor er als akademischer Philosoph auftrat, war Blumenberg bereits ein glänzender Schriftsteller. Und blieb es als jener.

Paradoxerweise machen diejenigen am intensivsten Schule, die es darauf nicht angelegt haben. Das klassische Ideal eines Philosophenlebens im Verborgenen erfüllte Wittgenstein wie kaum einer, und machte doch

Schule wie nur wenige. Anders Blumenberg. Er hatte Schüler, aber keine Schule. Und gelangte zu einer spät, dann umso mächtiger einsetzenden Wirkung. Die sich seit einem Jahrzehnt stetig intensivierende akademische Erarbeitung seines Nachlasses und dessen schrittweise Publikation führen zwar zu einer späten posthumen Rezeption, ohne jedoch die Wirkungen nachzuholen, die ›Schulen‹ im glücklichen Fall entfalten. Der Solitär wird von Jahr zu Jahr unübersehbarer, gäbe es diese Steigerungsform. Und wirkt damit noch einmal so abschreckend, wie auf den Wanderer in Tiefebenen die Aussicht, ein Gebirgsmassiv zu ersteigen.

Das hat auch mit der Verlegenheit zu tun, die er mit Georg Simmel teilte, an der Aufgabe zu scheitern, seine Philosophie auf einer Seite zusammenzufassen. Blumenbergs Werk enthält so viel Philosophie, daß seine eigene unter dem sprichwörtlichen Eisberg seiner Gelehrsamkeit verborgen liegt. War zu Lebzeiten bereits in beeindruckender Massivität wahrnehmbar, was sich oberhalb der Wasserlinie des Publizierten befindet, wird mit der Erschließung des monumentalen Nachlasses auch die tragende Masse darunter sichtbar.

In jedem seiner Sätze spürbar, hat er sie auf keine griffigen Parolen gebracht. Ausgenommen die Formel der ›humanen Selbstbehauptung‹, die er zur Kennzeichnung der Neuzeit prägte, deren Garant unbeschränkte ›theoretische Neugierde‹ ist. Als akademischer Lehrer unterrichtete er über die Philosophien der anderen, nicht über seine. Sie erscheint weniger in eigenen Bestimmungen, als in der Form ihrer Aussagen, als Gewebe des Beziehungsgeflechtes, zu dem sein Nachdenken sich immer engmaschiger verdichtete.

Wie umgehen mit einem Denken, das es auf Gefolgschaft nicht anlegte; wie mit einem, der nur wenig dafür tat, die Bedingungen für Wirkung zu erfüllen, und sich den Institutionen immer stärker verweigerte? Einem, der alles tat, seiner Person fern zu bleiben, von dem das abschreckende Gerücht umging, zum Examen nur zuzulassen, wer ihm eine der Kritiken Kants in einem Schuhkarton verzettelt vorweisen könne, und doch beachtet zu werden so sehr wünschte, daß er sein Spätwerk unveröffentlicht ließ, als er überzeugt war, das Geleistete fände nicht die gebührende Aufmerksamkeit? Einem, der zuletzt schrieb ohne Erwartung einer Leserschaft?

Indem man ihm nachdenkt. Ansetzt, aufnimmt und fortführt dort, wo es einen im Eigenen berührt.

Das Buch versammelt neben ausführlicheren Studien zu Themen, Gedanken und Kontexten Hans Blumenbergs, die zu den wesentlichen Referenzen meiner eigenen Beiträge zur Anthropologie und Ästhetik gehören, Glossen, Notizen und Aufzeichnungen. Zusammengenommen, ergeben sie als Dokumente der Aneignung eines Werkes zur Selbstverständigung in Eigenem eine Art persönlichen Portraits in Gestalt einer individuellen ›Wirkungsgeschichte‹. Sie ist so fragmentarisch und andauernd, wie ihr Gegenstand unerschöpflich zu sein scheint.

Hans-Georg Gadamer, *Philosophische Lehrjahre*, Frankfurt a. M. 1977
Ernst Jünger, *Autor und Autorschaft*, Stuttgart 1984
Golo Mann, *Wir alle sind, was wir gelesen. Aufsätze und Reden zur Literatur*, Frankfurt a. M. 1989
Golo Mann, »Portrait eines Literaten – Ferdinand Lion«, in: *Wir alle sind, was wir gelesen. Aufsätze und Reden zur Literatur*, Frankfurt a. M. 1989, 287–290

Erster Teil

Zu einem Portrait

> *Ist Übung im beschreibenden Entwurfe der Ideenwelt, dergestalt, daß die empirische von selber in sie eingeht und in ihr sich löst, die Aufgabe des Philosophen, so gewinnt er die erhobne Mitte zwischen dem Forscher und dem Künstler.*
>
> Walter Benjamin
> Ursprung des deutschen Trauerspiels

Vorhergesehen

Max Bense: Der echte Philosoph

In einem seiner ersten Nachkriegsessays hat Max Bense den echten vom falschen Philosophen unterschieden. *Den echten stimmt die Welt heiter; der unechte ist von ihr enttäuscht. Der echte Philosoph ist immer ein wenig herb, der unechte neigt zur Rührseligkeit. Der echte Philosoph ist großmütig; der Geist ist ihm so viel wert wie das Leben, der Wein so viel wie die Wahrheit. Er will sehen; das Auge ist bei ihm ein Organ der Lust geworden, obwohl er längst in die heimlichen und altbekannten Fragwürdigkeiten der Welt hineingeschaut hat. Das Gedeihliche indessen nimmt er behutsam aus den Zeiten und fügt es seinem Bauwerk ein, und wenn die Menschheit darüber lacht, lächelt er auch, spielt weiter, aber ist ohne Zorn; packt ihn aber der Zorn, dann wirft er nicht sein Tintenfaß nach dem Teufel, dann lädt er ihn ein zum Gastmahl und versucht im Umtrunk über ihn zu siegen. Das Einverständnis mit der Unzulänglichkeit der Wesen nimmt ihm die Biederkeit, er wird nie den Weg zur Kanzel nehmen, die Unterhaltung wiegt ihm schwerer als die Predigt, aber die Erde selbst ist ihm doch nicht mehr einladend genug, um hier in aller Ewigkeit zu verweilen* (Bense, *Umgang*, 13).

Je länger ich darüber nachdenke, desto mehr zeichnen sich darin in einer fast beängstigend treffenden Weise Züge des Philosophen Hans Blumenberg ab – das Bemühen, sich von ihren Zuständen nicht über die Welt in Zorn versetzen zu lassen, sich Heiterkeit zu bewahren oder durch noch genaueres Hinsehen wiederzugewinnen; die Lust am Sehen; die beharrliche Werkfreude des literarischen ›Baumeisters‹, der seine Manuskripte nicht nur wachsen ließ, sondern aus ihnen verwinkelte Gebäude der Überlieferung zu konstruieren wußte; das überlegene Lächeln, das nie hochmütig wurde; das Einverständnis mit der Hinfälligkeit des Menschseins, das ihn gegen Verfehlungen nachsichtig sein lassen konnte, so daß seinem erst spät auch geäußerten Nachdenken über die ›Verführbarkeit‹ des Philosophen jeder Anflug von Entlarvung fehlte.

Im Zentrum von allem aber die Auszeichnung des Auges, des Sehens als des Sinnes, der die menschliche Verfassung begründet.

In der *Verstärkung der Sichtbarkeit* sah er eine der elementaren Kulturleistungen, die sich immer wieder in der Lösung der Aufgabe zu bewähren hat, die Schutzlosigkeit des Menschen als des Wesens zu beheben, das sich den anderen sichtbar macht, wann immer es seine ›Höhlen‹ verläßt, um die Welt zu sehen zu bekommen, die es sich als seine Welt immer wieder aufs Neue erschließen und bereiten muß. *In einer anthropologisch eingestellten Blickweise auf den Höhlenausgang ist das in der metaphysisch-erkenntnistheoretisch orientierten Tradition ganz übersehene Phänomen der Übergang in die Sichtbarkeit dessen, der ins Sehen kommt, und zwar im Maße, wie ihm die Welt außerhalb der Höhle sichtbar wird – das eine Sichzeigen ist ohne das andere nicht zu haben. Das gehört zur Gründungskonstitution der Gattung Mensch* (Blumenberg, *Höhlenausgänge*, 60).

Das, was ›sich zeigt‹, ist als ›Phänomen‹ Grundbegriff und Gegenstand der Erkenntnisweise der Phänomenologie so zentral, daß sich hier der Umriß nicht nur einer Anthropologie ergibt, die vermeiden zu sollen eine der am eindringlichsten vertretenen Überzeugungen ihres Begründers gewesen ist, sondern exakt eine phänomenologische Anthropologie, die nur in der Behandlung des Menschen selbst als eines ›Phänomens‹ möglich sein kann. Als sichtbares Wesen wird er einer Erkenntnisform, die alle Erkenntnis auf die genaueste Wahrnehmung dessen gründet, was im Bewußtsein ansichtig wird, zum möglichen Gegenstand.

Und es bleibt nicht beim Gesehenwerden des Sehenden. Schon die erste Hütte – der von der Erde nicht mehr bereitgestellte Höhlenersatz –, die zur Vergrößerung des Aktionsradius bei mehrtägigen Verfolgungen von Beutetieren gedient haben mochte, ergab Ausdehnung des Volumens von Sichtbarkeit in passiver Optik, über den aufrechten Gang hinaus zu den ›aufgerichteten‹ Gehäusen um die Leiblichkeit herum. Von diesem Typus wird die ganze kulturelle Lebenssphäre sein: Verstärkung der Sichtbarkeit, von Hügelgräbern und Pyramiden über Tempel und Dome bis zu Hochhäusern und Hängebrücken (60 f.).

Gegenstand einer derart nicht nur möglich, sondern geradezu notwendig werdenden phänomenologischen Anthropologie ist nicht der Mensch, sondern seine Erscheinung im Bewußtsein. Ihre Aufgabe ist die *Genese des Erscheinungsbildes der Menschheit* (61).

Selbstbewußtsein und Selbsterhaltung sind miteinander so verflochten, daß alles Wesentliche, das der Mensch über sich selbst wissen kann, sich seiner Gabe, zu sehen, ebenso sehr verdankt, wie sie sein Überleben seit Urzeiten gewährleistete. Wir sind, weil wir sehen können; weil wir auch *uns* sehen können, können wir wissen, *was* wir sind.

Das belegt der Mythos von Narziß am anschaulichsten. Er gibt die Urszene der Selbstverfehlung, indem er nicht erkennt, daß er selbst es ist, was er als sein Spiegelbild im Wasser erblickt.

(2005)

Hans Blumenberg, *Höhlenausgänge*, Frankfurt a. M. 1989
Max Bense, *Umgang mit Philosophen*. Essays, Köln 1947, Titel-Essay, 12–27

Ernst Bloch: Ichlos

> *Und man mag sich darauf verlassen, daß unser verborgenes Leben einiges zeitigt, was zählt.*
>
> Martin Buber, überliefert von Albrecht Goes

Wieviel von seiner Person kann, darf, soll im Denken eines Philosophen stecken? Wieviel von ihr darf er hinter, neben, vor seinem Werk zu erkennen geben?

Wer jemals einem Autor persönlich begegnete, der ihm wichtig war, weiß, wie gefährlich das sein kann. Im ungünstigsten Fall wird die Person zum Hindernis für die Aufnahme ihres Werkes, oder gar zum Motiv der Abwendung von ihm. Daran ändert dann auch die Einsicht nichts, daß auch ein unangenehmer Mensch Bedeutendes zu sagen haben kann.

Je bedeutender ihm der Bremer Kaufmann Oelze als Leser und Kommentator wurde, desto mehr achtete Gottfried Benn darauf, eine persönliche Begegnung, die dieser suchte, zu vermeiden, und es bei der Brieffreundschaft zu belassen. Gleichermaßen, um nicht zu enttäuschen, wie, um nicht enttäuscht zu werden.

Die Phänomenologie verschärfte dieses Problem des Verhältnisses von Person und Werk zu einem methodischen der Erkenntniskritik. Als Erkenntnis erkennt sie nur noch an, was unabhängig sowohl von der Realität dessen ist, der denkt, wie dessen, was er denkt.

Zu den seltenen Kritikern, deren Redlichkeit es zum Versäumnis werden läßt, ihre Einwände nicht ernst zu nehmen, gehörte Ernst Bloch. Als Gegner des

Idealismus mußte er sich auch zur Phänomenologie verhalten. Er tat es im Kontext seiner politisch motivierten Zeitkritk *Erbschaft dieser Zeit* von 1935. Anders als Lukács, vermied er, sie umstandslos der Vulgärgenealogie des zur Herrschaft gelangenden Faschismus zuzuschlagen.

Als Grundstock der Phänomenologie betont er das Ichlose ihrer Denkform.

Forscher brauchen nicht persönlich bedeutend zu sein, nicht selber ein Stück Dasein außerhalb ihrer Arbeit zu bedeuten. Ihre beste Eigenschaft ist Fleiß, Genauigkeit, Treue im Kleinen; als ihr Glück gehört ihnen lediglich zu das Glück des Findens. Das Ichlose gilt nicht bloß für Mittlere, sondern bis sehr hoch hinauf; ist doch der wissenschaftlichen Arbeit bisher wesentlich, unabhängig vom erlebenden und auffassenden Subjekt zu sein (Erbschaft, 296 f.). Das ist das Programm der Phänomenologie in Kürzestform.

Fleiß, Genauigkeit, Treue im Kleinen, und das Glück des Findens zeichnen wenige Phänomenologen so aus wie Hans Blumenberg, der doch von keiner ihrer Schulen als der Ihre angenommen wurde. Da half auch nicht, von Ludwig Landgrebe, dem letzten Assistenten Husserls, akademisch beglaubigt worden zu sein, bei dem er promoviert und sich habilitiert hatte. Dabei war es wohl nicht ohne Reibung und Unzulänglichkeiten zugegangen. Beide Schriften blieben unveröffentlicht und unter Verschluß gehalten.

Als Erbe solcher ›Selbstlosigkeit‹ des Denkens hat Blumenberg streng auf seine eigene Verborgenheit geachtet. Oder, genauer, nämlich umgekehrt: als einer, der sich hatte verbergen müssen, um das Dritte Reich zu überleben, war die Phänomenologie die ihm gemäßeste Form des Denkens. Sie verlangt nach keinem ›Engagement‹, keinem Hervortreten der Person als öffentlichem Zeugen ihres Denkens. Stattdessen, in ihm von sich selbst abzusehen.

Wer ihn als Person traf, Habitus, Gestik und Diktion in sich aufnahm, der kann nicht umhin, sie aus jedem seiner Sätze heraus zu spüren. Für seine Schriften gilt besonders, daß sein Stil einen Menschen mache. Wie er macht, was er ist, zeigt genau, wer er ist. Man muß die Person hinter ihm nicht kennen, um ihr im Werk zu begegnen. Denn die Person des Philosophen verschwindet, methodisch oder nicht, nicht einfach hinter seinen Werken, sondern in sie hinein. Dort regt sie sich, ohne hervorzutreten.

Auch das fiel Ernst Bloch auf, am Begründer der Phänomenologie.

Das durchtönende Plus, ohne das es keine behaltbaren philosophischen Gedanken gibt, ist derart durch eine Art Lombard ersetzt: und Husserl hat mit der geliehenen Summe gearbeitet. Alle wichtigen Denker aber hatten ihr Plus als durchtönend, als ›personans‹, als ›Person‹ an sich selbst; nicht in individueller oder auch eigenwilliger Weise, sondern als ›philosophisches Plus‹, bezogen auf eine Gesamtanschauung und vor allem auf einen Grundinhalt, der das Denken des Kleinsten bestimmt und sich zuordnet. Es gibt dies philosophische Plus so wie es ein poetisches gibt.

So bleibt das methodisch zu Vermeidende das faktisch Unvermeidliche. Und wird zum Zusatzreiz jeder Rezeption, an der nicht nur das Denken, sondern auch die Person eines Rezipienten beteiligt ist. Man nimmt auf, was einem gemäß ist. Auch, gerade dann, wenn die Profession einen dazu verpflichtet, sich mit etwas zu befassen.

Ernst Bloch, *Erbschaft dieser Zeit* (1935), Frankfurt a. M. 1962; 1979

Paul Valéry: Reich im Geist

Dieser Mann verfügte in sich über solche Besitztümer, solche Ausblicke, er bestand aus so vielen Jahren von Lektüre, von Widerlegungen, Betrachtungen, innerlichen Kombinationen, Beobachtungen, von solchen Verzweigungen, daß seine Antworten schwer vorauszusehen waren; daß er selbst nicht wußte, wobei er enden, welche Ansicht der Dinge ihn schließlich festhalten würde, welches Gefühl in ihm überwiege, welche Krümmungen und welch unvorhergesehene Vereinfachung sich bilde, welch ein Wunsch entstehe, welche Entgegnung, welche Belichtungen.

Vielleicht war er zu jenem sonderbaren Zustand gelangt, seine eigene Entscheidung oder innere Antwort einzig unter dem Gesichtspunkt eines Auswegs betrachten zu können, wohl wissend, daß seine Aufmerksamkeit sich unendlich entwickeln ließe, und daß die Vorstellung, mit etwas fertig zu werden, in einem Geist, der sich genügend kennt, nicht den mindesten Sinn mehr hat. Er war auf der Stufe, wo das Bewußtsein keine Meinungen mehr verträgt, es sei denn, daß es ihnen ihr Gefolge von Bedingtheiten zuweist, und daß es sich einzig im Gefühl seiner Wundertaten, seiner Übungen, seiner Vertauschungen, seiner unzähligen Verdeutlichungen ausruht (wenn das ausruhen heißt).

... In seinem Haupt oder hinter seinen geschlossenen Augen geschahen merkwürdige Umdrehungen – so verschiedenartige, so freie und doch so begrenzte Veränderungen –, Lichtwirkungen wie die einer Lampe, mit der jemand ein Haus durchschritte, dessen Fenster man in der Nacht sähe, wie ferne Feste, wie nächtliche Jahrmärkte, die sich jedoch in Bahnhöfe und wildes

Getümmel verwandeln könnten, wenn man ihnen nahen könnte – oder in schreckliche Unglücke – oder in Wahrheiten und Offenbarungen ...
Es war wie das Allerheiligste und das Bordell der Möglichkeiten.
Die Gewohnheit der Betrachtung ließ diesen Geist inmitten – vermittels – seltener Zustände leben; in einem dauernden Voraussetzen rein gedanklicher Versuche; im ständigen Gebrauch der äußersten Bedingungen und der entscheidenden Denkphasen ...
Als wären die äußersten Verdünnungen, die unbekannten Leerräume, die hypothetischen Temperaturen, die ungeheuerlichen Drucke und Entladungen seine natürlichen Hilfsmittel gewesen – und nichts in ihm hätte gedacht werden können, ohne daß er es dadurch allein schon der energischsten Behandlung unterzogen und den ganzen Bereich seines Daseins auszukundschaften gesucht hätte.

Paul Valéry, »Aus dem Logbuch von Herrn Teste«, in: ders., *Herr Teste*, deutsch von Max Rychner (1927), Wiesbaden 1947, 114–117

(2010)

Esprit de Finesse, deutsch

Gesamtausgaben enthalten immer mehr als genug. Falls sie zustande kommen.

Ob es deshalb – noch – keine von ihm gibt?

Das hieße, er habe keine gewünscht. Dafür spricht der Unterton in einer Bemerkung wie dieser nicht: *Gesamtausgaben zu Lebzeiten – das war eine Verlegergnade, die noch zur letzten Jahrhundertwende kaum einem Sterblichen zuteil wurde. Inzwischen dürfen immer Jüngere ihre Werke ›versammeln‹, wenn es nur zu mehr als einem Band ausreicht* (Blumenberg, *Bewahrt vor einem Löwen*, 149). Für einen Autor seines Ranges – zu dem gehört, ihn zu kennen – ist die Gesamtausgabe zwar nicht das Ziel des Lebens, doch das angemessene Siegel seiner Leistung.

Das, was denen, die keine Liebhaber des mit einer Gesamtausgabe Geehrten sind, zu viel ist, das werden die, die welche sind, in ihr suchen, und manchmal nicht mehr finden, obwohl sie es kennen.

Dazu gehören oft und gern die vom späteren Meister sekretierten, entlegen-ungefundenen ›Jugendwerke‹. Manchen Verehrer genieren sie, wie den nachgereiften Urheber, manchen anderen bestärken sie in der Wahrnehmung dessen, worauf es hinauslief (Blumenberg, »Erstgedrucktes«, 36).

In dem Jahr, in dem Max Bense seine Essays über den Umgang mit Philosophen veröffentlichte, aus denen jene Charakteristik des Philosophen stammt, die sich so suggestiv als eine dieses Philosophen liest, erschien die erste größere Studie des siebenundzwanzigjährigen Hans Blumenberg: »Das Recht des Scheins in den menschlichen Ordnungen bei Pascal«, im 4. Heft des *Philosophischen Jahrbuchs*.

Ob er dieses eigene ›Jugendwerk‹ in eine Gesamtausgabe zu Lebzeiten aufgenommen hätte, oder es zur Aufnahme in eine spätere zugelassen hat?

Was immer es gewesen sein mag, was diese Studie zu seiner zweiten philosophischen Veröffentlichung werden ließ; aus der Rückschau auf sein Lebenswerk erscheint es vorbedeutend, daß sie Pascal gewidmet war. Hier erfüllt sich *das ›finale‹ Schema, alles Frühere sei um des Späteren willen notwendig und recht gewesen; keine Rede davon, nur der Trost des überfütterten Freundes zu sein (Fontane*, a.a.O.).

Über die Zerstreuungen nachdenkend, hatte Pascal gefunden, daß alles Unglück der Menschen einem entstammt, nämlich daß sie unfähig sind, in Ruhe in ihrem Zimmer zu bleiben (Pascal, *Religion*, II, Nr. 139).

Denkt man sich dieses Zimmer, dessen Verlassen ins Unglück bringt, als eine Bibliothek, so muß Hans Blumenberg ein glücklicher Mensch gewesen sein. Er liebte es, gelegentlich mit seinen Hörern ein wenig zu spielen, denen er ihre mangelnde Bildung und ihren geringen Eifer, von denen er in weiser Resignation, es noch anders zu erwarten, überzeugt war, vorhielt, indem er in seine Vorlesung immer wieder Anspielungen auf die Bibliothek einflocht, aus der sie ja gerade gekommen seien, und in die sie ja anschließend sogleich wieder gehen würden. Dann durchzog die Strenge der Gesichtszüge des auf Distanz Bedachten der Anflug eines sardonischen Lächelns, und ließ die Menschenfreundlichkeit des Menschenscheuen für einen Augenblick aufblitzen.

Er war wohl keiner, der gönnerhaft als einer wahrgenommen wurde, der etwas zu werden versprach; er war es längst geworden, als er hervortrat, zwanzig Jahre nach diesem Debüt 1966 mit der *Legitimität der Neuzeit*, der er ein Jahr zuvor als Präludium zu dem auf sie folgenden großen wissenschaftshistorischen Werk *Die Genesis der kopernikanischen Welt*, die 1975 erscheinen sollte, in der edition suhrkamp das Bändchen *Die kopernikanische Wende* vorausgeschickt hatte.

Und er muß früh etwas geworden sein. Fast unbeachtet, in humboldtischer ›Einsamkeit und Freiheit‹ verborgen geborgen, wie es das Amt des Universitätslehrers, das der mit Dreißig Habilitierte ausübte, damals noch ermöglichte. Als er hervortrat, tat er es als reifer universaler Geist.

Was diesen Geist auszeichnet, findet sich bei Pascal beschrieben.

Die erste Überlegung der Pensées ist dem Unterschied zwischen dem Geist der Mathematik und dem Geist des Feinsinns gewidmet. Den Feinsinn bestimmt er aus der Perspektive einer visuellen Anthropologie: *nichts ist nötig als ein scharfes Auge, aber es muß scharf sein* (*Religion*, I, Nr. 1).

Sein eigenes Auge zu schärfen, und darzulegen, was er gesehen hatte, war die Lebensanstrengung des Philosophen Blumenberg, seine ›Methode‹, und deren Ertrag zugleich.

Pascal korreliert das ›scharfe Auge‹ des Feinsinns dem *Geist der Rechtlichkeit* (I, Nr. 2). Aus diesem ist die große Geschichtsphilosophie der Neuzeit konzipiert, die als Rehabilitation und Apologie dessen vorgetragen wird, was sie als Epoche gegenüber ihren Vorgängerinnen ins Unrecht setzte. Die Geschichte als den *Akt der Selbstermächtigung des Menschen zu verstehen, der für sich beansprucht, Geschichte nicht mehr mit sich geschehen zu lassen, sondern sie zu machen* (Blumenberg, *Legitimität*, 436 f.), aber kann deshalb kein ›Unrecht‹ sein, wie es die Geschichtsphilosophie der ›Säkularisierung‹ will, weil diese die eigene

Logik des historischen Prozesses verkennt, die alles ›Neue‹ in der Geschichte sich nur als Verwirklichung dessen ereignen läßt, was substantiell in dem angelegt ist, wogegen es sich realisieren wird: die Neuzeit ist eine mögliche Konsequenz des eigenen ›Reformpotentials‹ des Mittelalters.

Gegen die geschichtsverfehlende Kategorisierung von historischem ›Recht‹ und ›Unrecht‹ setzt Blumenbergs eigener *Geist der Rechtlichkeit* die Neutralität eines Spiels der Möglichkeiten. *Aber die geschichtliche Zeit kann genauso vorgestellt werden im Modell eines aus vielen einzelnen Adern gebündelten Stranges, eines Plurals von Zusammenhängen, Traditionen, Sach- und Schulgeschichten, Rezeptionen und Reaktionen. Die Epochenschwelle wäre dann nichts anderes als das gedrängte Auftreten solcher Mutationen zwischen zwei vielleicht relativ weit auseinander liegenden Punkten des Zeitstranges* (*Legitimität*, 440).

Geschichte besteht daraus, daß die Offenheit dieses Spiels sich immer wieder zu Eindeutigkeiten und Vorherrschaften für eine bestimmte zeitliche Dauer verdichtet. Geschichte ›machen‹ heißt, sich eindeutig zu etwas bekennen, obwohl – oder weil – es auch anders sein und anderes an seiner Stelle sein könnte.

Dann kommt es darauf an, zu ergründen, wie das, was in Bestehendem an Möglichem angelegt ist, im tatsächlichen Prozeß der Geschichte zu einer neuen Wirklichkeit werden konnte. Darauf also, den *Spielraum möglicher Veränderungen* auszuleuchten (*Kopernikanische Wende*, 7).

Im Zentrum seiner Geschichtsphilosophie wird die Idee der ›Selbstbehauptung‹ des Menschen stehen, als der Kern der Berechtigung, der Legitimität der Neuzeit als der Epoche allmählicher Durchsetzung menschlicher Selbstbestimmung in der Welt.

In der frühen Pascal-Studie von 1947 wird das Motiv in der Kennzeichnung der Selbsterhaltung als *nackte Notwendigkeit der Existenzfristung, der Selbsterhaltung* angeschlagen, die Herrschaft, Ordnung und deren Anerkennung rechtfertigen (»Schein«, 416).

Es ist der Sinn für die konkreten Umstände des Lebens, der Pascals Reflexionen leitet, was den jungen Autor so sehr beeindruckt, daß er als Paraphrase seines Gegenstandes eine Maxime formuliert, die für sein eigenes Geschichtsdenken leitend sein wird. *Was dem Menschen zukommt und was von ihm gefordert werden muß, das läßt sich also nicht aus einer abstrakten Idee von Menschlichkeit deduzieren; es spielt vielmehr in Wandlung und Umschlag durch die Stufung des Menschlichen hindurch und kann nur in Entsprechung zu dieser ermessen werden* (424). Aus der Geschichte läßt ein Verständnis des Menschlichen sich nur als deren eigene Phänomenologie beziehen.

Sehr bedächtig fällt denn auch die Geste der Kritik aus, die von dem Debütanten im Gewerbe des akademischen Publizierens erwartet wird. Er setzt sie an einem Motiv an, mit dem er berührt, was jenseits des Akademischen liegt und die Person des Philosophierenden selbst betrifft. Er umschreibt es als *das weise Denken.*

Erst der aus dem Abstand von drei Jahrhunderten durch die Geschichte weitergleitende Blick vermag die Frage nach den Gefahren des politischen Ethos Pascals aufzuwerfen. Er sieht in der »Hinterhältigkeit« – im genauen Wortsinne – der »pensée de derrière« die Versuchung zu all jenen Haltungen angelegt, die in der modernen Welt und dort gerade in jüngster Zeit im Bezirk von der Ironie bis zum Zynismus aufgebrochen sind. Freilich ist die Strenge der Innenwen-

dung als Zentrum dieses Ethos dabei immer mißachtet oder gar nicht als Forderung erkannt worden (427 f.).

In der unscheinbaren Wendung des *freilich* liegt der eigene Hintersinn dieser Kritik des pascalschen Hintersinns, an dem nicht dieser zu kritisieren ist, sondern das Unverständnis seiner Kritiker für dessen Funktion. Der Hintersinn ist ein Schutzmechanismus des allein auf sich gestellten Individuums, das gut daran tut, zu umschreiben, was es über eine Wahrheit herausgefunden hat, wenn es sie nicht verschweigen kann.

Der Autor kannte den Mechanismus aus persönlicher Erfahrung bedrängend klar. Gerade zwei Jahre war es her, als diese Überlegungen gedruckt wurden, daß er sich nicht mehr unauffällig für ein Regime und schließlich verborgen vor ihm halten mußte, dessen absoluter Idee vom Menschsein er nicht genügen konnte.

Pascal hat jenen Reiz noch nicht ermessen können, den das ›Nackte‹ der Wahrheit auf den Geist der kommenden Jahrhunderte ausüben würde (428). Sein Interpret kann es umso mehr, als er erfahren hat, daß die nackte Wahrheit nicht nur eine meistens häßliche ist, sondern eine tödliche sein kann. Deshalb ist die Kritik tatsächlich eine Verteidigung: wofür Pascal zu tadeln wäre, konnte er noch nicht wissen, weshalb der Tadel unterbleiben muß.

Die Kenntnis der Wahrheit verpflichtet zur Diskretion; umso mehr ihre Unkenntnis.

Der Wahrheit ihre Nacktheit zu lassen, dieser sich hier meldende Anspruch gerade auch in eigener Sache der Person, stiftet die Aufmerksamkeit für alle Spielarten des Indirekten, begründet die Gestik des Umschreibens, des Zugriffs auf Umwegen. Genau achtet er darauf, was Pascals Metaphern leisten. Dieser

Schärfe seines Blicks wird er die eigene Gestalt seiner
›Hilfswissenschaft‹ der Metaphorologie geben.
Die Rhetorik des Indirekten wird die Physiognomie
des reifen Schriftstellers Blumenberg in beeindruckender – und manchmal ermüdender – Virtuosität prägen.

(2005)

Hans Blumenberg, »Das Recht des Scheins in den menschlichen Ordnungen bei Pascal«, in: *Philosophisches Jahrbuch*, 57. Band, 4. Heft, Fulda 1947, 413–430

Hans Blumenberg, *Die kopernikanische Wende*, Frankfurt a.
M. 1965

Hans Blumenberg, *Die Legitimität der Neuzeit*, Frankfurt a.
M. 1966

Hans Blumenberg, »Bewahrt vor einem Löwen«, in: *Gerade
noch Klassiker. Glossen zu Fontane*, München 1998

Hans Blumenberg, »Erstgedrucktes«, in: *Gerade noch Klassiker. Glossen zu Fontane*, München 1998

Blaise Pascal, *Über die Religion und über einige andere
Gegenstände (Pensées)*, übertragen und hg. von Ewald
Wasmuth, Berlin 1937

Zweiter Teil

Hauptsächlich

> *Wie aber, wenn doch noch etwas zu sagen wäre?*
> Schlußsatz der *Arbeit am Mythos*

> *Das Kriterium heißt Fruchtbarkeit.*
> Erich Rothacker, *Logik und Systematik der Geisteswissenschaften* (1926)

> *Die großen Philosophen stellen die Welt in der Ordnung der Ideen dar.*
> Walter Benjamin, *Ursprung des deutschen Trauerspiels*

Apologie der Selbstbehauptung
Eine Jahrhundertphilosophie

> *Die Idee aber ... die Ideen, gestehe ich Ihnen, interessieren mich noch mehr als die Menschen; sie interessieren mich mehr als alles andere. Sie leben; sie bekämpfen sich; sie sterben, genau wie Menschen. Man kann natürlich sagen, daß wir nur durch die Menschen von ihnen wissen, so wie wir vom Windhauch nur durch das Schilfrohr wissen, das sich in ihm wiegt, und doch ist der Wind wichtiger als das Schilfrohr.*
>
> André Gide, *Die Falschmünzer*

Er hat keine Diskussionen, keine Auseinandersetzungen geführt, und Polemiken, nach denen ein der Trockenheit akademischer Verhandlungen überdrüssiges Publikum immer lechzt, sucht man bei ihm vergebens, die er für ihre egozentrische Unfruchtbarkeit ebenso verachtete, wie er den Tiefsinn als Verführung zur Verzweiflung mied.

Eines seiner ihn am meisten bewegenden Motive hat er in dem für sein Denken kennzeichnenden Stil der Umwegigkeit beiläufig zu erkennen gegeben, als er die Philosophie eine *Kunst der Resignation* nannte. *Sie bändigt die Energie der großen Erwartungen, deren Enttäuschung zum Umschlagen in Weltzorn verführen kann* (1). Eben den gilt es zu vermeiden, denn in ihm begibt das mögliche Wesen Mensch sich der Hoffnung, daß seine Vermögen ausreichen, es auch weiterhin mit der Weltungewißheit aufzunehmen.

Blumenbergs Sache war die Nachdenklichkeit, die beharrliche Beziehungsstiftung zwischen artikulierten Bedeutungen in der Geschichte ihrer Wandlungen. Dabei verzichtete er vollkommen auf die Geste der Kritik und hat mit seinem Werk doch einen kritischen Einsatz vollbracht, der für ein menschliches Selbstverständnis im Horizont der Erfahrungen des Jahrhunderts nicht überschätzt werden kann.

Der Gegenbegriff zu seinen eigenen Beweggründen wurde der des ›Interesses‹. *Ich verwahre mich dagegen, daß es unser ›Interesse‹ und nur dieses sei, was uns zu Erkenntnis im Raume und in der Zeit legitimiert und motivieren darf.* Denn es *ist nicht Sache unserer Wahl, sondern des an uns bestehenden Anspruchs, die Ubiquität des Menschlichen präsent zu halten* (2). So wurde er zum Polyhistor, der die Weiten der Überlieferungen durchstreift, auf der Suche nach unvermuteten Bedeutungen und Belehrungen.

In der Literatur nicht weniger als in den geisteswissenschaftlichen Überlieferungen lebend, setzte er in seinen großen historischen Studien die leitmotivisch herauspräparierten Ideen miteinander in Beziehungen, wie das Personal eines Romans, dessen Beziehungen und Abstoßungen eine Geschichte sich entfalten lassen. Damit legte er eine literarische Tiefenstruktur der Philosophie in einer ihr eigenen immanenten Poetik frei.

Was als ein Zeichen konservativer Gesinnung beargwöhnt wurde, als welche man die Behutsamkeit seiner Reflexion mißverstand, war Ergebnis wiederholter Durchgänge durch die europäische Bewußtseinsgeschichte. Das bewegende Motiv ist die noch über das Ende von Geltungen hinaus fortgesetzte Aufmerksamkeit, auf die er alles Anspruch haben sah, was der Gebrechlichkeit einer immer ungewissen Selbsterhaltung unterliegt. Philosophie als Denken der Geschichte zu betreiben, ist ein stückweit Selbsterhaltung auf Gegenseitigkeit. Damit löst sie den Anspruch der anderen auf Erinnerung ein (3), der *in so alten Institutionen wie gloria und memoria, negativ noch in der schrecklichsten: der damnatio memoriae, enthalten war* (4). In einem Jahrhundert, in dem ungezählte Menschen um ihr Leben gebracht wurden, und zwar nicht nur, um sie ihrer physischen Präsenz zu berauben, sondern um überhaupt mit ihnen alles auszutilgen, was daran erinnern könnte, daß es sie gegeben hat, stellt diese Selbstverpflichtung auf Erinnerung als Kern philosophischen Denkens einen der entschiedensten Einsprüche gegen eine Geschichte der Zerstörung von Menschlichem dar: eine Auflehnung gegen ihre Tragödie.

Eine der direkten philosophischen Reaktionen auf die Erfahrung der Geschichte ist der Impuls, Geschichte anders zu denken. Es ist die mutigere als die Zuflucht bei Apokalyptik und Postismen aller Art. Die Geschichte den Menschen erfinden und wieder aussondern zu sehen, ist eine Sache; sie noch einmal daraufhin zu bedenken, unter welchen Bedingungen es zu historischen Befunden überhaupt kommt, welche erfüllt sein müssen, damit Geschichte Verbindlichkeiten herstellt, ist eine Alternative, die dem anderen Impuls nachgibt, nach Voraussetzungen zu suchen, die die Tragödie der Kultur nicht als endgültig erscheinen lassen müssen. *Jede Epoche ist Inkubationszeit der Einwendungen und Gegenwendungen, an deren unverhoffter Virulenz sie ihr Ende und sich am Ende finden wird* (5).

Damit kommt in den Blick, was Hans Blumenberg in der Ursprungsschrift seines Lebenswerkes einer Revision der Geschichtsphilosophie als *Hintergrund* beschrieben hat. *Hintergrund ist das, was einen bestimmten Spielraum möglicher Veränderungen eröffnet, was bestimmte Schritte zuläßt und andere ausschließt. Hintergrund setzt Enge oder Weite, Beschränkung oder Freizügigkeit, den Horizont, in dem nach neuen Möglichkeiten gesucht werden kann, oder die einschließende Wand, auf der sich die altvertrauten Bilder und die Schatten des Bestehenden wiederholen* (6). Ereignisse und Konstellationen, die unsere Vorstellungen von historischer Verbindlichkeit prägen, unterliegen Bedingungen ihrer Möglichkeit, die eher dazu angetan sind, Geschichte in ihrer Gestaltungsmacht zu definieren. ›*Geschichte*‹ *besteht nicht nur aus Ereignissen und ihrer (wie immer gedeuteten) Verknüpfung, sondern auch aus dem, was man den zeitlichen* ›*Aggregatzustand*‹ *nennen könnte* (7). Daß ihre Prägekraft nichts anderes als das Ineinandergreifen und Überlagern von Vorgängen ist, die sich gegenseitig zu Bedingungen ihrer Möglichkeit werden, zerstört jeden Absolutismus ›der‹ Geschichte und vermindert sie zum Inbegriff solcher Bedingungsgeflechte.

Hier hat Geschichte jede Selbstverständlichkeit und damit Notwendigkeit eingebüsst. Sie ist kontingent geworden. *Kontingenz bedeutet die Beurteilung der Wirklichkeit vom Standpunkt der Notwendigkeit und der Möglichkeit her* (8). Sie läßt nichts einfach sein als das, als was es sich unmittelbarer Wahrnehmung darstellt. Aus deren möglichen Irrtümern und Beschränktheiten muß behutsam herausgelöst werden, was erkannt werden soll.

Es ist eine Fernwirkung der letzten Wendung von Husserls Phänomenologie, wenn Blumenberg, die Kontingenz als Grundbedingung unseres möglichen Wirklichkeitsbesitzes voraussetzend, jenen Hintergründen der Geschehnisse nachspürt, die unsere Wahrnehmung von ihr am stärksten prägen. Zu einem Lebensthema wurde die Frage: *Was mußte geschehen und was ist geschehen, um die kopernikanische Lösung des Konstruktionsproblems der Stellung von Erde, Sonne und Planeten zulässig und annehmbar werden zu lassen?* (9)

Die zentrale Kategorie der damit eröffneten philosophischen Denkform ist die der *Relation*, der Beziehung. Die Rekonstruktion von Geschichte, die Blumenberg selber lieber ihre *Phänomenologie* genannt hat, als Netz möglicher Beziehungen, ist wissenschaftsgeschichtlich eine Transformation des Historismus, der sein Ereignisdenken ganz auf Kausalität gründete, und philosophisch eine Durchführung jener Wendung von der ›Substanz‹ zur ›Funktion‹, die Ernst Cassirer zuerst markierte (10). Sie entspricht einem Übergang von einem Denken der Notwendigkeit zu einem der Möglichkeit. Geschichte gibt es gerade deshalb, weil nichts, was ist oder wird, notwendig ist, sofern die Beziehungen, aus deren Ineinanderwirken sie entsteht, auch andere hätten sein können.

Blumenberg erprobt sein jeder Version einer Tragödie der Kultur opponierendes Modell der Geschichte zuerst an dem die Neuzeit mitbegründenden Komplex der kopernikanischen Revolution, anhand der – schließlich glänzend belegten – Vermutung, *daß eine radikale Kritik am geozentrischen Weltschema erst durch eine tiefgreifende Wandlung in den Prinzipien der Naturerklärung freigegeben wurde* (11).

Hier wird Philosophiehistorie philosophisch. Mit der Perspektive auf die Möglichkeit von Gewesenem wird sichtbar, *daß es bei der Geschichte der Philosophie und ihres Anteils an der Begründung der neuzeitlichen Wissenschaft nicht nur um die Aufgabe geht, die Herkunft und Ausbildung bestimmter Ideen und Hypothesen darzustellen, ihre Anreger und Frühformen ans Licht zu ziehen.* Diese Forschung *setzt noch um eine Schicht tiefer an*, indem sie *die Entstehung des Spielraums, in dem jene neuen Thesen und Entwürfe überhaupt erst möglich wurden, innerhalb dessen sie sowohl die Mittel zu ihrer Formulierung als auch die Affinitäten für ihre Wirkung und Ausstrahlung zu finden vermochten*, nachzeichnet (12).

Was dieser andere große Gang in die Archive der Neuzeit zutage fördert, ist nicht weniger als eine weitere Plausibilität für den Abschied von der Denkfigur historischer Notwendigkeit. *Mir erscheint als das aufregende geschichtliche Problem dieser Epochenwende gerade nicht die Erklärung des Faktums der Leistung des Kopernikus oder gar die Versicherung ihrer Notwendigkeit, sondern die Begründung ihrer bloßen Möglichkeit am Ende desjenigen Zeitalters, das durch das geschlossenste dogmatische System der Welterklärung geprägt worden war* (13).

Was als Frage nach der Möglichkeit des Kopernikus begann, endet mit der Revision nicht nur der historistischen Grundperspektive auf Geschichte, sondern führt an die Schwelle eines anderen Verständnisses der Epoche, die das eigene historische Selbstverständnis auch des Zeitgenossen dieses Jahrhunderts unverändert prägt. *Eine solche historische Beobachtung wird man schwerlich machen können, solange man sich dem geschichtlichen Selbstverständnis der Neuzeit unterwirft, die hinsichtlich der Mysterien des eigenen Ursprungs nur diejenige Kategorie des transzendent über der Welt aufgehenden Lichtes wiederholt, die sie in der christlichen Theologie der Inkarnation Gottes und des mit ihr gesetzten Nullpunktes der Geschichte vorgefunden hatte, und eben gerade damit sich die Herkunft ihrer Freiheit unverständlich und suspekt machte.*

Mit der Entdeckung, daß Kopernikus schon von einer Freiheit Gebrauch machte, *die sich das Mittelalter schließlich doch noch selbst in der Konsequenz seiner inneren Auseinandersetzungen und in der Austragung seiner systematischen Spannungen gegen sich selbst errungen hatte* (14), wird ein anderes Epochenverständnis unausweichlich.

Die damit fällige Revision der ›Neuzeit‹ unternimmt Blumenberg als den Nachweis ihrer Legitimität, die im 20. Jahrhundert unter dem Eindruck einer unausdenkbar gewesenen Katastrophengeschichte noch einmal generell bestritten wird (15). Diese Revision tritt aus dem Rahmen einer philosophiehistorischen Betrachtung heraus. Ihrem Status nach wird sie zur Strukturierung einer historischen Anthropologie, die sich als in den Bedingungsgeflechten der neuzeitlichen Geschichte bereitliegend erweist. Denn die Auflösung der historistischen Kausalität aufeinanderfolgender Handlungen, die sich zu Ereignissen verdichten, in ein kontingentes Beziehungsnetz von Wirkungen und Gegenwirkungen, von genutzten und ungenutzten Spielräumen, hat unmittelbar anthropologische Folgen, indem sie die Tragweite der kopernikanischen Revolution, die als eine *absolute Metapher* für das menschliche Selbstverständnis in der Neuzeit bestimmend wurde, klarer hervortreten läßt: *der nicht mehr in der Mitte der Welt von der Natur umhegte Mensch wird als das von Natur unwahrscheinliche Wesen begriffen, das sich auch ohne den vermeintlichen teleologischen Vorzug der ihm providentiell zugedachten Welt im Dasein zu behaupten, das seine Realität und die Dienstbarkeit einer ihm unterworfenen Realität selbst zu erleisten vermag. Diese Exegese des kopernikanischen Ereignisses hat zur Voraussetzung, daß die kopernikanische Welt zur Metapher für die kritische Entwurzelung des Teleologieprinzips wird* (16).

Unverkennbar spiegelt sich in dieser Entdeckung, wie sich der Gedanke menschlicher Unwahrscheinlichkeit in den Tiefenschichten der europäischen Geschichte heranbildet. Sich mit der Ersetzung der historischen Notwendigkeit durch das Beziehungsgeflecht der Möglichkeiten verbindend, nötigt die Unwahrscheinlichkeit in ihrer doppelten Erscheinungsform als bewußtseinsgeschichtlicher Befund und als Kern zeitgenössisch erlebter Geschichte zu einer anderen Wahrnehmung des Menschen, indem sie *den Komplex seiner Leistungen als Bedingung der Möglichkeit seines Daseins begreiflich macht*. Mit ihr erhält die Anthropologie ein neues Axiom: *Es ist nicht selbstverständlich, daß der Mensch existieren kann* (17).

Als Inbegriff dieser Leistungen, die zusammen erst die Möglichkeit des Menschseins weniger garantieren, als überhaupt erst bilden, wählt Blumenberg den der *Selbstbehauptung*. Mit ihr ist *nicht die nackte biologische und ökonomische Erhaltung des Lebewesens Mensch mit den seiner Natur verfügbaren Mitteln* gemeint. *Überhaupt ist nicht die Rede von einer Reaktion auf bestimmte umweltliche Gegebenheiten und Bedingungen der Natur, sondern von einem Daseinsprogramm, unter das der Mensch seine geschichtliche Existenz stellt und in dem er sich vorzeichnet, wie er es mit der ihm begegnenden Wirklichkeit aufnehmen und wie er seine Möglichkeiten ergreifen will* (18). Mit dem Entwurf dieses Daseinsprogramms setzt Blumenberg den beiden die deutsche Philosophie des Jahrhunderts beherrschenden Versionen der Tragödie der Kultur eine Alternative entgegen: der ›Dialektik der Aufklärung‹ Horkheimers und Adornos, die die Vernunft sich endgültig und hoffnungslos in ihre eigenen Widersprüche einer irrationalen Rationalität verstricken sieht, und Heideggers Verfallsgeschichte der Seinsvergessenheit, die den Menschen sich mit den Mitteln seiner Erhaltung zugleich zugrunde richten läßt.

Von der Hermetik eines Denkens der Geschichte als Katastrophe befreit die Durchbrechung der historischen Linearität, die den Taumel aufeinanderfolgender Ereignisse durch die bewegte Konstellation von Geschichten und deren Verflechtungen ersetzt. Dem Terror einer Selbsterhaltung ohne Selbst, wie ihn Adorno unentwegt entdeckt und angeprangert hat, und einer Selbstbehauptung eines blinden Voluntarismus, für den es das wichtigste ist, überhaupt zu wollen, und wie ihn der Rektor Heidegger der deutschen Wissenschaft auferlegen wollte, setzt Blumenberg das Geschichtsmodell *eines aus vielen einzelnen Adern gebündelten Stranges, eines Plurals von Zusammenhängen, Traditionen, Sach- und Schulgeschichten, Rezeptionen und Reaktionen* (19) entgegen, in dem es keine Endgültigkeiten gibt.

Was in Heideggers Generalkritik Ergebnis der technischen Selbstermächtigung des neuzeitlichen Menschen als Folge seiner rationalistischen Aufspaltung der Welt in Subjekte und Objekte, in Kultur und Natur, war – eine entgegen seiner Erwartung tatsächlich gesteigerte *Weltungewißheit* (20) –, wird in Blumenbergs Revision gerade als Voraussetzung der Neuzeit sichtbar. *Die Zerstörung des Vertrauens in die dem Menschen zugewandte Ordnungsstruktur der Welt – aus welchen Motiven immer – mußte einen eminent pragmatischen Wandel im Weltverständnis und Weltverhältnis des Menschen bedeuten. Wenn der Ordnungsschwund, der den Zerfall des mittelalterlichen Systems bedeutete, die Selbsterhaltung aus ihrer biologisch bedingten Normalität und Unvermerktheit herausriß und zum »Thema« der menschlichen Selbstauffassung machte, läßt sich auch die neuzeitliche Stufe der menschlichen Technizität nicht mehr aus dem Syndrom der anthropologischen Mangelstruktur allein begreifen. Das Anwachsen des technischen Potentials ist nicht nur die Fortsetzung, ja nicht einmal nur die Beschleunigung eines Prozesses, der die ganze Menschheitsgeschichte umspannt. Vielmehr läßt sich die quantitative Vermehrung technischer Leistungen und Hilfsmittel nur aus einer neuen Qualität des Bewußtseins begreifen. Ein der entfremdeten Wirklichkeit bewußt begegnender Wille zur Erzwingung einer neuen ›Humanität‹ dieser Wirklichkeit lebt in dem Anwachsen der technischen Sphäre. Der Mensch reflektiert auf den Mangel der Natur als den Antrieb seines gesamten Verhaltens* (21). Die sich im 20. Jahrhundert so spektakulär als Verhängnis erweisende Selbstermächtigung des Menschen gegen Welt und Natur entspringt keiner Überhebung aus übersteigertem Selbstwertgefühl, sondern im Gegenteil einem neuen menschlichen Selbsterleben elementarer Ausgesetztheit, die in Heideggers Daseinsanalyse als ›Geworfenheit‹ zur Unbehebbarkeit schlechthin gesteigert war. Sie ist Notwehr.

Die Gnosis – die Heidegger in seiner Philosophie der Weltabgewandtheit im Horizont der Seinsentzogenheit erneuerte – *hatte das Problem der Qualität der Welt für den Menschen akut gemacht und in den Widerspruch, den Patristik und Mittelalter ihr entgegensetzen sollten, die Bedingung der Kosmodizee als Theodizee eingebracht; die Neuzeit versuchte diese Bedingung auszuschlagen, indem sie ihre Anthropodizee auf die Rücksichtslosigkeit der Welt gegenüber dem Menschen, auf ihre inhumane Unordnung begründete.* In Nietzsches Macht-Denken tritt diese Umkehrung der Bedingtheiten schließlich am prägnantesten hervor. *Die Ersetzung der Selbsterhaltung durch den Willen zur Macht ist nur die Umkehrung des Gedankens, daß die Wirklichkeit rücksichtslos gegenüber jedem ihrer Glieder ist, in das Postulat, daß das Leben rücksichtslos gegenüber der Wirklichkeit sein müsse* (22).

Die Selbstbehauptung ist die Entschlossenheit, es gegen die Fremdheit der Welt in ihr handelnd aushalten zu wollen. *Der Mensch, der nicht nur die Natur, sondern sich selbst als verfügbares Faktum begreift, hat in der Selbstbehauptung seiner neuzeitlichen Geschichte nur die Vorstufe seiner Selbststeigerung und Selbstübersteigerung durchlaufen. Die Zerstörung des Weltvertrauens hat ihn erst zum schöpferisch handeln-*

den Wesens gemacht, hat ihn von einer verhängnisvollen Beruhigung seiner Aktivität befreit (23). Die Instrumente der Selbstbehauptung, die die neuzeitliche Technik hervorbringt, dienen elementar zu nichts anderem als einer Kompensation des sich offensichtlich immer wieder erneuernden, und in dieser Erneuerung den technischen Fortschritt aufs neue vorantreibenden, Zweifels daran, daß die mit seinem Organismus gegebenen Fähigkeiten des Menschen zur Behauptung in der Welt ausreichen, um sein Überleben zu garantieren. An den beiden technischen Leitfossilen der frühen Neuzeit, Fernrohr und Mikroskop, wird das besonders deutlich. *Die skeptische Anthropologie, in deren Kontext die Disposition zu den Erwartungen gehört, die der optische Verstärker realisiert, findet ihrerseits an der kosmologischen Reform des Kopernikus [...] Anhalt und Bestärkung. Wenn es nicht mehr selbstverständlich ist, daß der Mensch in der Mitte der Welt als das von der Schöpfung versorgte Wesen existiert und daß er von dieser Weltmitte her den günstigsten, umfassenden und gleichsam maßstabgerechten Überblick über den Bestand der Natur besitzt, dann ist seine theoretische Hilfsbedürftigkeit naheliegend: Fernrohr und Mikroskop greifen in eine vorbereitete Passung ein* (24). Als Reaktion auf ein Untermaß an Vermögen schafft die Technik im Laufe der Neuzeit ein Übermaß an Können.

Im 20. Jahrhundert wird die Selbstverständlichkeit, mit der dieser Zusammenhang geschichtsbewegende Größe war, in der Entdeckung brüchig, daß die Folgen dieser Kompensation die ursprüngliche Gefährdetheit noch potenziert wieder herzustellen drohen. Die gebändigte und benutzte Natur wird als ausgebeutete wieder zur elementaren Bedrohung, indem ihr allmähliches Versagen schwächend auf die organische Verfassung des Menschen rückzuwirken beginnt. *Der Mensch ist durch sein Können eine Bedrohung seiner Zukunft geworden, weil er sein Können nur durch Mehrkönnen überwinden wird, aber keine Gewähr dafür besteht, daß nicht die Menschheit unterdessen auf der Strecke bleibt. Hier zeigt sich der eigentlich philosophische Zweck der Philosophischen Anthropologie, das Können des Menschen durch grenzenlose Entschränkung des Wissens um seine Unergründlichkeit und Unsicherheit gegen den Quellbereich seiner Zukunft einzuschränken, um zum Glauben an den Menschen wieder Platz zu bekommen* (25). 1936 geschrieben, ist an Helmuth Plessners Folgerung nach den historischen Erfahrungen, die ihr nahezu uneingeschränkt recht gaben, nur ihre letzte Wendung hin auf einen neuen *Glauben an den Menschen* fragwürdig geworden, war es doch eben dieser Glaube an einen Neuen Menschen, der die Katastrophen hervorbrachte.

Aber damit ist kein Ende der neuzeitlichen Disposition von Selbstempfinden und Welthaltung erreicht; im Gegenteil wird nun die epochebildende Ur-Alternative verschärft akut: zu wählen zu haben zwischen dem *Ausweg der Flucht in die Transzendenz als dem Menschen angebotene und nur zu ergreifende Möglichkeit*, die heute kaum noch wie am Ende des Mittelalters Gott, sondern Natur heißt, und *der immanenten Selbstbehauptung der Vernunft durch Beherrschung und Veränderung der Wirklichkeit*, die nun darin zu bestehen hätte, die verfügbaren und noch zu entwickelnden technischen Fähigkeiten in die Perspektive einer Bändigung der Technik und ihrer Rücklenkung auf ihren anthropologischen Ursprungssinn zu stellen: *Die Philosophen haben die Welt zwar verschieden verändert; es kommt aber darauf an, sie zu verschonen* (26).

Wenn die Selbstbehauptung als Daseinsprogramm *als Verantwortung für den Zustand der Welt als zukunftsbezogene Forderung, nicht als vergangene Urschuld* zu verstehen ist (27), bietet sie in ihrer Weltzuwendung und in der Abweisung einer radikalisierten Weltflucht dem auf die Rettung der Welt als Natur bedachten Neo-Naturalismus, wie er sich im letzten Jahrhundertviertel ausgebildet hat, ein solideres Modell, als alle Ausweichbewegungen in eine weitgehend diffuse Natur-Transzendenz.

Mit der Apologie der Selbstbehauptung, die Geschichte als prinzipiell offenen Horizont des Möglichen versteht (28), ist eine notwendige Voraussetzung dafür gewonnen, die Selbsterhaltung des möglichen Wesens Mensch zu denken, zu deren Herausforderung es geworden ist, nun gegen die Folgen ihrer Erfolge sichergestellt werden zu müssen.

(1998)

---

1 Hans Blumenberg, *Höhlenausgänge*, Frankfurt a. M. 1989, 791.

2 Hans Blumenberg, »Ernst Cassirers gedenkend bei Entgegennahme des Kuno-Fischer-Preises der Universität Heidelberg«, in: ders., *Wirklichkeiten, in denen wir leben*, Stuttgart 1981, 163–172; 170 f.

3 Hans Blumenberg, *Lebenszeit und Weltzeit*, Frankfurt a.M. 1986, 307.

4 Hans Blumenberg, »Ernst Cassirers gedenkend«, a.a.O., 171.

5 Hans Blumenberg, *Höhlenausgänge*, a.a.O., 549.

6 Hans Blumenberg, *Die kopernikanische Wende*, Frankfurt a. M. 1965, 7.

7 Hans Blumenberg, »Anthropologische Annäherung an die Aktualität der Rhetorik« (1971), in: ders., *Wirklichkeiten, in denen wir leben*, Stuttgart 1981, 104–136; 121.

8 Hans Blumenberg, »Lebenswelt und Technisierung unter Aspekten der Phänomenologie« (1959), in: ders., *Wirklichkeiten*, 7–54; 47. – Der Inbegriff der Fähigkeit zum Vergleich der Wirklichkeit mit ihren Möglichkeiten ist die *Vernunft*: Hans Blumenberg, *Die Genesis der kopernikanischen Welt*, Frankfurt a. M. 1975, 2. Auflage 1985, 798.

9 Hans Blumenberg, *Die kopernikanische Wende*, 13. – Zehn Jahre später ist ihr Ertrag zu einem voluminösen Werk der philosophischen Wissenschaftshistorie geworden: Hans Blumenberg, *Die Genesis der kopernikanischen Welt*.

10 Ernst Cassirer, *Substanzbegriff und Funktionsbegriff. Untersuchungen über die Grundfragen der Erkenntniskritik* (1910), Darmstadt 1980. – Vgl. Hans Blumenberg, »Ernst Cassirers gedenkend«, in: ders., *Wirklichkeiten*, 163–172.

11 Hans Blumenberg, *Wende*, 15.

12 Hans Blumenberg, *Wende*, 39. – Um diesen Grundgedanken ist die *Genesis* zentriert; vgl. a.a.O., 198 f.

13 Hans Blumenberg, *Wende*, 40.

14 Hans Blumenberg, *Wende*, 40.

15 Deren ausführliche Erörterung bildet den ersten Teil im ersten Band der überarbeiteten und erweiterten dreibändigen Neufassung der *Legitimität der Neuzeit*: Hans Blumenberg, *Säkularisierung und Selbstbehauptung*, Frankfurt a. M. 1974, 9–140. – Die komplette Neufassung erschien in einem Band als »erneuerte Ausgabe«, Frankfurt a. M. 1988.

16 Hans Blumenberg, *Wende*, 128. – Zum Begriff der *absoluten Metapher*, die Blumenbergs anderes großes Lebensthema der Bewußtseinsstrukturierung durch begrifflich unersetzbare Bilder bezeichnet, vgl. a.a.O., 161: *Die Funktion, die bei Fontenelle dem Bilde des vorkopernikanischen Kosmos zugeschrieben wird, ist nicht die der absoluten Metapher, die der durch keine theoretische Untersuchung beantwortbaren Frage nach der Stellung*

des Menschen im Universum und nach seinem daraus ablesbaren Rang in der Wirklichkeit einen orientierenden Anhalt zu geben vermöchte. – Ihre erste Bestimmung in: Hans Blumenberg, *Paradigmen zu einer Metaphorologie*, Bonn 1960, 9 ff.; zum Motiv der Wahrscheinlichkeit: a.a.O., 88–105: »Terminologisierung einer Metapher: Wahrscheinlichkeit«.

17 Hans Blumenberg, »Rhetorik«, 114.
18 Hans Blumenberg, »Ordnungsschwund und Selbstbehauptung. Über Weltverstehen und Weltverhalten im Werden der technischen Epoche«, in: Helmut Kuhn/Franz Wiedmann, Hg., *Das Problem der Ordnung*, Meisenheim 1962, 37–57; 37 f.
19 Hans Blumenberg, *Die Legitimität der Neuzeit*, Frankfurt a. M. 1966, 440. – Explizit gegen Heidegger und seine Verwechslung von Selbstbehauptung mit *Herrschaftsanspruch*, a.a.O., 159 f.
20 Martin Heidegger, *Selbstbehauptung*, 14.
21 Hans Blumenberg, *Legitimität*, 92.
22 Hans Blumenberg, *Legitimität*, 96; 97.
23 Hans Blumenberg, *Legitimität*, 92.
24 Hans Blumenberg, *Genesis*, 728. – Vgl. Hans Blumenberg, »Das Fernrohr und die Ohnmacht der Wahrheit«, Einleitung zu: Galileo Galilei, *Sidereus Nuncius. Nachricht von neuen Sternen*, Frankfurt a. M. 1965, 5–73.
25 Helmuth Plessner, »Die Aufgabe der philosophischen Anthropologie« (1936), in: ders., *Zwischen Philosophie und Gesellschaft. Ausgewählte Abhandlungen und Vorträge*, Frankfurt/M 1979, 133–149; 149.
26 Odo Marquard, *Skeptische Methode im Blick auf Kant*, Freiburg/München 1958, 52.
27 Hans Blumenberg, *Legitimität*, 90.
28 Hier trifft das Modell einer historischen Anthropologie der Selbstbehauptung sich mit dem einer negativen Anthropologie, die *das unerprobt Menschenmögliche* zu ihrer wichtigsten Kategorie wählt: Ulrich Sonnemann,

Negative Anthropologie. Vorstudien zur Sabotage des Schicksals, Reinbek 1969, 266.

Orbis Pictus

Georg Christoph Lichtenberg – Hans Blumenberg

Wenn es stimmt, daß die Analyse der Lebenswelt nicht zu ihrem Verständnis führt (1), das Bedürfnis an Selbst-Erkenntnis also unbefriedigt läßt – und daran läßt sich ohne Hoffnung auf Gegenbeweise nur zweifeln –, wenn es stimmt, daß die Andersheiten, deren Erschließung erst Medien jener Selbst-Erkenntnis öffnen, nicht anders denn ihrerseits als Hervorbringungen menschlicher Tätigkeit zugänglich sind, muß auf Verfahren gesonnen werden, die gestatten, die menschlichen ›Werke‹ als solche einer stets unwillkürlichen Selbst-Darstellung zu verstehen.

Wir finden zu uns, indem wir uns zu verstehen bemühen, wie das, was uns auszuschließen scheint, von uns selbst in der Gemeinschaftlichkeit unseres Menschseins hergestellt wurde. Die reichsten Medien einer humanen Selbsterkenntnis sind die Entäußerungen einer Lebendigkeit, die sich immer wieder als weltlos erfährt. *Wenn man es als den Vorzug des Menschen den Tieren gegenüber bezeichnet hat, daß er Erbe und nicht bloß Nachkomme wäre, so ist die Vergegenständlichung des Geistes in Worten und Werken, Organisationen und Traditionen der Träger dieser Unterscheidung, die dem Menschen erst seine Welt, ja: eine Welt schenkt* (2). Man erhält die Grundstruktur der Ästhetik der Lebendigkeit, indem man in dieser Wendung Georg Simmels an die Stelle seines – ›objektiven‹ – ›Geistes‹ die Erscheinungsformen menschlicher Lebendigkeit setzt.

Die Zeugnisse unseres Seins allein bergen die möglichen Auskünfte, die es über den Sinn dieses Seins überhaupt geben kann. Aber eben erst, nachdem die Unmittelbarkeiten ihrer vertrauten Gesellschaft durchbrochen wurden. Das Eigene zu betrachten, als wäre es das Fremde, läßt einem spürbar, schließlich vielleicht sogar verständlich werden, was man an ihm besitzt. Dem Ungewöhnlichen, Abseitigen, dem inmitten des Vertrauten schon Nichtselbstverständlichen sollte dabei die größte Kraft erhellender Verwunderung innewohnen können.

Keine anderen unter den menschlichen Werken bestimmt in ihrer Geläufigkeit eine Mischung aus Fremdheit und Vertrautheit so sehr wie die der Kunst. An nichts wird deutlicher, daß wir zwar sind, was wir machen, mit dem Gemachten aber noch nicht über jederzeit und erschöpfend ergiebige Belehrungen darüber verfügen, wer wir sind. Das Geheimnisvolle der Kunstwerke rührt eben daher, daß sie uns einen Spiegel bieten, dieser aber nicht zu sehen gibt, was sich in ihm reflektiert. Die Selbstungewißheit der Lebensform, die sie hervorbringt, vermindert sich in ihrem Erlebnis zu der anschaulichen oder hörbaren Vermutung einer souveränen Erfüllungsmöglichkeit jener Herausforderungen, die der menschlichen Existenzform die Dauerhaftigkeit ihres unbekümmerten Selbstbesitzes vorenthalten. Denn jedes beeindruckungende Werk wirkt als Zeugnis einer gelungenen Entscheidung, die auf den Punkt genau traf, was verlangt war, und nicht um ein Geringfügigstes davon hätte abweichen dürfen.

Genau das setzt die Kunst anthropologischer Reflexion aus, für die nichts mehr gewiß ist, außer der Unwahrscheinlichkeit menschlichen Daseins, dessen Selbsterfahrung in der Konfrontation mit seinen historischen Manifestationen die einer unabsehbaren Negativität ist. Ihr Entstehungsgrund ist ein Dasein, das weder seine eigene, noch die Realität seines Mediums für verbürgt halten kann: *Es gibt die Welt nicht, und das ist die Chance des ästhetischen Subjekts. Es steht im Ausnahmezustand, und als ästhetisches tritt es aus diesem heraus* (3).

Was Hans Blumenberg mit Blick auf Mallarmé pointierte, bezeichnet gleichermaßen Möglichkeit wie Notwendigkeit einer anthropologischen Ästhetik. Die Ungewißheit der Welt, die nur ein ungewisses Leben in ihr gestattet, gewährt die Lizenz ihrer so weit getriebenen Bearbeitung, daß die Ungewißheit des Lebens sich schließlich zum gelegentlichen Unbehagen an seinen eigenen Erscheinungsformen vermindert. Sie gestaltet jenen anthropologischen Sprung, aus dem im Wechsel von der Anpassung an die Welt zur Anpassung der Welt an die Bedürfnisse einer Lebensform das menschliche Dasein entstand.

Das ›Prinzip der Körperbefreiung‹, die Einschaltung künstlicher Vermittlungen zwischen Welt und Leben im Werkzeug, die die menschliche von der tierischen Seinsform unmittelbarer Körperreaktion auf die Weltgegebenheiten unterscheidet (4), versetzt die Menschen in Distanz zu ›der‹ Welt – sie ›sind‹, indem sie sich buchstäblich vom Leib halten, womit sie Umgang haben müssen, um leben zu können: ihre Unmittelbarkeiten sind nicht die natürlichen Gegebenheiten, sondern die Einstellungen, die sie zu ihnen beziehen. Die Anpassungsleistungen des Menschseins sind solche der Bearbeitung von Welt, derart, daß diese seinen Werkzeugen zur Befriedigung seiner Bedürfnisse handhabbar wird. Indem wir uns Welt zunutze machen, machen wir sie zu einer Welt, die sie sein muß, um uns zulassen zu können. So besteht eine schlechthin unüberwindliche Differenz zwischen den Wirklichkeitsformen und den Möglichkeitsbedingungen menschlicher Existenz. Für sie existiert ›die‹ Welt zwar, als unerschöpflicher Materiallieferant des Werkzeuggebrauchs; aber sie bleibt für sie gleichgültig, weil das, was sie als Welt ist, in den Vollzügen ihrer Aneignung gerade dadurch in ihrer Unzugänglichkeit fixiert wird, daß jene Aneignungen stets aus der Perspektive einer menschlichen Ausrichtung erfolgen.

Für das ›ästhetische Subjekt‹ heißt das weniger, über Welt in der Erfindung von Zuwendungsformen verfügen zu können, als genau dies zu müssen, um dem Impuls gerecht zu werden, der es bestimmt: den Erfahrungen eine Form zu geben, die so prägnant wie eben möglich einfängt, was sich in ihnen bemerkbar macht. Die Kunst ist die zugespitzte Form der Präzision einer anthropologisch unaufhebbar illusionären Weltverfügung: sie leistet am reinsten, was es ›eigentlich‹ gar nicht gibt. Aber indem sie selbst als Schein auftritt, verkehrt sie die tatsächliche Scheinhaftigkeit der übrigen kulturellen Realismen des Weltbezuges in doppelter Negation zu jener positiven Wirklichkeit, über die nach Menschenmaß allein verfügt werden kann.

Wir wissen von keiner Welt als in Bezug auf den Menschen; wir wollen keine Kunst als die ein Abdruck dieses Bezuges ist (5). Der sich der Philosophie enthaltende Goethe – er glaubte, immer schon in seinen Werken gebildet zu haben, was er bei ihr finden könnte, er würde in ihr also sich, doch in einer fremden, seinem Selbstgefühl nicht entsprechenden Gestalt begegnen – hat mit seiner berühmten Maxime nicht nur ein Bekenntnis zum beargwöhnten Anthropomorphismus als letzter aller möglichen Letztauskünfte über erste Wichtigkeiten abgelegt. In dieser Maxime ist zugleich als das ihren Erfolg erst verbürgende Gesetz aufgestellt, was zu gerne als die belastende Enge auch der künstlerischen Tätigkeit mißverstanden wird. Der Anthropomorphismus bezeichnet als Grundverhältnis aller menschlichen Bezüge eine *zu leistende Arbeit*, keinen Mangel in der Aufgabenerfüllung. Er ist Inbegriff des möglichen Erfolges, eine Herausforderung zum Minimum, kein Bescheid über die Vorenthaltung eines Maximums.

Eine Kunst, die sich dieser letzten Verbindlichkeit stellt, ist eine Kunst der Genesis dessen, was eine Welt für Menschen ausmacht. Die Kunst dieser letzten Verbindlichkeit unterworfen zu sehen, heißt, sie der Erwartung auszusetzen, der Klärung jener Frage beizustehen, die ihren eigenen Ursprung ausmacht: wie es möglich ist, bei aller Erfahrung seiner Unwahrscheinlichkeit, ein Leben zu haben.

Es geht nicht, und geschieht doch – aber wie?

Die Erzeugnisse einer Arbeit, die den Impuls zu ihrem Beginn aus dieser doch mit ungleich größerer Wahrscheinlichkeit alle Aktivität lähmenden Daseinsstimmung erhält, müssen Antworten auf die elementare Frage schlechthin *sein:* Kunstwerke geben keine Auskünfte, sie *sind* welche.

Orbis pictus ist immer den Menschen verständlicher als die Welt in natura. Die Kinder verstehen ein Bild nach der Absicht des Malers. Begebenheiten sind ihnen weder so angenehm noch so verständlich. Da kommt allerlei dazu was sie stört Erwartung des Fortgangs, Hoffnung auf etwas Bessers, eigne Verlegenheit durch Furcht Verhältnis, Furcht sich zu vergehen, Aufmerksamkeit auf Eins usw. (6)

Man brächte sich um einen wertvollen Hinweis, wollte man diese empirische Beobachtung Lichtenbergs als die eines Mangels an Realismus verstehen.

Sie weist nicht notwendig auf eine Schwäche des menschlichen Bezuges zur Welt; ebenso sehr läßt sie sich in genau entgegengesetzte Richtung als Hinweis auf die Sphäre verstehen, in der Realismus sich unter der restriktivsten aller Bedingungen: der ihrer Entzogenheit, am erfolgreichsten entfalten kann. Daß die ›gemalte‹ Welt verständlicher ist als die ›natürliche‹, kann nicht anders sein, wenn in deren unmittelbare Erfahrung stets der Verdacht ihrer Unwahrscheinlichkeit gemischt ist.

Um der möglichsten Sicherung ihrer Verläßlichkeit willen geht den Erfindungen der menschlichen Welt die Entrückung und Entleerung ›der‹ Welt voran. Sie kann erst dann störungslos zugeeignet werden, wenn ihre Gleichgültigkeit selbst gleichgültig wurde. Dies geschieht unüberbietbar, indem der Verdacht ihrer anthropomorph vermuteten Neigung dazu, die Menschen wieder aus ihr zu vertreiben, sich ins Extrem ihres möglichen Verschwindens zuspitzt.

Peter Weiss hat als junger Maler die Vision einer menschenentleerten Welt in einem »Traktat von der ausgestorbenen Welt« entworfen. *Ich war wohl zwei Stunden auf der teilweise von Granaten aufgerissenen Landstraße gewandert, war an einigen Ruinen von Häusern vorübergekommen, hatte auch Stacheldrahtverhaue überwinden müssen, hatte auch Tanks gesehen, die schräg in den Straßengräben hingen, hatte Gewehre und Kanonen gesehen, zerbrochene Wagen, Trompeten, Fahnen, Gasmasken, Bahren, Helme und ein abgestürztes Flugzeug, aber keinen Menschen; bin wohl zwei Stunden durch Niemandsland gegangen, da kam ich, nachdem der Boden wieder ohne Wunden war und Gras wuchs und Bäume wuchsen, an einen Jahrmarkt, der von den Menschen verlassen worden war. Die Erde war zerstampft von vielen flüchtenden*

Füßen, das Seltsame aber war, daß alle Spuren, die hinausgingen auf eine große sandige Fläche und die ich deshalb verfolgen konnte, plötzlich, fast in gerader Linie versiegten, und zwar derart, als hätten sie alle, die diese Spuren in die Erde getreten, plötzlich vor etwas Furchtbarem gescheut, sich dem entgegengestemmt und sich dann niedergeworfen und in Panik den Boden zerwühlt, denn Abbilder von verkrampften Händen und Fingern fand ich im Sande. Keine Spuren führten zurück. Es blieb mir nichts anderes übrig als zu vermuten: alle versiegten und entschwanden, restlos aufgelöst und in Luft verwandelt. War auch Anna Maria so vernichtet worden und Karl Ende und war die gesamte Menschheit so vernichtet worden und war ich der einzige, der noch lebte? Der einzige Mensch auf dieser Welt? […] Es geschah, daß ich auf eine Eisenbahnlinie stieß und einen Zug gewahrte, der zur Hälfte auf einer hohen Bogenbrücke stand. Der Zug war leer, das Feuer unterm Kessel der Lokomotive erloschen und kein Mensch zu erblicken, obgleich die Abteile in den Waggons voller Reisegepäck waren. Jetzt wurde mir recht bange ums Herz, meine Hoffnungen auf eine belebte Stadt sanken sehr, immer stärker wuchs in mir die Überzeugung, daß alle Lebewesen, zumindest alle Lebewesen dieses Landstrichs, vom Erdboden verschwunden seien (7).

Diese ungeheure Vorstellung ist die äußerste Konzentration der dem Künstler als Künstler ›natürlichen‹, dessen Lebendigkeit sich in der Herstellung von Zeugnissen einer immer herzustellenden Menschenwelt realisiert. In diesem bedrängenden Dokument, das keine Schilderung eines Schlachtfeldes des Ersten Weltkriegs ist, das vor den Schrecken des Zweiten und vor der Erfindung der Neutronenbombe geschrieben wurde, deren Wirkung die Phantasie des Malers in unheimlicher Präzision vorwegnimmt, die so gar nicht naive Überzeugung Heinrich Manns bestätigend, die Künstler und nur sie seien fähig, Zukunft zu kennen, in diesem Dokument einer künstlerischen Selbstverständigung in schwierigster biographischer Situation geschieht eine Verdichtung der menschlichen Grunderfahrung. Das Phantasma einer Menschen-Welt ohne Menschen ist die Negativ-Bestimmung von Welt überhaupt: diese existiert nur als Funktion der in ihr lebenden Menschen. Sie ist deren Aufgabe. Ohne Menschen ist sie leer, ein Nichts. Der Künstler bezeugt diese Aufgabe, indem er seine Erfahrung mit der Menschenwelt, daß sie zur Selbstauslöschung neigt, zur Vorstellung der Menschenleere gestaltet.

Die zur selben Zeit entstehenden Gemälde und Zeichnungen von Peter Weiss schwanken zwischen Bildern der Abwesenheit und solchen einer Überfülle der Anwesenheit von Menschen (8). Die Einsamkeit des Ich-Erzählers muß als Metapher, darf nichtsubjektiv genommen werden. Sie ist das negative Bild der menschlichen Grundsituation, Welt stets aufs Neue erfinden zu müssen. Eben das macht die Künstler in ihrer ablenkungslosen Konzentration auf das, was sie tun, a-sozial, weshalb sie bewundert werden oder verachtet, wenn sie, wie Beuys, darauf bestehen, doch nichts anderes zu tun als jedermann, wenn auch in anderer Form, denn nichts will jedermann weniger sein als ein jedermann. Menschen sind Gewöhnlichkeitsflüchter, sie neigen zum ›Besseren‹. Dabei übersehen sie, daß es das Besondere der Besonderheit Kunst ist, immer wieder das Elementare zu leisten.

(1995)

1 Hans Blumenberg, *Lebenszeit und Weltzeit*, Frankfurt a. M. 1986, Teil I
2 Georg Simmel, *Philosophie des Geldes* (1900), München/Leipzig 4. Auflage 1922, 511
3 Blumenberg, *Lesbarkeit*, 318
4 Paul Ludwig Alsberg, *Das Menschheitsrätsel. Versuch einer prinzipiellen Lösung*, Dresden 1922
5 Johann Wolfgang von Goethe, »Maximen und Reflexionen«, Nr. 725, *Werke*, Hamburger Ausgabe, München 1973, Bd.12
6 Georg Christoph Lichtenberg, »Sudelbücher«, *Schriften und Briefe*, hg. von Wolfgang Promies, München 1971, Band II, 587
7 Peter Weiss, »Traktat von der ausgestorbenen Welt« (1938/39), in: *Der Maler Peter Weiss*, Berlin-Bochum 1982, 54 f. – Zum Umschlag einer Welt ohne Menschen in eine Menschlichkeit ohne Welt vgl. Günther Anders, *Mensch ohne Welt. Schriften zur Kunst und Literatur*, München 1984, Einleitung
8 Vgl. *Der Maler Peter Weiss*, a.a.O., Abb. 80, 97

Erbschaft Neuzeit

> *Das ist des Menschen letzte Aufgabe, aus sich heraus ein dem Höchsten, Göttlichen, Gemäßes zu entwickeln und so sich selbst Bürge zu werden für jede seinem Bedürfnis entsprechende Verheißung.*

Friedrich Hebbel, *Tagebücher*, 17.01.1837

Nur Dummheit meint, der Sinn des Lebens erschöpfe sich darin, zu leben, um jeden Preis; es erfülle ihn, möglichst lange dabeizusein.

Aber der Preis eines sinnvollen Lebens, für das zu leben sich ›lohnt‹, ist das Leben. Nur wer sein Leben einsetzt, wird dessen Sinn als den seines eigenen Lebens in ihm finden.

Das begründet den Unterschied zwischen Selbst*erhaltung* und Selbst*behauptung*.

Die Dummheit des puren Daseins kennt ihn nicht.

Die Selbsterhaltung ist auf das reine Leben gerichtet, das Faktum des Daseins; die Selbstbehauptung auf das eigene Leben, als den Zweck, dessen Mittel das Dasein ist. Jener Bedingung ist die Physik eines organischen Körpers; dieser der Sinnanspruch eines individuellen Bewußtseins.

Der Unterschied erweist sich in extremer Lage: es kann ein Akt der Selbstbehauptung sein, die Selbsterhaltung einzustellen. Für das Individuum gilt, was am Künstler greifbar wird: *Zur Aufgabe und ihrer Moral kann gehören, daß man als Säufer zugrundegeht* (Jünger, *Autor*, 69).

Oder als christlich Gläubiger mit Frau und Stiefkind sich das Leben nimmt, als es zur Gewißheit geworden ist, daß es sich in ›arisch‹-jüdischer ›Mischehe‹ nicht mehr fortsetzen lassen wird und der Abtransport von Frau und Kind zur Vernichtung jeden Tag zu erwarten ist.

Wem am puren Leben allein gelegen war, dem bot das Regime in dieser Lage den Ausweg der Scheidung.

Jochen Klepper schlug ihn aus.

Nachmittags die Verhandlung auf dem Sicherheitsdienst.

Wir sterben nun – ach, auch das steht bei Gott –
Wir gehen heute nacht gemeinsam in den Tod.
Über uns steht in den letzten Stunden das Bild des Segnenden Christus, der um uns ringt.
In dessen Anblick endet unser Leben.

So lautet seine letzte Eintragung ins Tagebuch, geschrieben am 10. Dezember 1942. Es ist der Schlußpunkt einer 1100 Seiten langen Meditation über die Unzulässigkeit eines Selbstmords, der als unvermeidlich gewordener gerechtfertigt war.

[...] Mischehe und christlicher Autor.

Die Lähmung liegt aber tiefer. Wie kann ich ›Christliches‹ schreiben, solange der Gedanke an den Selbstmord nicht überwunden ist? Anderes aber als Christliches ist mir nicht schreibenswert, nicht lebenswert. Ich kann von dem nicht los, auch völlig versagend nicht, was mich da angerührt hat. Und wäre alles Irrtum: ich wüßte nur von diesem Irrtum als dem Größten, das unter die Menschen trat, zu sagen. Nein, mein Schweigen ist noch nicht zu Ende, und vielleicht bedeutet die harte Zeit, die hinter mir liegt, nur den Anfang des endgültigen Schweigens.

Hanni und ich wissen doch nun, wie furchtbar man noch einmal an Gott verzweifeln mußte – aber wir können nicht zweifeln, können vom Glauben nicht los, nachdem er doch so schmerzhaft in uns geschieden ist von irdischer Hoffnung (Klepper, 1124, 28. November 1942).

Jenseits des persönlichen Geschicks ist dieses Tagebuch ein Dokument des Scheiterns von metaphysischem Rang. Ein Dokument eines dreifachen Scheiterns – des persönlichen Scheiterns bedrängter Menschen, die dem Zynismus einer sich absolut setzenden Macht unterliegen; des Scheiterns des Christentums, das es nicht vermochte, die von ihm imprägnierte Kultur so weit zu humanisieren, einen Gläubigen nicht zur Todsünde der Selbsttötung nötigen zu können; des endgültigen Scheiterns der Judenemanzipation, in der die Aufklärung sich vollenden wollte.

Nicht nur das Leben hat seine Bedingungen; der, der es hat, muß Bedingungen dafür stellen, es zu behalten. Sonst kann es ihm auch unter weniger dramatischen äußeren Bedingungen wie denen im Berlin des Jahres 1942 leicht unerträglich werden. *Unser Schicksal ist traurig. Ich beneide die Flüsse, die sich vereinigen. Der Tod ist besser, als so zu leben*, läßt Christa Wolf die Günderode schreiben, in *Kein Ort. Nirgends*.

Gibt es keine Möglichkeiten mehr, sich fern zu halten, was es unerträglich machen müßte, bleibt die Freiheit, das eigene Leben zu beenden. Wird es von einer Macht, die man nicht anerkennen kann, mit einem willkürlich ideologisch verordneten Tod bedroht, ist seine eigene Beendigung der ultimative Akt persönlicher Freiheit und Würde.

Von dieser Extremsituation her – die für Millionen Menschen zu grauenvollem Alltag wurde, und für viele immer wieder wird – läßt sich eine Bestimmung der ›Normalsituation‹ des Menschen gewinnen, die den Anspruch der Epoche kennzeichnet, als deren Erben wir leben: die Neuzeit ist die Epoche, in der kein

Mensch mehr in die Lage kommen können sollte, die ihn zwingt, indem er von dieser ultimativen Freiheit Gebrauch macht, seine Selbstbehauptung durch die Einstellung seiner Selbsterhaltung beglaubigen zu müssen. In der Neuzeit leben, hatte bedeuten sollen, von keiner Weltunverträglichkeit mehr zur Selbstaufgabe des Lebens gezwungen werden zu können.

Als junger Mann hatte der künftige Philosoph der Neuzeit Blumenberg eben diese Lage des ›Halbjuden‹ erlebt, die jenen Jochen Klepper, seine Frau, die von ihr unmittelbar betroffen war, und deren Kind schließlich zur Selbsttötung zwang, die sein Glaube ihm doch untersagte. Karl Jaspers und seine auf die gleiche Weise bedrohte Frau blieben vom Griff zu dem Gift, das sie in den Kriegsjahren ständig bei sich trugen, gerade noch verschont.

Diese Situation einer extremen Zuspitzung der Erfahrung der Geschichte ist ein wesentlicher Beleg dafür, daß jene Weltunverträglichkeit des Menschen, die zu beenden Epochenmerkmal und Epochenstolz der Neuzeit war, vor allem sonst eine Unverträglichkeit zwischen Menschen ist, die einander ihre Menschlichkeit nicht ohne Einschränkung zugestehen, von der gilt, was Rosa Luxemburg von der Freiheit sagte: es kann sie nur als die der anderen geben.

Noch bevor das Bewußtsein einer gesicherten Menschlichkeit auf Gegenseitigkeit als eine Grundbedingung des neuen Weltbesitzes, den die Neuzeit beansprucht und verheißt, zu entstehen beginnen konnte, wäre die Welt beinahe schon wieder verloren gewesen, bevor sie so recht wiederentdeckt war.

Läßt man die Neuzeit philosophisch mit Descartes Zweifelmetaphysik seiner *Meditationen* ihren Anfang nehmen, so beginnt sie mit dem *Verdacht eines ungeheuerlichen Weltbetruges* (Blumenberg, »Wirklichkeitsbegriff und Möglichkeit des Romans«, 12), den ein böser Geist im Denken des Menschen anrichtet, und ihm verwehrt, mit jener Sicherheit, die die wissenschaftliche Erkenntnis ausmachen wird, der Existenz der Welt und seiner eigenen in ihr gewiß zu sein. Es bedarf des letzten Restes an ›Mittelalter‹, um mit der Voraussetzung des diese Täuschung verhindernden Gottes das Instrument des neuen menschlichen Selbstvertrauens, die Erkenntnis, mit der Solidität und Welteingebundenheit auszustatten, derer es bedarf, um die Welt neu einrichten zu können.

Deshalb fehlt Descartes Traktat *Le monde*, das sein System hätte abschließen und zusammenfassen sollen, von dem nur Absicht, Konzept und ein Teilentwurf zustandekamen und überliefert sind, ganz besonders.

Massive, ihrer selbst bewußte Weltlichkeit ist ein relativ junges Phänomen (Kolakowski, *Die Moderne*, 57). Es dürfte historisch zusammenfallen mit dem Beginn der Moderne, die auf die letzten Reste von Gott- oder Naturvertrauen als Rückhalt des menschlichen Selbstverständisses zu verzichten bereit und entschlossen ist.

Damit streift sie die letzten Vorbehalte der Neuzeit ab.

Nichts ist in der Neuzeit so sehr zur Grundlage des Selbstverständnisses des Menschen geworden wie das Wissen darum, daß Menschen selbst es sind, die die Verhältnisse machen, unter denen sie leben. Es ist die Quintessenz aller historischen Erfahrungen. Anders als unter der Prämisse dieses Satzes läßt sich die Geschichte nicht begreifen (Dux, *Weltbilder*, 56).

Neuzeit ist Umwertung der Welt zur Leistung des Menschen. Das mißlungene Werkstück eines Gottes wird zum kontinuierlichen *work in progress* des Menschen, das zwar nie fertig, aber mit jedem Handschlag verbesserungsfähiger wird. Es ist die Urleistung des neuen Bewußtseins, wie die Renaissance es etabliert: die Welt als verbesserungsfähigen Werkstoff des Menschen sicherzustellen. Aufgabe der Geschichte wird es sein, aus ihm eben das Beste zu machen, als welches die Welt als Schöpfung mißraten war.

Es muß stärker hervorgehoben werden, daß das Selbstbewußtsein und überhaupt das Bewußtsein des modernen Menschen insofern nicht das Ergebnis einer natürlichen Entwicklung ist, als es nämlich im Grunde an jener natürlichen Welt fehlte, innerhalb deren es zu einer solchen Konstituierung hätte kommen können; Bewußtsein und Selbstbewußtsein der Zeitgenossen sind vielmehr als künstliche Zustände unseres Geistes zu bestimmen, sofern man darunter Zustände versteht, die ihre Prägung einem erzwungenen Prozeß in einer bewußt gestalteten, also synthetischen Welt verdanken. Seit Galilei das erste methodische Physikbuch des Abendlandes schuf und in den Discorsi *von 1638 den natürlichen freien Fall eines Steins, um seine Zeit und seinen Weg zu messen, durch den Lauf einer Kugel auf der schiefen Ebene ersetzte, verwandelte sich nicht nur die Natur der Wissenschaft in eine künstlich im Laboratorium erzeugte Natur, auch die gegebene Natur wurde mehr und mehr umgebildet in eine technische Sphäre, die sich wie die freie Natur verhielt, aber dennoch von ihr verschieden war. In der zunehmend künstlich, synthetisch werdenden Welt hat sich über mindestens drei Jahrhunderte das Bewußtsein des neuzeitlichen Menschen gebildet. Durch Aktion und Reaktion, Selbstbewußtsein und Selbstauffassung ist es immer stärker inadäquat zur natürlichen, jedoch adäquat zur bewußt verfertigten technischen Welt geworden* (Bense, *Theorie Kafkas*, 102 f.).

Den Menschen der Neuzeit kennzeichnet das Paradox, der Welt nicht mehr zu bedürfen, um in ihr leben zu können. Ein Leben, das sich die Formen, in denen es existieren kann, selbst schafft, kann auf die Welt verzichten. *Das Minimum an ontologischer Disposition ist zugleich das Maximum an konstruktiver Potentialität* (Blumenberg, »Ordnungsschwund und Selbstbehauptung«, 55). Je weniger Welt, desto mehr Mensch. *Die Zerstörung des Weltvertrauens hat ihn erst zum schöpferisch handelnden Wesen gemacht, hat ihn von einer verhängnisvollen Beruhigung seiner Aktivität befreit* (Blumenberg, *Legitimität*, erneuerte Ausgabe, 152).

Der Abbau an Weltverbindlichkeit ist der Preis für die Zunahme von Menschenmöglichkeit. Darin liegt der unbereinigte Widerspruch der Neuzeit, die Neueinrichtung der Welt um des Menschen willen als Gleichgültigkeit gegen sie zu betreiben.

Die Zeitgenossen des Übergangs ins dritte Jahrtausend praktizieren diese erworbene Gleichgültigkeit zur Welt, in der die Gleichgültigkeit der Welt um die Menschen sich neutralisiert findet, in einer Kultur der medialen Zivilisation, die nicht einmal mehr der Materie bedarf, um über die Welt zu gebieten, für die man sich nicht mehr interessieren muß. Die Zivilisation der Medien markiert keinen Bruch im Prozeß der Neuzeit, wie Vilém Flusser glaubte, ihn schon wahrzunehmen, sie ist seine bisher anvancierteste Etappe.

Der Mensch macht sich selbst – und das Gegenteil dessen, was er als ein menschliches Selbst anerkennen könnte. An diese horrende Pointe der Erfahrung der neueren Geschichte kann nicht oft und nicht eindringlich genug erinnert werden.

Verdichtet man die Erfahrung der Geschichte als Implosion des europäischen Humanismus' nach dem

Kern der Erfahrung derer, die die Opfer der Geschehen waren, in denen sie sich vollzog, so ist ihre Essenz der Verlust des Vertrauens in die Welt als Menschenwerk. Dessen Unangreifbarkeit zu gewährleisten, war das ›Programm‹ der Neuzeit gewesen.

Dieses Ereignis bleibt so lange maßgebend und zu bedenken, wie die Neuzeit den epochalen Horizont eines historischen Selbstverständnisses unserer Kultur bilden wird.

Wieviel Vertrauen ist in einer Welt, in der die Willkür einer Bürokratie, einen Paß auszustellen, deren Entscheidung man nur in absoluter Vereinzelung hilflos abwarten kann, darüber entscheidet, ob ein Mensch am Leben bleibt oder getötet wird, in einer Welt, in der jeder jederzeit und überall in diesen Realalbtraum geraten kann, *in* diese Welt noch gerechtfertigt? Daß Menschen nach diesem historischen Einbruch einer extremen Möglichkeit in den Kreis der Möglichkeiten ihres Lebens aus diesem Vertrauen heraus weiterleben, als wäre nichts geschehen und als könnte es nicht jederzeit geschehen, entscheidet nicht über die Antwort. Sie kann definitiv nur Nein lauten.

Die vitale Unzumutbarkeit dieses Nein ist ebenso unbestreitbar.

Die Schrecken, die als jederzeit und überall mögliche unser Weltvertrauen erschüttern, müssen ihren Grund in der Ungegründetheit dieses Vertrauens selbst haben. Verständnis des Unbegreiflichen wird nur dadurch möglich, sie als Entäußerungen eines nicht vorhandenen Weltvertrauens derer zu begreifen, die die Taten begehen, als deren Folge ihre Opfer ihr eigenes Weltvertrauen verlieren (vgl. Steffens, *Wiederkehr des Menschen*, 161 ff).

Dieser circulus vitiosus ist der unbehobene Skandal der Anthropologie. Solange er unbehoben ist, wird

Anthropologie nur als historische, als Philosophie der Geschichte möglich sein.

Wie läßt sich mit dem Unzumutbaren leben? Wie trotz seiner unleugbaren, erwiesenen allgegenwärtigen Möglichkeit?

Zunächst und vor allem durch den Versuch, zu verstehen, aufgrund wessen solches Geschehen möglich ist.

Die Anthropologie der Weltlosigkeit ist ein Versuch, ein Angebot, das Unzumutbare zu verstehen: als Reaktion des Menschseins auf Bedingungen seiner Wirklichkeit, denen es unterworfen ist, denen es sich nicht entziehen kann, und mit denen es nicht fertig wird.

Die Plausibilität dieser Vermutung vorausgesetzt, erschließt das Unzumutbare zwischen Menschen sich als Wiederherstellung einer Unzumutbarkeit, die zwischen Mensch und Welt herrscht, der der Mensch als Weltwesen ausgesetzt ist: als Reproduktion der elementaren Ungewißheit der Welt.

Das Scheitern der Neuzeit als Praxis des Umbaus der Welt zur Menschengerechtheit hat das Urproblem dieser Ursituation wieder akut gemacht.

Woran liegt es, daß Menschen im Umgang miteinander in einer Welt, die fast ausschließlich und vollständig nach menschlichen Bedürfnissen eingerichtet ist, diesen Schrecken potenziert wiederherstellen, mit dem die Welt, in der sie leben, niemanden mehr unmittelbar bedroht?

Dieser Schrecken muß in jedem stecken, unabhängig von seiner unmittelbaren Lebenserfahrung, als ontogenetisches Erbe.

In dieser Hinsicht hat Heidegger mit seiner Auffassung der Angst als eines Anthropinons recht. Obwohl es sie gemessen an ihrem ›natürlichen‹ Ursprung, der durch Kultur ›befriedet‹ wurde, nicht mehr geben muß, besteht sie so massiv fort, daß es zu einer unterschwelligen, ihrer eigentlichen entgegenstehenden Aufgabe der Kultur wurde, ihr immer wieder Gelegenheiten zu verschaffen, sich durch Akutwerden zu rechtfertigen.

Wichtigster Transporteur dieser ›überholten‹ Urerfahrung ist die Geburt. Mit jedem Menschenleben beginnt nicht nur *ein* Leben und *die* Welt neu; auch der Schrecken und die Mühsal seiner Überwindung. Offenbar hat die zu seiner Überwindung entstandene Kultur sie nicht allen ihren Kindern – buchstäblich – ein für alle Male und für alle nehmen können.

Woher also?

Ich vermute, aus einer folgerichtigen Fehlentwicklung der Geschichte der Neuzeit.

Der wichtigsten zeitgenössischen Geschichtsphilosophie ist Blindheit für ihren entscheidenden Prüfstein vorgehalten worden. *Blumenberg macht nur einige wenige allgemeine, wenn nicht vage, Anspielungen auf die Nationalsozialisten. Er nimmt den Holocaust nicht als Prüfstein für seine These von der »Legitimität« der Neuzeit. Auch behandelt er nicht den Zusammenhang zwischen Säkularisierung und Nazi-Ideologie. Seine einzige Bezugnahme auf Hitler erfolgt auf einem Umweg und befindet sich in einer Fußnote über Campanella, die eine lange Erörterung über Carl Schmitt abschließt. In dieser Fußnote heißt es: »In den* Dubitationes *IV (I 1, cap. 104) wird die Auffassung erwähnt, daß auch Tiere über eine Religion verfügen würden: »Necque enim posset politica absque religione existere«. Nach Speers Erinnerung hat Hitler einmal bemerkt: »...wir haben leider die falsche Religion gehabt«. [...]. Es ist vielleicht nicht übertrieben, wenn man sagt, daß das Phänomen des Nationalsozialismus das Gespenst im Schrank von Blumenbergs ungeheuer gelehrtem Buch ist* (LaCapra, »Säkularisierung«, Anmerkung 12, 264 f.).

Die eingeschobene Anmerkung, daß das der englischen Ausgabe folgende Zitat in der deutschen Ausgabe fehle, stimmt nicht. Das gilt nur für die Erstausgabe von 1966. In der ›erneuerten Ausgabe‹ von 1988 lautet die Anmerkung korrekt: *Campanella, Universalis Philosophia I 1 prooem. (Monumenta Politica et Philosophica Rariora, cur. L. Firpo, ser. I n.3, Turin 1960, p. 5): ... »et hinc ortus est Machiavellismus, pernicies generis humani«. In den Dubitationes IV (I 1 cap. I a.4, p. 14) wird eine Meinung angeführt, auch die Tiere müßten Religion haben: »Neque enim posset politica absque religione existere«. – Hitler, nach der Erinnerung Speers: »Wir haben eben überhaupt das Unglück, eine falsche Religion zu besitzen«. (Erinnerungen. Frankfurt 1969 (Tb-Ausg.), 110* (Blumenberg, *Legitimität*, erneuerte Ausgabe, Anmerkung 96, 112).

Wer aber ist hier ›Wir‹: die Nationalsozialisten oder die Angehörigen unserer Kultur?

Nun darf man nicht vergessen – und noch weniger unterschlagen –, daß Blumenberg ein Denker existentieller Diskretion ist, die nahelegt, daß er, was sein Kritiker vermißt, oberflächlicher Betrachtung verborgen indirekt erörtert hat.

Die entscheidende Passage in Hans Blumenbergs Vorbereitungsschrift seiner großen Studien zur kulturgeschichtlichen Genese der Neuzeit – in *Die kopernikanische Wende* von 1965 – lautet: *Zum Hintergrund der Entstehung der neuen Wissenschaftsidee im 16. und 17. Jahrhundert gehört die allgemeine Belebung des theoretischen Interesses, oder schlichter: der Neugierde, gegenüber der Natur. Das steht im Zusammenhang mit einer Wandlung des Selbstverständnisses des Menschen und der immer schärferen Trennung zwi-*

schen seinen transzendenten Heilschancen und seiner innerweltlichen Selbstbehauptung. Die Anstößigkeiten und Schwierigkeiten des überlieferten Systems der Naturerklärung waren jahrhundertelang hingenommen worden als providentielle Formen der Erfahrung menschlicher Endlichkeit und demütiger Anerkennung der Misere einer menschheitlich auszustehenden Urverfehlung, die gerade als Anmaßung nicht zustehenden Wissens gedeutet wurde. Seit dem 14. Jahrhundert bildet sich aber immer klarer eine Haltung aus, die in den Mängeln der traditionellen physikalischen Dogmatik ein überwindbares Ärgernis erblickt und an ihnen den Anstoß zu neuen theoretischen Anstrengungen nimmt. Die Legitimierung dieser neuen Haltung gegen die mittelalterliche Demut war ein über Jahrhunderte sich hinziehender Prozeß der Transformation des geistigen Hintergrundes (9).

Explizit ist die im Jahr darauf veröffentlichte *Legitimität der Neuzeit* eine Widerlegung der Säkularisationsthese (zum Kontext vgl. Marramao, *Säkularisierung*); implizit ist sie gerichtet gegen die Überwältigungserfahrung der damals noch nahen jüngsten Geschichte: Wie sollte menschliche Existenz nach dieser Implosion der Sinngeschichte, aus der sie sich bis dahin verstanden hatte, noch behaupten können? So lautet ihr ›Hintergedanke‹ in pascalschem Sinne.

Indem sie auf dem Weg historischer Rekonstruktion einsieht, daß Selbstbehauptung, deren Möglichkeit nun so extrem erschüttert dasteht, der Gehalt unserer Geschichte *ist*, seitdem sie Geschichte der Neuzeit wurde.

Die *Legitimität* behauptet gegen die akute gegenlautende Erfahrung mit der Geschichte, daß die Neuzeit nicht zu Ende und nicht gescheitert ist – wäre diese nicht die ihrem ungeheuren Aufwand historischer Rekonstruktion zugrundeliegende Überzeugung, sie wäre nicht von einem geschrieben worden, der beinahe Opfer jener historischen Implosion geworden wäre.

Gegen Carl Schmitts Replik auf seine Kritik an dessen Säkularisationsthese in *Politische Theologie* II antwortete Blumenberg mit einer umfangreich erweiterten Präsentation seines Argumentes. *Nun ist aber die von mir gemeinte Legitimität der Neuzeit eine historische Kategorie. Gerade deshalb ist die Rationalität der Epoche als Selbstbehauptung, nicht als Selbstermächtigung begriffen. [...]. Der Anlaß, von der Legitimität der Neuzeit zu sprechen, liegt nicht darin, daß sie sich als vernunftgemäß versteht und dies in der Aufklärung realisiert, sondern in dem Syndrom der Behauptungen, diese epochale Vernunftgemäßheit sei nichts anderes als eine sich selbst nicht verstehende Aggression gegen die Theologie, aus der sie doch verborgenerweise all das Ihre genommen habe* (*Legitimität*, erneuerte Ausgabe, 107 f.).

Das historische Scharnier ist also die Verteidigung der Vernunft als Organ der Selbstbehauptung statt aus ihrer Leistung – das war der Irrweg der Aufklärung –, aus ihrer Notwendigkeit.

Schmitt charakterisiert denn auch den Geschichtsbegriff der Legitimität der Neuzeit *dahingehend, daß er statt der Schöpfung aus dem Nichts »die Schöpfung des Nichts als der Bedingung der Möglichkeit der Selbst-Schöpfung einer stets neuen Weltlichkeit« impliziere. Aber der Vernunftbegriff dieses Buches ist nicht der eines Heilsorgans, auch nicht der einer kreativen Ursprünglichkeit. In Analogie zum Prinzip des zureichenden Grundes möchte ich diesen Begriff den einer zureichenden Vernunft nennen. Sie reicht gerade zu, die nachmittelalterliche Selbstbehauptung zu leis-*

ten und die Folgen dieses Alarms der Selbstkonsolidierung zu tragen. Das Konzept der Legitimität der Neuzeit wird nicht aus den Leistungen der Vernunft abgeleitet, sondern aus deren Notwendigkeit. Theologischer Voluntarismus und humaner Rationalismus sind historische Korrelate; folglich ist die Legitimität der Neuzeit nicht von ihrer ›Neuheit‹ her entwickelt – der Anspruch, Neuzeit zu sein, rechtfertigt sie nicht als solcher (Legitimität, 109).

Nicht was sie kann, legitimiert sie, sondern was sie notwendig macht. Unübergehbare Notwendigkeit aber erweist sich in Situationen des Scheiterns, des Versagens.

›Selbstbehauptung‹ meint daher hier nicht die nackte biologische und ökonomische Erhaltung des Lebewesens Mensch mit den seiner Natur verfügbaren Mitteln. Sie meint ein Daseinsprogramm, unter das der Mensch in einer geschichtlichen Situation seine Existenz stellt und in dem er sich vorzeichnet, wie er es mit der ihn umgebenden Wirklichkeit aufnehmen und wie er seine Möglichkeiten ergreifen will. Im Verstehen der Welt und den darin implizierten Erwartungen, Einschätzungen und Sinngebungen vollzieht sich eine fundamentale Wandlung, die sich nicht aus Tatsachen der Erfahrung summiert, sondern ein Inbegriff von Präsumtionen ist, die ihrerseits den Horizont möglicher Erfahrungen und ihrer Deutung bestimmen und die Vorgegebenheit dessen enthalten, was es für den Menschen mit der Welt auf sich hat (Legitimität, 151).

Auch hier gilt: ein Programm, selbst ein ›Daseinsprogramm‹, kann scheitern. Die horrende Zuspitzung der Erfahrung der Geschichte zur Erschütterung des neuzeitlichen Selbstverständnisses greift weit darüber hinaus. Sie belegt, daß *erst* ein Scheitern, ein Versagen, wie es sich schlimmer nicht vorstellen ließe, ganz darüber belehren kann, was mit dem, was so kläglich mißriet, beabsichtigt war.

So gewendet, ist es wahrscheinlich, daß Blumenberg mit seiner Theorie der Neuzeit gerade eines im Blick hatte: eine Basis zu legen für ein mögliches Verstehen des Versagens ihrer Geschichte im Nationalsozialismus.

Man hat dessen historische Phänomenalität inzwischen bis zum Überdruß erforscht; aber hat man damit auch schon die historische Bedeutung dieses ›Phänomens‹ verstanden? Das Konzept der Neuzeit, gebildet um die Idee der Selbstbehauptung, gibt einen Maßstab dafür, diese Bedeutung zu ermessen.

Vielleicht war es einfach so, daß Blumenberg, der persönlichen Gefährdung entkommen, aufgrund seines Temperaments und seiner Grundkonstitution der Nachdenklichkeit keinen Moment an die Empörung verschwendete, sondern sich sogleich ans Bedenken begab, und ausschließlich dabei blieb.

Die theoretische Umständlichkeit, mit der das geschah, wird ein Stück persönlichen Selbstschutzes als Verbergung der Tiefenmotivation dieses philosophischen Einsatzes gewesen sein. Man kennt die Mechanismen der Abwehr und des Versteckens, und die Scham derer, die ›davonkamen‹; wichtiger aber, als den Zusammenhang offenzulegen, was für diese Person weit jenseits der gebotenen Diskretion gelegen hätte, war doch, ihn herzustellen.

Das, was die Vernunft als Organ der Selbstbehauptung erforderlich macht, weshalb sie keine illegitime Anmaßung, sondern eine Unumgänglichkeit anthropologischen Ranges ist, hat Blumenberg in seiner *Arbeit am Mythos* als *Absolutismus der Wirklichkeit* bestimmt. *Er bedeutet, daß der Mensch die Bedingungen seiner Existenz annähernd nicht in der Hand hatte und, was wichtiger ist, schlechthin nicht in seiner Hand glaubte. Er mag sich früher oder später diesen Sachverhalt der Übermächtigkeit des jeweils Anderen durch die Annahme von Übermächten gedeutet haben. Was zu diesem Grenzbegriff berechtigt, ist der gemeinsame Kern aller gegenwärtig respektierten Theorien zur Anthropogenese (Arbeit, 9).*

Für den Vernunft-Begriff bedeutet das seine Zuspitzung auf die Fähigkeiten, es mit dieser Grenzsituation, gegen Übermächte existieren zu müssen, aufnehmen zu können. *Vernunft bedeutet eben, mit etwas – im Grenzfall: mit der Welt – fertig werden zu können (Arbeit, 72).*

Das aber bleibt eine immer aufgegebene Aufgabe, wird kaum jemals zu gesicherter Leistung, wenn gilt: *Immer schon ist der Mensch diesseits des Absolutismus der Wirklichkeit, niemals aber erlangt er ganz die Gewißheit, daß er den Einschnitt seiner Geschichte erreicht hat, an dem die relative Übermacht der Realität über sein Bewußtsein und sein Geschick umgeschlagen ist in die Suprematie des Subjekts. Es gibt kein Kriterium für diese Wendung, für diesen point of no return (Arbeit, 15 f.).*

Im weiteren Verlauf der Werkentwicklung bewegt das Konzept des Abolutismus der Wirklichkeit, der die menschliche Selbstbehauptung erforderlich macht und ihr Organ, die Vernunft, legitimiert, sich hin auf die Markierung der Weltlosigkeit als des tieferen Gegenphänomens, aus dessen Erfahrung sich die menschliche Verfassung selbst, und im Laufe der Neuzeit das menschliche Selbstverständnis, bildet. Als Folie, als geheimes Zentrum des Einsatzes und der Aufgabe war die Weltlosigkeit anwesend und alles dirigierend als Inbegriff des Gegenspielers, in der Definition der Neuzeit: *Die Neuzeit ist Überwindung der Gnosis* (*Legitimität*, 138).

Der Nationalsozialismus aber ist die Überspitzung der Gnosis, die ultimative gnostische Revolte gewesen (vgl. Steffens, *Wiederkehr*, 147–154).

Die Weltlosigkeit ist das eigentliche ›Gespenst‹, das im Werk des Geschichtsdenkers Hans Blumenberg umgeht. Wir haben Geschichte, weil wir keinen angestammten Ort in der Welt haben; das macht die Geschichte zum einzigen möglichen Bürgen überhaupt einer Weltstellung des Menschen. Mißlingt sie, ist es um unsere Welt mit geschehen. Dieses Junktim sollte Vorsicht und Zurückhaltung gegenüber jeder Vermutung eines Scheiterns der Geschichte nicht nur begründen, sondern auch rechtfertigen können. Dieses eine zuzugeben, heißt, alles, worauf es für Menschen ankommt, verloren zu geben.

Dem läßt sich entgehen, wenn das Scheitern *der* Geschichte als Scheitern *einer* Geschichte gedacht werden kann, die andere Geschichten nicht ausschließt. Die ›Neuzeit‹ läßt so viele Geschichten zu, wie es Weisen und Versuche der ›humanen Selbstbehauptung‹ gibt. Deshalb endet die Epoche nicht mit dem Scheitern eines Versuches. So furchtbar es gewesen sein mag. Aber sein Scheitern ist das Ende, das andere Versuche wieder zuläßt. Nur muß man sie auch wollen. Gerade das Scheitern des Nationalsozialismus ließ das ›Wesen‹ der Geschichte hervortreten, nur zuzulassen, was *nicht* endgültig sein und jede Alternative ausschließen will.

Dazu berechtigt allein schon der einfache – wiederum historische – Tatbestand, daß Geschichte überhaupt weiterging, sie mit dem Scheitern des Humanismus nicht zu Ende war.

Diese Perspektive wird in ihrer Berechtigung deutlicher, sobald erwiesen ist, daß am Beginn der Geschichte, die unleugbar in einer unvordenklichen Katastrophe endete, ein Verlust stand, der für die Zeitgenossen als nicht geringere Katastrophe gewirkt haben muß.

Hier wie dort, in ihren weltweiten wie zeitweiten Übereinstimmungen, zeigt der Mythos die Menschheit dabei, etwas zu bearbeiten und zu verarbeiten, was ihr zusetzt, was sie in Unruhe und Bewegung hält. Es läßt sich auf die einfache Formel bringen, daß die Welt den Menschen nicht durchsichtig ist und nicht einmal sie selbst sich dies sind (*Arbeit*, 303).

Hieran zeigt sich, daß die *Arbeit am Mythos* gleichsam die weitere anthropologische Ausziehung und Vorverlegung der *Legitimität der Neuzeit* in die Vorzeit ist. Aber nun nicht mehr in der relativen Beiläufigkeit eines historischen, sondern in der relativen Verbindlichkeit eines anthropologischen Befundes.

Genau das ist der Kern der Erfahrung der Geschichte, die die Neuzeit zu sprengen scheint. Eine verwilderte Selbstbehauptung übersteigert den Absolutismus der Welt und zerschlägt das gegen ihn mühsam in Jahrhunderten erworbene fragile Vertrauen gegenüber der Welt und mit ihm tendenziell ihr menschliches Selbstverständnis.

Deshalb spricht Blumenberg die tiefste Tiefenschicht des Urphänomens zum ersten Mal anhand der Figur aus, in der sich dies zuspitzt und zusammenfaßt: von Weltlosigkeit spricht er offen zum ersten Mal als dem Charakteristikum Hitlers.

Für Hitler war nicht, wie es Napoleon in dem Apophthegma gegenüber Goethe ausgesprochen hatte, die Politik das Schicksal. Eher war sie Schicksalsersatz, Lebenssurrogat, und als solche auf unbedingte

Totalität bei Strafe des Sinnverlustes angewiesen. Leben gab es nur als einziges. Sobald das zur beherrschenden Idee geworden ist, wird unerträglich, daß die Welt gleichgültig gegen dieses Leben zuvor bestanden hatte und danach fortbestehen könnte. Dies dennoch zu ertragen, beruht allemal auf der Fähigkeit zur Relativierung des eigenen Lebens. Anders ausgedrückt: auf dem Besitz des Welthorizontes. Hitler hatte keine Welt. Deshalb gebrauchte er den Ausdruck mit dem unbestimmten Artikel. Darauf beruht auch, daß er den Begriff des Ruhms nicht kennt, unter dem für Napoleon die Idee des Politischen ganz und gar gestanden hatte. [...].

Eine äußerste Gewalttat, mehr noch: Gewalttätigkeit gegen die Grundbedingung menschlichen Daseins in ihrem Grenzwert vorzustellen, heißt, die Zurückzwingung der Weltzeit auf die Dimension der Lebenszeit zu vergegenwärtigen. Aber noch in der Verzerrung zur Grimasse muß an der Gewaltsamkeit, die sich die Maße der Geschichte in das Prokrustesbett einer faktischen Lebenszeit zwängen will, der vage Widerschein jener Berechtigung wahrgenommen werden, die aus der Sinnwidrigkeit von Raum und Zeit herzunehmen ist. Deren Indifferenz ist es, die den unablässigen Konflikt hervorruft, in dem das Lebenszeitbewußtsein gegen seine raumzeitlichen Weltbedingungen steht (Lebenszeit und Weltzeit, 80–85; 84 f.).

Die Weltlosigkeit der exemplarischen Figur der epochalen Humanismusimplosion kann keinen Zweifel mehr daran lassen, daß die eigentlichen Möglichkeiten des Menschseins von der Weltlichkeit seines Daseins abhängen. Nur ein Mensch mit einer Welt, die er als seine Welt erfahren kann, kann auch ein Mensch sein, was immer vor allem sonst heißt, die anderen in deren Menschsein nicht zu beeinträchtigen. Hitler hatte diese

Erfahrung nicht. Sein System war der wahnhafte Versuch all derer, die diesen Elementarmangel mit ihm teilten, ein Dasein zu organisieren, das auf sie verzichten kann. Das Schicksal des Nationalsozialismus ist das anthropologische Experiment gewesen, das erwies, daß es ohne sie nicht gehen kann.

In seinem letzten Durchgang durch die Geschichte des europäischen Bewußtseins, in *Höhlenausgänge*, wird Blumenberg die mit so langem Atem durchgeführte anthropologische Kontur noch einmal schärfen. Die Ausgänge aus den Höhlen sind die Metapher für die Bewegungen, die Praktiken, die der Mensch zu leisten hat, um nicht Opfer des zur Weltlosigkeit sich immer zuzuspitzen drohenden Absolutismus' der Wirklichkeit zu werden. *In den Höhlen der Erde gelebt zu haben und aus ihnen hervorgetreten zu sein, wie es Plato ironisch dem Ursprungsmythos der Sophisten eingelegt und wie es von Demokrit bis zu Lukrez die atomistische Vorgeschichte der Kultur bestimmt hattte, ergibt das Gegenbild: ein in der Welt heimatloses Wesen* (357).

Das ist eine Umschreibung der Weltlosigkeit als jederzeit möglicher Zuspitzung der menschlichen Grundsituation. Sie kann als eine Bestimmung der Schuld der Welt gelesen werden.

Wir leben in einer Welt, die man mit Hinhören auf den Wortsinn als ›außerordentlich‹ bezeichnen darf; sie gibt uns nichts von dem, was intimer Anspruch unserer Natur zu sein scheint, vielmehr überfordert sie gerade diese mit der Zumutung, ihr in keiner ihrer Dimensionen ›gewachsen‹ zu sein (*Höhlenausgänge*, 59). Genau darin liegt die Berechtigung der Selbstbehauptung als Bemühung um eine Notwendigkeit: die Neuzeit macht zum selbstbewußten Programm, was der Mensch immer schon und immer weiter zu leisten hatte und haben wird, um in einer um ihn gleichgültigen Welt existieren zu können.

Die Welt ist nichts, was den Menschen etwas anginge. Das hatte Epikur nicht nur in bezug auf den Tod gesagt, sondern auch zum Inbegriff seiner Auseinandersetzung mit den verschiedenen Schulen der Welterklärung gemacht. [...]. Wenn die Welt dem Menschen dennoch etwas zu bedeuten hat, ist das erst ein Produkt seiner Kultur (333).

Denn: *Kultur ist vorbereitete Weltvertrautheit; aus ihr heraus werden die Geschichten erzählt, denen die Tatsachen nicht allzu schmerzhaft entgegenstehen* (351).

Dieser andere Sinn der Gleichgültigkeit der Welt, der das tragische Bewußtsein aufheben könnte, hat in der Geschichte Europas kaum eine Rolle gespielt. Die Welt los werden zu können, indem man begreift, daß einen von ihr nur angeht, worüber man selbst etwas vermag, ist zwar der Kern der praktischen Weltverwandlung der Neuzeit, aber nicht des Selbstbewußtseins derer, die sie betrieben und weiter betreiben. Deshalb werden sie von allen Geschehnissen, in denen die Grenzen der Beherrschbarkeit hervortreten und die Ursituation des Beherrschtseins wiederersteht, so hilflos getroffen.

Die Weltlosigkeit ist kein Zustand, sondern die Drohung, den Zustand, in dem sich für Menschen leben läßt, nicht zu erreichen oder wieder zu verlieren.

Von der ›Fremdheit des Menschen in der Welt‹ zu reden, wie Kolakowski es tut, hat nur Sinn, wenn man genetisch bestimmen kann, worauf sie beruht und was sie bewirkt. Sichtbarkeit des aufrechtgehenden Nacktwesens ist Auffälligkeit, und jede Auffälligkeit steigert ohne Zutun die Gegenseitigkeit von Feindschaft und Mißtrauen. Man muß da die soziologische Typik des

Fremden, die Georg Simmel schon am Anfang dieses Jahrhunderts gegeben hat, als anthropologische Kategorie fassen: Der Fremde exponiert sich, indem er aus dem Vertrauten herausgeht, und er wird exponiert, indem er die Vorzüge dieser Besonderheit in Anspruch nimmt, um schließlich am Krisenpunkt solcher Exposition von Furcht ins Vertraute zurückgetrieben zu werden. Fremdheit ist keine Geschichte einer stabilen Umweltbeziehung. Es ist eine Illusion, die Anthropogenese irgendwo in stabile Endzustände einmünden zu sehen – es sei denn in die der Höhlen (56).

Die Zuspitzung der Weltfremdheit zur Weltlosigkeit ist das Bewußtsein, daß die ursprüngliche Kulturhandlung einer Überwindung der ursprünglichen Fremdheit der Welt zum Menschen nicht ein für alle Male geleistet ist, sondern von jedem Einzelleben wiederholt werden muß und immer wieder scheitern kann.

Das sollte man beim Nachdenken von Hans Blumenbergs *Legitimität der Neuzeit* nicht unberücksichtigt lassen, gerade unter dem durch das Verenden der ›Postmoderne‹ nicht hinfällig gewordenen ›kritischen‹ Gesichtspunkt einer möglichen Fortdauer der Neuzeit.

Nur auf den ersten Blick ist Blumenbergs Philosophie ein Stück Geistesgeschichte. Dringt man tiefer in ihre Struktur und ihre Zusammenhänge ein, so erweist sie sich als souveräner Gegenentwurf zu allen Philosophien und Zweiflern, die vom Scheitern der Neuzeit überzeugt sind. Sie ist eine Absage an die Dialektik der Aufklärung, die diese nicht leugnet, sondern sie als historisches Phänomen auf eine Weise analysiert, daß deren mögliche Überwindbarkeit sichtbar wird. Als eine Anthropologie des ›Dennoch‹ in Gestalt einer Geschichtsphilosophie gewinnt sie den Verhängnissen der Geschichte Einsicht in deren innerste Mechanismen ab.

Erst durch den extremsten möglichen Aufstand gegen die Neuzeit konnte ganz deutlich werden, was sie ist, und was wir als ihre Kinder und Erben sind und noch lange bleiben werden.

Geschrieben aus der unmittelbaren Erfahrung des Nazismus ist die *Legitimität* eine Philosophie eines gerade eben nicht zu einem seiner Opfer Gewordenen. Welch eine ungeheure Leistung in dieser Konstellation liegt, ist noch nicht gewürdigt.

Blumenbergs Schweigen zum Nationalsozialismus in seiner ersten ›Hauptsache‹ ist bei einem so Geschichtsbesessenen nur solange befremdlich oder erstaunlich, wie eine der Grundlehren aus dessen Erfahrung unbeachtet bleibt: keine Schuld definieren zu dürfen. Dem Ungeheuerlichen könnte keine Anklage gerecht werden; womöglich aber diejenigen, gegen die sie erhoben wird, in ein Unrecht setzen, von dem noch gar nicht ausgemacht ist, worin genau es besteht. Solange, wie das Geschehen, in dem gehandelt zu haben und in das verstrickt gewesen zu sein sie schuldig werden ließ, selbst noch unverstanden ist.

Wie aber dürfte unter dem Gerechtigkeitsgebot ein Urteil auf Unverständnis gegründet werden? Auch diese als Menschheitskatastrophe mißratene Geschichte muß weniger verurteilt, um so mehr verstanden werden. Mit wachsender zeitlicher Distanz mögen die Chancen dazu steigen, dermaßen, wie mit dem Verschwinden der letzten Zeitzeugen die moralische Pflicht entfällt, noch im Bemühen um Verständnis die Haltung des Anklägers einzunehmen. Gerade weil sich in der Katastrophe der Humanität zeigte, daß Geschichte zwar nicht Bürge, wie die Neuzeit zuversichtlich glaubte, aber einziges Medium der Wirklichkeit des Menschlichen ist.

Der Schlüsseltext in dieser Hinsicht trägt die Überschrift »Ein noch zu schreibender Brief« und umfaßt genau zehn Zeilen.

Sie haben bei E.R. promoviert, sich akademisch legitimieren lassen.

Haben Sie jemals danach gefragt, was er zwischen 1933 und 1945 alles getan hat?

Ich war mit E.R. befreundet. Ich mochte ihn. Ich habe gefragt, was er zwischen 1933 und 1945 alles getan habe. Ich bin trotzdem bis zu seinem Tode mit ihm befreundet geblieben.

Ich wollte nicht sein, was ich nicht zu sein brauchte: das Weltgericht (Verführbarkeit, 144).

Denn eben dies – das Weltgericht – hatte der Nationalsozialismus sein wollen. Seine anthropolitische Apokalypse war darauf angelegt, für ein Weltalter zu entscheiden, was Daseinsberechtigung ist. Noch die berechtigte Haltung des Anklägers steht in der Gefahr, diese Geste zu wiederholen – die Korruption aller Werte und Gültigkeiten im Nazismus greift noch auf seine Gegner und Opfer über, die die Totalität seines destruktiven Wesens entwaffnet.

In dieser Erfahrung der Geschichte kehrt die älteste Welterfahrung elementarer Fremdheit als Essenz des Verhältnisses zwischen Menschen als Kulturerfahrung wieder: das Übel stellt sich in der Anwendung des Gegenmittels wieder her. Das Unverdaute des Einbruchs des Ungeheuren bestimmt unsere Lage.

Die Kultur reproduziert die Welterfahrung, deren Aussetzung ihre Aufgabe und Leistung ist. Darin besteht der eigentliche ›Rückfall in Barbarei‹, nicht in den unverständlichen Einzelheiten der Brutalität menschlichen Handelns. Deshalb muß nach ihr, zum Zweck ihres möglichen Verständnisses, eine Anthropologie der Weltlosigkeit der Anthropologie der

Selbstbehauptung an die Seite treten, um eine neue Grundlage des zu erneuernden menschlichen Selbstvertrauens nach seiner willentlichen Selbstzerstörung gewinnen zu können.

Daß diese ›Regression‹ so maßlos ausfallen konnte, obwohl sie nicht mehr notwendig war, es für sie keinen Grund mehr gab, da die existierende Kultur sie überflüssig gemacht hatte, indem sie ihren Angehörigen seit langem ein Minimum an Weltverträglichkeit und Weltgeborgenheit bot, ist das offene Rätsel der Neuzeit.

Das ist die wichtigste anthropologische Lehre der Erfahrung der Geschichte: unsere Kultur reicht nicht aus, das ursprünglich unzureichende Weltverhältnis des Menschen in ein ausreichendes zu verwandeln.

Dem kann nur mit anthropologischer Spekulation begegnet werden.

Sie hat es, scheinbar paradox, nicht mit dem Menschen aufzunehmen, sondern mit der Welt, die denen, die den Einbruch erlebten und denen, deren eigenes Leben von seinen Folgen bestimmt ist, fremd wurde – wie sicher, gewandt, selbstverständlich und genußfähig sie sich auch immer in ihr bewegen mögen. Es ist keine Frage individueller Verfassung, sondern der neuen Bedingungen der Existenz. Als Erzeugnisse *dieser* Geschichte *sind* wir Fremde, wie immer wir uns fühlen und erleben mögen. Erneut sind wir der Weltlosigkeit als Ursprung von allem, was Weltvertrauen beeinträchtigt, konfrontiert.

Ein ›Ende‹ der Neuzeit ist damit nicht markiert.

Ihre Unvermeidlichkeit liegt nicht nur in ihrer historischen Tatsächlichkeit und nicht allein im Fortwirken ihrer beherrschenden Prinzipien vor allem der Praxis der Welteinrichtung, die sich als Weltzivilisation globalisiert haben.

Nichts ist endgültig, Endzustände gibt es in der Geschichte nicht. Aber es gibt die Dauer, die über die Zeiten, in denen begründet wurde, was weiterwirkt, hinausreicht. Das ist das Problem der Neuzeit mit der Religion des Christentums gewesen. Diejenigen, die sich mit der Neuzeit und ihren Lebensprinzipien nicht zurechtfinden konnten oder wollten, haben immer wieder auf diese Dauer und die in ihr angelegte Möglichkeit der Wiederbelebung, der ›Auferstehung‹ gesetzt. So bei Novalis, dem Erzvater deutscher Romantik, in der Schrift, mit der er die Dialektik der Neuzeit bezeugt, das Neue als Vollendung des Alten zu verwirklichen. Vor dem Hintergrund seiner rückwärtsgewandten Vision eines alten Reiches, in dem die Religion den ›Himmel auf Erden‹ bereits einmal verwirklicht habe, führt er vor, daß sich der Teufel *nur* mit Beelzebub austreiben läßt. Er setzt seine ganze Hoffnung auf die Stärkung und Überbietung eben jener Werte und Kräfte, die als Mittel zu ihrer Überwindung Antrieb der Neuzeit waren.

Diese Wendung ist für alle nachfolgende Kritik der Epoche, die aus der Spätwirkung und den Resten der Eschatologie lebte, maßgebend geworden, bis hin in die Wendungen der Kritischen Theorie, die in der Überbietung eben der Rationalität, die die Verkümmerungen des Lebens in der entwickelten Neuzeit zu verantworten hat, die einzige Chance ihrer humanen Bändigung sieht.

Die Kritik einer Vernunft, die zerstört wurde, indem sie zur Zweck-Mittel-Relation der Rationalität verkürzt, zum effektivsten Mittel der Praxis der Welteinrichtung wurde, kann auf die Rationalität nicht verzichten. Gegen ihre Wunden hilft nur sie selbst.

Gegen die Weltverluste hilft nur ein anderer Einsatz der Mittel, die sie verschulden.

Genau darin wird das Kernproblem der Neuzeit, die Gnosis durch Gnosis zu überwinden, noch einmal akut.

Das neuzeitliche Universalmittel ihrer Abwehr ist Erkenntnis durch Wissenschaft: *Überwindung der Weltfremdheit durch Wissenschaft. Die angestrengt ausgedachte und unbeirrt angewandte Methode soll die Welt in unser Eigentum überführen. Die Wissenschaft soll uns zu Herren und Besitzern der Natur machen: maîtres et possedeurs de la nature. Nicht blinde Weltzerstörung, sondern wissenschaftliche Weltbeherrschung; nicht gnostische Weltflucht, sondern methodische Weltaneignung. Cartesianismus heißt, in der ›gnoseogenen Situation‹ Gnosis gleichsam im letzten Augenblick noch verhindern* (Sommer, *Evidenz*, 204).

Als Zeitgenossen einer überbordenden Kulturkritik, in deren Zentrum die weltzerstörerischen Folgen des weltanschaulichen Rationalismus stehen, haben wir darin den Beelzebub erkennen gelernt, der gerufen wurde, den Teufel auszutreiben. Angst aber ist der schlechteste Ratgeber.

Freilich: was tun, wenn Selbstentfremdung und Weltfremdheit sich wiederum als Resultate des Cartesianismus erweisen? Wenn, wie Mach es sieht und wie es zu sehen er uns nahelegt, die ›gnoseogene Situation‹ sich einstellt als Folge des Versuchs ihrer Überwindung? (Sommer, 204).

Diese Manifestation des Paradoxes der Neuzeit hat den Gegenversuch hervorgerufen, Weltfremdheit durch nochmalige Kritik des Mittels einzudämmen, das zu ihrer Behebung aufgerufen war. Einsicht in die Begrenztheiten des menschlichen Erkenntnisvermögens, Wiederholung der kantischen Liquidierung der Metaphysik, forcieren – wiederum paradox – eine Kultur des Handelns, der Praxis, die in trial and error das

Gemäße, mit allen Risiken, herausfinden soll, und nur noch herausfinden kann.

In dem Stadium der sich fortsetzenden Neuzeit, das unsere absehbare Zeitgenossenschaft ausmacht, zeigt sich diese Reduktion der Ansprüche zur Bescheidenheit einer in die reine Theorie zurückgenommenen Neugierde in ihrer ganzen Ambivalenz. Sie kann nämlich nicht so ›rein‹ bleiben, daß sie praktische Interessen nicht mehr dienstbar sein müßte. Was den Künsten für eine kurze Zeit der Moderne in der Epoche des freien Individuums gelang, sich vom Mäzenatentum der Macht zu emanzipieren, ist der Wissenschaft nicht gelungen, trotz ihrer unstreitig errungenen Monopolstellung in der Dominanz des allgemeinen Bewußtseins, für das sie zur einzigen Quelle der Wahrheit aufstieg.

Ein allmählich sichtbar werdender Beleg dafür tritt in der Kontinuität der durch die reine Forschung ideologisch neutralisierten Anthropolitik hervor.

Der Mensch, der nicht nur die Natur, sondern sich selbst als verfügbares Faktum begreift, hat in der Selbstbehauptung seiner neuzeitlichen Geschichte nur die Vorstufe seiner Selbststeigerung und Selbstübersteigerung durchlaufen. Die Zerstörung des Weltvertrauens hat ihn erst zum schöpferisch handelnden Wesen gemacht, hat ihn von einer verhängnisvollen Beruhigung seiner Aktivität befreit (Legitimität, EA 1966, 92).

Es fällt nicht schwer, aus dieser Verdichtung die ›Aktualität‹ der Geschichtsanthropologie Hans Blumenbergs abzulesen, die sie für ein zeitgenössisches Bewußtsein besitzen muß, das beginnt, die eigene Zeit als Anbruch einer neuen ›anthropoietischen Mobilisierung‹ zu verstehen. Deren Fliehkraft in Absichten und Mitteln will ungeheuer scheinen.

Genau das ist die tatsächliche Fortsetzung der Neuzeit, die mit uns geschieht, indem wir daran gehen, die ›humane Selbstbestimmung‹ auszudehnen von den Formen des Daseins auf die Formen des Seins des Menschen. Zur reinen Wissenschaft entideologisiert, kann die Anthropolitik weitergehen und in ihrem Schutz neue Dimensionen erstreben.

Der epochale Ehrgeiz, wie er sich in dem poietischen Eifer der Biochemiker und der Genetiker und der gebannt auf sie schauenden Soziotechniker rührt, hat seinen neuen Fluchtpunkt in der Aufhebung der anthropologischen Differenz von Dasein und Sein des Menschen (Steffens, *Wiederkehr*, 83 f.). Die Mittel der Verfügung über die ›Existenzverfassung‹ greifen über auf die Gegebenheiten der ›Seinsverfassung‹: ›Kultur‹ will ›Natur‹ nicht mehr ersetzen, sondern sein.

Auch in diesem Prozeß ist die Technik das universale Mittel eines neuen Bewußtseins, das daran geht, *seine* Wirklichkeit hervorzubringen.

Das Anwachsen des technischen Potentials ist nicht nur die Fortsetzung, ja nicht einmal nur die Beschleunigung eines Prozesses, der die ganze Menschheitsgeschichte umspannt. Vielmehr läßt sich die quantitative Vermehrung technischer Leistungen und Hilfsmittel nur aus einer neuen Qualität des Bewußtseins begreifen. Ein der entfremdeten Wirklichkeit bewußt begegnender Wille zur Erzwingung einer neuen ›Humanität‹ dieser Wirklichkeit lebt in dem Anwachsen der technischen Sphäre. Der Mensch reflektiert auf den Mangel der Natur als den Antrieb seines gesamten Verhaltens (*Legitimität*, EA 1966, 92).

Das neue Selbstvertrauen in der Anwendung der Technik und die Zuversicht in ihre fast unbegrenzte Fortentwickelbarkeit hat das humane Selbstvertrauen inzwischen so weit gestärkt, daß es damit beginnen konnte, neue Perspektiven seiner Realisierung zu entwickeln, deren eigene Dynamik zu einer wesentlichen Motivationsquelle und einem neuen Ansporn eigener Dynamik für die Fortentwicklung der technischen Möglichkeiten wurde.

In der anthropoietischen Mobilisierung einer ›synthetischen Biologie‹ greift die Technik endgültig über von der ›äußeren‹ auf die ›innere‹ Natur des Menschen. Nachdem er seine Welt zu beherrschen lernte, will er nun bestimmen, als welches Sein er in dieser gebändigten Welt in Zukunft existieren soll. Wir sind Zeitgenossen einer Epoche, deren Horizont darin besteht, aus dem Stadium der Vorstufe der Selbststeigerung des Menschen überzutreten in das einer neuen Praxis der Menschenformung.

Die Neuzeit schickt sich zu einem neuen Aufschwung an.

(2003/2005)

Max Bense, *Die Theorie Kafkas*, Köln-Berlin 1952

Hans Blumenberg, »Ordnungsschwund und Selbstbehauptung. Über Weltverstehen und Weltverhalten im Werden der technischen Epoche«, in: Helmut Kuhn/Franz Wiedmann, Hg., *Das Problem der Ordnung*, Meisenheim 1962, 37–57

Hans Blumenberg, *Die Legitimität der Neuzeit*, Frankfurt a. M. 1966

Hans Blumenberg, *Die Legitimität der Neuzeit*, erneuerte Ausgabe, Frankfurt a. M. 1988

Hans Blumenberg, »Wirklichkeitsbegriff und Möglichkeit des Romans«, in: H.R. Jauß, Hg., *Nachahmung und Illusion*, Poetik und Hermeneutik 1, München 1969, 9–27

Hans Blumenberg, *Arbeit am Mythos*, Frankfurt a. M. 1979

Hans Blumenberg, *Lebenszeit und Weltzeit*, Frankfurt a.M. 1986

Hans Blumenberg, *Höhlenausgänge*, Frankfurt a. M. 1989
Hans Blumenberg, *Die Verführbarkeit des Philosophen*, Frankfurt a. M. 2000
Günter Dux, *Die Logik der Weltbilder. Sinnstrukturen im Wandel der Geschichte*, Frankfurt a. M. 1982, 9–27
Ernst Jünger, *Autor und Autorschaft*, Stuttgart 1984
Jochen Klepper, *Unter dem Schatten deiner Flügel. Aus den Tagebüchern der Jahre 1932–1942*, Stuttgart 1956
Leszek Kolakowski, *Die Moderne auf der Anklagebank*, Zürich 1991, Titelaufsatz, 46–69
Dominick LaCapra, »Säkularisierung, der Holocaust und die Wiederkehr des Verdrängten«, in: Herta Nagl-Docekal (Hg.), *Der Sinn des Historischen. Geschichtsphilosophische Debatten*, Frankfurt a. M. 1996
Giacomo Marramao, *Die Säkularisierung der westlichen Welt*, Frankfurt a. M./Leipzig 1999
Manfred Sommer, *Evidenz im Augenblick. Eine Phänomenologie der reinen Empfindung*, Frankfurt a. M. 1987
Andreas Steffens, *Philosophie des 20. Jahrhunderts oder Die Wiederkehr des Menschen*, Leipzig 1999

Blumenbergs Paradox

Anthropologie im Konjunktiv

> *Der Blick des anderen Lebewesens ist die seltsamste aller Begegnungen. Sich gegenseitig anschauen – Dieses geheime Einverständnis, Kollineation*
> *A sieht B, der A sieht. A sieht B, B sieht A.*
> *B sieht A, der B sieht.*
> *Welch ein Wunder, dieser wechselseitige Blick!*

Paul Valéry, *Cahiers/Hefte* 2, 48

Für einen, der bei Lebensgefahr gezwungen war, die letzten Jahre seiner Jugend im Verborgenen zu verbringen, mußte das Sehen zu einem ›Lebensthema‹ werden. Und das Nichtgesehenwerden zur Lebenshaltung, dermaßen, wie es in den letzten Jahren des Dritten Reiches Bedingung dafür war, es zu überleben.

Wer im falschen Moment von den Falschen gesehen wird, hat keine Zukunft. Diese Bedingung des Überlebens findet in der eines möglichen Nachlebens die Umkehrung, daß kein Nachleben haben wird, wer im richtigen Moment von den Richtigen übersehen wird. Es ist der essentielle Balanceakt einer Lebenskunst, das Maß zwischen notwendiger und zu vermeidender Verborgenheit zu finden.

Blumenbergs Schweigen über die mehr als nur sein ›Interesse‹ an Geschichte begründende persönliche Urerfahrung mit ihr gehorchte einer ins Extrem subtilisierten Moralität der Erinnerung, die zu vermeiden gebietet, im Urteil über Vergangenes, dessen mitlebender Zeuge man war, in die Falle der Rückübertragung zu gehen. Den Nationalsozialismus zu verdammen, wäre nach dessen Untergang nicht nur billig, da ungefährlich gewesen, weil es sich allgemeiner Zustimmung sicher sein konnte; es hätte auch geheißen, seine Geste der Verwerfung des Widerstrebenden zu wiederholen, deren Radikalisierung ihn zur Vernichtung von Millionen trieb. Er wollte sich nicht anmaßen, zu sein, als was der Nationalsozialismus auftrat: das *Weltgericht* (»Ein noch zu schreibender Brief«, 144).

Dieser Versuchung ist der den Weltlauf bedenkende Philosoph nicht weniger ausgesetzt als der ihn zu bestimmen trachtende Praktiker einer absoluten Politik. Das dafür den Beleg liefernde Beispiel Heideggers war hinlänglich abschreckend. Es ist der Feinsinn des Geistes, der gebietet, sich der Versuchung zu widersetzen, das Verwerfliche mit dessen eigenen Mitteln abzutun, den Politik sich nicht leisten darf, die den Teufel nur als Beelzebub vertreiben kann, weshalb die Engländer ihre Klugheit dadurch bewiesen, Churchill zum Kriegspremier zu machen.

Solches zu vergegenwärtigen, kann die Verwunderung darüber mindern, wie der intensivste nachhistoristische Denker der Geschichte ausgerechnet diejenige, in deren Geschehen hinein er aufwuchs, nicht zum Gegenstand seines Denkens machen, und zeitlebens zum Nationalsozialismus schweigen konnte.

Was bei ihm nicht vorzukommen scheint, ist in seinem Denken dennoch allgegenwärtig: als Fond der Existenzfigur der Verborgenheit. Als Person hatte er die Lektion dieser Geschichte so gründlich gelernt, daß er sie als Philosoph scheinbar ganz übergehen, und sich ihren Tiefendimensionen ausschließlich widmen konnte. Was ihre eigene Erfahrung am eigenen Leib ihn gelehrt hatte, mußte in sein Denken über sie ebenso verborgen eingehen, wie sie ihn zur Verborgenheit seines Lebens nötigte.

Die nicht nur gewichtigste, sondern auch bedeutendste der zahlreichen Veröffentlichungen aus seinem schier unerschöpflichen Nachlaß hat diese Konstellation genauso unübersehbar gemacht, wie die empirische Person des Philosophen Hans Blumenberg nie sein wollte. Die Anthropologie der *Beschreibung des Menschen* ist eine Anthropologie mehr noch des Gesehenwerdens als des Sehens.

Es war diese frühe Lebenserfahrung der Verborgenheit als elementarem Griff einer Kunst des Überlebens, die ihn später so hellsichtig dafür machte, daß die ›Lebenswelt‹ zur größten Verlegenheit der Phänomenologie werden mußte, als Husserl sie in seinem letzten Anlauf zu ihrer fundamentalen Neubegründung als Verteidigung gegen ihren ehrgeizigsten Abtrünnigen Heidegger, den es in die Unwegsamkeiten des vergessenen Seins verschlug, in sie zurückzubinden suchte.

Husserls Leitmotiv, *nicht zu belehren, nur aufzuweisen, zu beschreiben, was ich sehe* (*Die Krisis der europäischen Wissenschaften*, § 7, 19) wurde zur Maxime von Blumenbergs historischer Phänomenologie der europäischen Geistesgeschichte, wie die Unsichtbarkeit seiner Person – mit der einen Ausnahme seiner Vorlesungshörer – zu deren auffälligstem Merkmal: nur das Denken wurde öffentlich, nicht die Person dahinter. Seine Verborgenheit noch über das Ende der Gefahr hinaus war kein Sich-Verstecken hinter seinem Denken, sondern sein Denken die verborgene Offensichtlichkeit dessen, was ihn als Person wesentlich ausmachte.

Welches sonst könnte auch Merkmal des Philosophen sein? Da er ist, was er denkt, weil er gar nicht anders kann, als zu denken, was er ist, beschränkt seine Verborgenheit sich auf die Banalitäten des Lebens, die sich kaum von denen aller anderen unterscheiden. Die Intimität des Philosophen ist sein Denken. Was hätte man dadurch zusätzlich über dieses erfahren, wären etwa von ihm mehr als nur die drei Fotos veröffentlicht worden, die ihn lange ausschließlich zeigten?

Als erstes Buch veröffentlicht Hans Blumenberg 1957 als Band 128 der »Sammlung Dietrich« im Bremer Carl Schünemann Verlag unter dem Titel *Die Kunst der Vermutung* eine »Auswahl aus den Schriften« des Nikolaus von Cues. In seiner ausführlichen Einleitung entfaltet er das Programm seiner künftigen Geschichtsschreibung des europäischen Geistes im Epochenwechsel vom Mittelalter zur Neuzeit. Das Motiv seiner eigenen Augenzeugenschaft eines epochalen historischen Einschnitts tritt dabei indirekt, doch deutlich genug hervor.

Was geschehen sein mußte, damit zu Beginn des 17. Jahrhunderts die neue Kosmologie des Kopernikus mit Pathos als Befreiung des Menschen aufgenommen werden konnte – so wie es sich im 19. Jahrhundert mit der Theorie Darwins wiederholen sollte –, ist vielleicht das fundamentale Problem zum Verständnis der Ursprünge der Neuzeit. Was derart noch als rein geistesgeschichtliche Fragestellung historistischer Gelehrsamkeit erscheinen mag, erweist sich in seiner weiteren Begründung als nachhistorische Umprägung des historischen Interesses. Aus der Erforschung der Geschichte wird eine metahistorische Analyse der Strukturen ihrer Bildung im Bewußtsein, mit dem Ziel, verstehen zu lernen, warum die Geschichte selbst hat in Frage stellen können, was als Grundlage ihres Verständnisses über einige Jahrhunderte hin fraglose kulturelle Verbindlichkeit besessen hatte. *Dieses Ver-*

ständnis aber ist uns heute dringlich geworden, nachdem unsere Epoche der Tragfähigkeit ihrer Fundamente unsicher geworden und in der Fraglosigkeit ihres Selbstverständnisses erschüttert ist.

Blumenberg wird in zwei Jahrzehnte währender Detailanalytik geistes- und wissenschaftshistorisch jenes neue Selbstverständnis der Neuzeit rekonstruieren, dessen Zerstörung Gehalt seiner eigenen lebensgeschichtlichen ›Urerfahrung‹ von Geschichte gewesen ist: die Irritation, daß die Geschichte Ereignisse zeitigt, die jenseits der Kategorien ihres herrschenden Verständnisses liegen, das deren Akteure bewegt.

Was aber ist es, was uns fragwürdig geworden ist? Wie und wo war es in die Geschichte des menschlichen Bewußtseins eingetreten? Und vor allem: woher kam der Mut zu einer solchen Selbstsicherheit, die sich in einem ebenso endgültigen wie unendlichen Zeitalter des Menschen wähnte? (Blumenberg, *Vermutung*, 9). Eines Zeitalters, dessen Ende eine Zeitgeschichte brachte, die sich als millionenfache Vernichtung von Menschen vollzog, deren Motive und Handlungsbegründungen ihrer Akteure so sehr jenseits dieser epochalen Selbstverständlichkeit lag, daß es fast unmöglich war, zu begreifen, was geschah.

Die erste Darstellung des Cusaners als Schwellenfigur eines Epochenwechsels legt die methodische Perspektive der historischen Rekonstruktionsarbeit offen, die Blumenberg mit den im Abstand von jeweils zwei Jahren in *Studium Generale*, der *Zeitschrift für die Einheit der Wissenschaften im Zusammenhang ihrer Begriffsbildungen und Forschungsmethoden*, begonnen hatte: »Der kopernikanische Umsturz und die Weltstellung des Menschen« (1955), »Kosmos und System. Aus der Genesis der kopernikanischen Welt« (1957) und »Kritik und Rezeption antiker Philosophie in der Patristik« (1959). Zugang zur Zeitschrift erhielt er durch die Freundschaft mit Erich Rothacker, dem er trotz dessen NS-Verstrickungen weit über dessen Tod 1965 hinaus die Treue, und 1966 in der Mainzer Akademie der Wissenschaften und der Literatur den Nachruf hielt.

Zusätzlich zu seiner ausführlichen Einleitung stellt er den Texten der exemplarischen Gründerfigur der Neuzeit kurze, pointierte Einführungen voran. Von zentraler Bedeutung für die langfristige anthropologische Fliehkraft der eigenen Perspektive auf die Erfahrung der Geschichte und deren Rekonstruktion mit dem Ziel, neu verstehen zu lernen, was sich nach der Tradition des Geschichtsverständnisses der Neuzeit nicht mehr verstehen läßt, ist die Vorbemerkung zum Traktat »Von Gottes Sehen« aus dem Jahr 1453, in dem der mittelalterliche Kirchenfürst, der der erste deutsche Philosoph der Neuzeit wurde, zum ersten Mal das Sehen in seiner Doppeltheit von Sehen und Gesehenwerden des Sehenden erfaßt.

Es bezieht sich auf die Brüsseler Gobelinkopie eines verlorengegangenen Selbstportraits Rogers van der Weyden. *Ihr mögt dies Bild an irgendeiner Stelle, z.B. an der nördlichen Wand befestigen, euch in gleichem Abstand um dasselbe herumstellen und es betrachten. Ein jeder von euch, von welchem Platze aus er auch das Bild ansehe, wird die Erfahrung machen, daß er gleichsam allein von jenem angeschaut wird* (Nikolaus von Cues, »Von Gottes Sehen«, in: Blumenberg, *Vermutung*, 311).

Seine Überlegungen bieten *in ihrem beherrschenden Paradigma von dem Bilde, das alle seine Betrachter gleichermaßen anblickt, die durchdachteste und angemessenste Verdeutlichung der neuen Selbstauffassung des Menschen. Der Einzelne steht an seinem je verschiedenen Platz unmittelbar vor dem Absoluten. Keine Position zeichnet sich vor den anderen aus; jeder, der den Blick zu dem Bilde erhebt, wird angesehen, aber er wird nur dann und nur dadurch angesehen, daß er seinerseits auf das Bild hinsieht* (Blumenberg, *Vermutung*, 309).

Hier steht noch der alleserfassende Blick des Schöpfers, unter dessen ständiger Wahrnehmung das Geschöpf nun auf sein eigenes Leben zu blicken beginnt, im Mittelpunkt einer visuellen Ontologie. Der Mensch erblickt sich als das Wesen, das gesehen wird, während es sieht, ohne seinerseits den sehen zu können, dessen Blick es niemals entgeht. *Das allblickende Bild ist eine optische Täuschung; aber es enthüllt den Menschen als das Wesen, das nur in der Gegenseitigkeit des Blickes, in der freien, Erwiderung weckenden Zuwendung genüge findet. Auch vor dem Absoluten kann der Mensch nur in dieser Weise stehen und bestehen, daß er an seinem Standort – geschichtlich wie individuell genommen – im Aufblicken sich angeblickt weiß* (*Vermutung*, 319).

Auf dieses Geflecht der Blicke in der Archäologie dessen, was den Epochenwandel zur Verlaufsform von Geschichte macht, besonders aufmerksam zu werden, ermöglicht dem getauften Christen, den die jüdische Herkunft seiner Mutter der Verfolgung aussetzte, die väterliche Mitgift des Katholizismus, dessen Geistigkeit ihm das Studium am Frankfurter Jesuiten-Kolleg Sankt Georgen vermittelte, zu dem er gezwungen war, da ihm das Regime den Zugang zu einer staatlichen Universität aus ›rassischen‹ Gründen verwehrte (vgl. Wolff, »Der Mann«). Die Pointierung der Situation des Menschen, wie sie aus der Spekulation der visuellen Metaphysik des Cusaners folgt, ist zugleich eine Selbstbeschreibung Blumenbergs in der Lage, in der er mit jener historischen Ereignishaftigkeit existentiell konfrontiert war, die das historische Selbstverständnis des neuzeitlichen Menschen erschütterte: *Ich werde nicht angeblickt, wenn ich nicht hinsehe* (*Vermutung*, 319). Die Umkehrung wird zum Überlebensgriff der Selbstverbergung: wenn ich verhindere, sehen zu können, kann auch ich nicht gesehen werden.

Es ist die selbstgewählte Lage dessen, der sich in der Höhlensituation der platonischen Metaphysik befindet. Sie stellt vor die doppelte Schwierigkeit, gefahrlos in sie hineinholen zu können, dessen es an Wissen von der Außenwelt bedarf, den Wiederaustritt in sie soweit vorbereiten zu können, damit nicht erneute Bedrohung des Lebens zu riskieren, dessen Bewahrung die Zuflucht in die Höhlenverborgenheit sicherstellte. Blumenbergs Denken wurde von der Erfahrung dessen bestimmt, der die Höhle des Überlebens verlassen konnte, ohne den Verdacht einer dauernden Gefährdung durch Sichtbarkeit zu verlieren. Abstrakt gesagt: dem notwendigen Wissen ist nicht zu trauen, obwohl es zur Gefahrenabwehr nichts anderes gibt, worauf sich vertrauen ließe. Weder läßt sich sicherstellen, daß es stimmt, noch, daß es ausreicht, seine Lebensfunktion zu erfüllen. Deshalb kann es nicht genug von ihm in möglichst vielen Erscheinungsformen und Facetten geben. Nichts ist weder vollständig, noch ein für alle Mal durchschaubar; weshalb es keine exklusiven Quellen für Einsicht und Erkenntnis gibt. Woran oder wodurch immer ein Gedanke zündet, was immer zu einer Erkenntnis führt, hat seinen Daseinswert.

Das Leben muß sich zum Mittel seiner Behauptung machen, um seinen Daseinszweck erfüllen zu können. Nur, wer sein Leben riskiert, erhält die Chancen, derer es bedarf, es zu bewahren. Man muß den Schutz der Höhle verlassen, um draußen zu besorgen, was drinnen erprobt und zubereitet werden muß, um damit draußen zu bestehen. Das Leben bedarf der Welt, vor der es sich schützen muß, um sich gegen sie zu behaupten. Geborgenheit gibt es nur auf Zeit; auf längere Dauer nur unter der Bedingung, zeitweise auf sie zu verzichten. Ontoanthropologisch gewendet: das Wesen, das Mensch wurde, konnte es nur, indem es die ursprünglichen Bedingungen seiner Entstehung hinter sich ließ.

In seinem letzten zu Lebzeiten veröffentlichten Buch *Höhlenausgänge*, das 1989 erschien, wird das Verhältnis des Sehend-Gesehenen zum ersten Mal als Fundament jeder Reflexion der Situation des Menschen in der Welt in anthropologischer Eindeutigkeit beschrieben. Das Risiko, aus der Verborgenheit des Höhlenschutzes in die Offensichtlichkeit der Steppe hinauszutreten, erwies sich als anthropogene Ursituation. Durch die Lage, in die das Wesen, das diesen Schritt tat, damit geriet, wurde es zu dem, das zum Menschen wurde. Die Erfahrung der spätesten Geschichte, deren nicht nur Zeuge, sondern ›Objekt‹ ihrer willkürlichen Ereignishaftigkeit er gewesen war, ließ Blumenberg die Situation des nur verborgen lebensermöglichend Existierenden in der Frühzeit der Menschwerdung wiedererkennen, auf deren Klärung jede Anthropologie fußen muß.

Die Untrennbarkeit des Sehens vom Gesehenwerden, nun nicht mehr durch den göttlichen Alleserblicker, sondern vor allem die anderen, die einen sehen, während man sieht, und die man sieht, während sie sehen, ist zwanzig Jahre nach den ersten Cusanus-Studien zur Grundlage der Überlegungen geworden, mit denen er zu prüfen beginnt, ob es geben könne, was Husserl ausgeschlossen hatte: eine philosophische Anthropologie mit den Mitteln der Phänomenologie. Ihr Ausgang ist radikale Skepsis. *Unter diesem Titel ist eine zweifelhafte Disziplin der Philosophie übriggeblieben, eine zweifelhafte Wissenschaft erst recht. Kann es sie geben? Oder gar: D a r f e s s i e g e b e n ? Eine solche Frage ist neuartig: Darf es auf dem Feld der Theorie nicht alles geben, was es geben kann? Die Gegenfrage lautet: Läßt sich, was möglich ist, überhaupt vermeiden? Könnte man eine Anthropologie, sofern sie möglich ist, ü b e r s e h e n wollen? Gibt es sie nicht schon immer, wie die Hermeneutik behauptet?* [...] *Aber auch unabhängig von den Kriterien der Wertung und der moralischen Kritik gibt es immanent theoretische Schwierigkeiten für die Anthropologie, nicht nur, sofern sie w i s s e n s c h a f t l i c h e Disziplin sein will, sondern auch und vielleicht noch mehr, sofern sie p h i l o s o p h i s c h e Disziplin sein möchte* (*Beschreibung des Menschen*, 483 f. – Hervorhebungen im Original.).

Ihre Fragwürdigkeit hat vor allem mit der Herkunft ihrer Phänomene zu tun, die als philosophische nur historische sein können. Dermaßen, wie die erlebte Geschichte die bis zu ihren epochal einschneidenden Ereignissen selbstverständlich geltenden anthropologischen Überzeugungen erschütterte, wird sie zum Maß und Prüfstein anthropologischer Aussagen.

Damit wird zusammenhängen, daß es eine kulturell unaufzehrbare Bedeutung hat, in der ›Memoria‹ der anderen zu bleiben, ebenso wie das darauf beruhende humane Offizium, Hüter der ›Memoria‹ zu sein – anders ausgedrückt: Geschichte zu haben, nicht zu verleugnen. Sie ist der Inbegriff der Wirklichkeit, die Menschliches annehmen kann, und Ahistorismus der der zugehörigen Barbarei. Nicht nur sprachliche und schriftliche Geschichtsschreibung, sondern Pietät gegenüber den Toten, ihrem Nachlaß, ihrer Lebensform, ist das früheste Stück Kultur, das wir erkennen können

(*Beschreibung*, 188 f.). Den, der nicht mehr gesehen werden kann, in den hinterlassenen Spuren seines Daseins noch über dessen Ende hinaus wahrzunehmen, gehört zu den Gesten auf Gegenseitigkeit, die Humanität ermöglichen.

›Geschichtlichkeit‹ ist nicht länger nur Kern des menschlichen Daseins als Erscheinungsweise des ›Seins‹ im heideggerschen Sinn. Sie ist der Rückhalt alles Menschlichen und dessen möglicher Erkenntnis. Weil das Signum der Geschichte ihre Unmenschlichkeit vor allen anderen ihrer Phänomene ist, müßte Geschichtslosigkeit des Bewußtseins deren Korrelat sein. Nicht, weil wir Geschichte haben oder sind, oder sie selbst machen, müssen wir sie erkennen, sondern weil sie die permanente Infragestellung dessen ist, was wir als Menschen zu sein empfinden.

Nur noch ein Schritt, und der Übergang von der Geistesgeschichte zur Historischen Anthropologie wäre von hier aus getan. Sie ist die Konsequenz einer Geschichtsphilosophie, deren Unmöglichkeit ihr von ihrem eigenen Gegenstand demonstriert worden ist. ›Den‹ Menschen, den es nicht gibt, in der Erkenntnis der Geschichte zu ersetzen durch die Menschen, die eben dies in ihrem Leben zu erfahren haben, ist ihr Grundgedanke.

Doch der Denker der *Memoria* (vgl. Blumenberg, »Cassirer«) entzieht sich der Suggestion, die von der Erfahrung der neueren Geschichte, deren Augen- und Leidenszeuge er war, ausgeht. Warum?

Die Verweigerung findet sich darin begründet, daß die Geschichte, die den Menschen immer wieder zwingt, wissen zu wollen, was er ist, indem sie ihm drastisch vor Augen führt, was er nicht sein will, selbst verweigert, was man ihr abverlangen muß. Anthropologie scheitert genau daran, *daß* sie aus der Erfahrung der Geschichte entsteht. Ihre einzige tragfähige Bestimmung des Menschlichen ist die Historizität alles dessen, worin es sich ereignet – die Identifikation des Seins der Menschen mit der Geschichte, die sie haben. *Jede Anthropologie, auch die, die es verleugnet, ist im Kern historisch. Das zuzugeben, schließt nicht aus, darin auch ihre Beschränkung, ihre Unerträglichkeit zu sehen. Es bleibt dem menschlichen Subjekt unfaßbar, daß unmittelbare Selbsterfahrung, ja meditative Selbstversenkung, äußerste Konzentration auf dieses Selbst, der Antwort auf die alte Frage, was der Mensch sei, offenbar keinen Schritt näherbringt. Die Anstößigkeit liegt in der Kontingenz der Umwege, und die Geschichte ist ihr größter, zufälligster, damit auch anstößigster. Doch ist sie gerade deswegen der Ausschöpfung des Horizonts der Möglichkeiten zumindest näher als alle Dürftigkeiten der Introspektion und Reflexion* (*Beschreibung*, 890).

Deshalb kann es eine Phänomenologie des Menschen ebenso wenig geben wie eine der Geschichte, am wenigsten aber Phänomenologie als Weg zur Integration beider. *Als Phänomenologen beschreiben wir Sachverhalte, die wir im Augenblick der Beschreibung nicht vor uns haben. Ihre apodiktische Evidenz besteht darin, daß wir sie, sobald wir sie hätten, nur so haben könnten* (a.a.O., 892). Im Bewußtsein aber erscheinen nur historische Phänomene, nicht die Geschichte als Phänomen; nur Menschen, nicht der Mensch. Aus dem, was sich derart zeigt, Bestimmungen beider ableiten zu wollen, hieße, eine ihrer Eigenschaften für die Sache selbst zu nehmen. Nur ein ungeschichtliches Sein ließe sich in seinem Wesen bestimmen, da es unveränderlich wäre. Was aber nicht ununterbrochen nicht nur als es selbst, sondern in derselben Gestalt ›da‹ ist, ist wesenlos. Außer, man sähe eben in dieser

Variabilität seines Auftretens seine Wesensbestimmung, womit man in Widerspruch zu deren Begriff geriete.

Daraus die Konsequenz zu ziehen, war das Motiv, von der Geschichtsphilosophie zur Anthropologie überzugehen, das sich zu Beginn des 20. Jahrhunderts heftig Bahn bricht. Nämlich mit dem Paradox in dem *Satz von Max Scheler: »... die Undefinierbarkeit gehört zum Wesen des Menschen.« Wir können jetzt aber, angesichts der pragmatischen bis politischen Konsequenzen der angenommenen Definierbarkeit des Menschen als einer möglichen Fremdkompetenz, ermessen, welche Bedeutung dem Satz Schelers zukommt, der Mensch sei nicht nur kraft Insuffizienz, sondern aus Gründen seiner Wesensstruktur undefinierbar. Das ist vielleicht kein eindeutiges Geschenk, denn in diesem Satz steckt auch die Konzeption der Existenzphilosophie, der Mensch definiere sich selbst kraft der Realisierung seines Daseins. Aber theoretisch betrachtet ist die von Scheler behauptete Undefinierbarkeit zumindest die Freigabe anderer Verfahren zur Erledigung der Frage, was der Mensch sei, einschließlich ihrer Preisgabe. Zum Beispiel als die Ersetzung dieser Fragestellung durch eine andere, sie modifizierende, vom Typus der transzendentalen Fragestellungen: w i e d e r M e n s c h m ö g l i c h sei. Was zunächst und vor allem impliziert, nicht als selbstverständlich und notwendig vorgegeben anzunehmen, daß er überhaupt existiert und dieser Sachverhalt aus der Welt gleichsam nicht wegzudenken sei. Die Modifikation der Fragestellung kann zunächst und zumindest an die Kontingenz des Menschen heranführen: er muß nicht sein und er muß nicht so sein, wie er ist (Beschreibung*, 510 f. – Hervorhebung im Original).

Mit der Feststellung der Undefinierbarkeit des Menschen ist in unmittelbarer historischer Vorläuferschaft zu dem einschneidenden Geschehen, das auf der umgekehrten Überzeugung und der Exekution einer einzigen als der absoluten Bestimmung des Menschen beruhte, vorweg begründet, warum es sich dabei um die bisher gröbste Manifestation von Unmenschlichkeit handelt. Ihn nicht definieren zu können, heißt, keine seiner möglichen Bestimmungen zur Grundlage eines Handelns machen zu dürfen, dessen äußerste Folgen als tödliche irreversibel sind. Es dennoch zu tun, ist ein ultimativer Akt der Anmaßung willkürlicher Verfügung, der ausschließlich auf der Macht beruht, es tun zu können.

Er entbehrt jeder Legitimität, weil keiner der davon Betroffenen ihm zustimmen könnte. Er mißachtet die Selbstevidenz des eigenen Menschseins derer, die er zu Objekten macht. Das zivilisierte Leben beruht auf der Delegierbarkeit der Handlungen, die es in gegenseitiger Beeinflussung prägen. Zulässig ist, was von denen, die es betrifft, ebenso getan werden könnte. Das Urteil ihrer Nichtmenschlichkeit aber kann von denen, über die es gesprochen wird, nicht selbst gefällt werden. Die einzig zulässige Instanz, die Zugehörigkeit zum Menschsein festzustellen, ist ausschließlich jeder Einzelne, der sie für sich mit Gewißheit beansprucht. Niemand sonst kann feststellen, ob er damit Recht hat.

An dieser Stelle anthropologischer Reflexion der Bedeutung der einschneidendsten historischen Erfahrung wird ein anthropologischer Befund zur Begründung der Unmöglichkeit von Anthropologie als deren Unzulässigkeit. Es darf sie nicht geben, weil es sie nicht geben kann, weshalb jedes Handeln, das auf der entgegengesetzten Überzeugung beruht, dazu tendieren muß, in Vernichtung zu münden.

Der Mensch ist das Tier, das alles selbst machen will, aber, um dies zu können, so viel wie möglich delegieren muß – um alsbald wieder zu bedauern, dies dann nicht mehr selbst tun zu können. Der Inbegriff dieser Delegation ist der Staat, das Bedauern des Bürgers darüber ist das Potential der Utopien. In dem Moment, in dem der Staat sich zur Instanz der Beantwortung der Frage macht, was der Mensch sei, vollzieht er die absolute Entmündigung seiner Bürger, indem er für sie festlegt, wozu sie selbst nicht fähig sind.

Die Frage, die hier entsteht, ist nur die, ob auch etwas delegiert werden kann, was in der Kompetenz des Delegierenden gar nicht vorkommt. Der Bürger, der sein Handeln dem Staat übertragen hat, kann die Entscheidung, die dieser nun für ihn trifft, ob er ein Mensch ist, oder nicht, selbst nicht treffen, da er sich selbst nicht für einen Nicht-Menschen halten kann. *Wenn wir die Frage, was der Mensch sei, vielleicht oder wahrscheinlich prinzipiell nicht beantworten könnten, wären wir auch nicht in der Lage, ihre Entscheidung zu delegieren oder jemals implicite delegiert zu haben. Es ist nicht nur eine theologische Floskel zu sagen, wir wüßten nicht, was ein Mensch ist, wann noch nicht und wann nicht mehr, wer noch nicht und wer nicht mehr.* Der Staat, der es dennoch tut, okkupiert die Verfügungsmacht des Einzelnen über seine Selbstgewißheit, und setzt sie damit außer Kraft. *Dieses Urteil, diese Definitionsmacht, kann also auch niemals und an niemand delegiert worden sein. Was nicht delegiert werden kann, dafür hat niemand die Kompetenz. Nur ich selbst kann daher mich zur Unperson erklären, indem ich mich auslösche. Deshalb kann auch an niemand das Recht delegiert worden*

sein, einen Selbstmörder zwangsweise ins Leben zurückzubefördern. Diese vermeintlichen Hilfstätigkeiten beruhen auf der Unterstellung, es müsse einer geistesgestört sein, der einen Suizid begeht. Mit anderen Worten: er könne nicht einmal für sich selbst zuständig gewesen sein, die Erklärung zur Unperson für sich selbst zu vollziehen (Beschreibung, 508 f.).
Der Staat, der es an seiner statt tut, und ihn tötet, weil er ihn zum Nicht-Menschen erklärte, begeht das Unding, einen Suizid zu erzwingen, der nicht gewollt werden kann. In der Schoah leisten die Mörder gleichsam Assistenz zu einem Selbstmord, zu dem niemand der Betroffenen entschlossen sein könnte. Sie ist so ungeheuerlich, weil ihr Geschehen etwas verwirklicht, was es nicht geben kann. Das aber ist das Kennzeichen der Macht: tun zu können, was die davon Betroffenen für unmöglich halten müssen. Ihre äußerste Manifestation ist das Todesurteil. Niemand kann es über sich selbst verhängen. Auch der Selbstmörder tut es nicht, indem er sein Leben beendet. Sein Motiv ist keine vermeintliche Todeswürdigkeit, sondern die Unerträglichkeit seines Lebens.

So erweist sich am Extrempol der Erfahrung der Geschichte die Unmöglichkeit der Anthropologie. *Viel wichtiger aber ist, daß es offenbar ein E x k l u s i o n s - v e r h ä l t n i s von Anthropologie und Geschichtsphilosophie gibt.* Die Anthropologie gerät mit ihrem Anspruch, *daß sie zu Aussagen gelangen möchte, die für den Menschen in jeder Phase seiner Entwicklung und unter allen Bedingungen seiner Selbstverwirklichung gültig sind (Beschreibung, 485),* in Widerspruch zu dem Wesentlichen der Geschichte, welches in der Unablässigkeit besteht, mit der sie Veränderung an Veränderung reiht. *Denn Geschichte ist ein würdiges Thema nur, sofern ihr ›Wesentliches‹ nicht nur anzu-*

treffen ist, sondern vor allem geschieht. Ein ›wesentliches‹ Ereignis aber ist ein solches, welches einen relativ hohen Grad der Veränderung eines gegebenen Zustandes mit sich bringt.

Das Verständnis des Menschen, mehr noch seine Bestimmung der Erkenntnis der Geschichte abzuverlangen, heißt, sich von einer Unerfüllbarkeit abhängig zu machen. *Also tendiert jede Geschichtsphilosophie ihrer immanenten Logik nach darauf hin, dem Menschen das größtmögliche Maß an Veränderungsfähigkeit in der Geschichte zuzuschreiben und zugleich damit die geringste Belastung an fixierter Wesentlichkeit, an Konstanz seiner Möglichkeiten. Das gilt im höchsten Maße natürlich für solche Geschichtsphilosophien, die ein Geschichtsbild der Diskontinuität bevorzugen, anders ausgedrückt: die die wesentlichen Ereignisse der Geschichte als Revolutionen beschreiben und programmieren (Beschreibung, 486).* Das Wesentliche der Geschichte verhindert, aus ihr das Wesen des Menschen zu bestimmen.

Der Nationalsozialismus – von dem unverkennbar implizit in diesen Überlegungen die Rede ist –, der sich selbst als revolutionäre Bewegung mit welthistorischem Anspruch verstand, versucht mit seiner Anthropolitik zur Erzwingung eines anderen Menschen und der Auslöschung derer, die dessen Bestimmung nicht entsprechen, das Unding, das Unvereinbare zur Deckung zu bringen, und Geschichte zum Ereignis der Verwirklichung einer Anthropologie werden zu lassen. Er will Geschichte ›machen‹, indem er den Neuen Menschen ›macht‹. Abgesehen von der militärischen Aussichtslosigkeit, den Weltkrieg zu gewinnen, den er dazu führte, war sein Scheitern darin unvermeidlich angelegt. Seine Geschichte verändert den Menschen unaufhörlich; die Fixierung seines Wesens aber kann keines ihrer willkürlichen Ereignisse sein. Es dennoch zu betreiben, entspricht der ›endzeitlichen‹ Stimmung des Nationalsozialismus' genau, Endgültigkeiten durch ›Endlösungen‹ zu erzwingen, weil es nach ihm nichts mehr geben sollte. So mußte sein letzter Impuls im Angesicht des unausweichlichen Untergangs sein, möglichst viel von der Welt noch zu zerstören, die nach ihm kommen würde. Nichts ist so unhistorisch wie die Überzeugung, Geschichte zu machen.

Der von den historischen Umständen seines eigenen Daseins ausgehenden tödlichen Bedrohung gerade eben verschont gebliebene Philosoph gründet dessen Verständnis jedoch ganz auf die Freiheit der Theorie und deren Bedingung uneingeschränkter Neugierde, und schlägt die in der eigenen Erfahrung der Geschichte angelegte Anweisung auf eine Philosophie der Erfahrung des Menschseins in seiner Geschichte aus – und kann es doch nicht lassen, über deren Un-Möglichkeit nachzudenken.

Die aus diesem Impuls entstandenen Studien ließ er unveröffentlicht. Weil er mit der Reflexion an kein Ende, zu keinem Beschluß in der Sache kam? Oder nur aus lebens- und arbeitspragmatischer Kontingenz?

Die Vermeidung einer Anthropologie, wie die Erfahrung der Geschichte sie nahelegt, findet jedoch eine anthropologische Begründung. So, wenn dem Staat als *anthropologische Wurzel* die *Fähigkeit des Menschen zur Delegation als einer Umformung der actio per distans* zugeschrieben wird (*Beschreibung*, 508). Es bedürfte der Einsichten einer philosophischen Anthropologie, um über deren Möglichkeit entscheiden zu können. Deren Verneinung könnte nur in dem Nachweis bestehen, daß sie nicht im Einklang mit ihrem Gegenstand ist. Dazu aber wäre erforderlich, was gerade ausgeschlossen wird. Sie für unmöglich zu halten, heißt, eine Anthropologie anhand der zu Argumenten gewendeten Befunde einer anderen zu bewerten. Man muß eine schon haben, um begründen zu können, daß es keine Anthropologie geben könne. *Ich meine, die Anthropologie kann nur so weit zu einer Disziplin philosophischer Vorurteilslosigkeit werden, wie sie bereit ist, auch als g l e i c h w e r t i g e A l t e r n a t i v e einzubeziehen, der Mensch könnte nicht die Konsequenz der organischen Evolution, sondern nur deren umständliche, aufwendige, innerhalb dieser Evolution ganz heterogene Korrektur von Schwierigkeiten der Anpassung, sein. Erst damit beginnt die nachkopernikanische Vorurteilslosigkeit ihre Beweislast voll zu übernehmen, wenn die V e r n u n f t – auch unter der Voraussetzung, daß L e b e n ein verbreitetes Vorkommnis im Weltall von mäßiger Unwahrscheinlichkeit ist – noch immer in einem Zusammenhang von höchster Unwahrscheinlichkeit zur Normalität der Selbstbehauptungsmittel organischer Systeme steht* (Beschreibung, 491). Dann hat Anthropologie davon auszugehen, und als Ertrag ihrer Bemühungen dahin einzumünden, daß wir keine notwendige Konsequenz der Natur, sondern der zufällige Irrtum einer organischen Abweichung sind, die sich selbst so dauerhaft stabilisieren konnte, daß sie sich schließlich als letzte Konsequenz ›des‹ Lebens erscheint. Obwohl doch die einfachste intersubjektive Lebenserfahrung jedes Einzelnen diese Gewißheit dementiert, die ihn täglich belehrt, wie unwahrscheinlich und instabil ein Menschenleben ist.

Genau dies bekräftigt die Erfahrung der Geschichte als Lebensgang der Gattung, der auf der Instabilität, zuletzt der Endlichkeit ihrer Exemplare beruht. *Die Geschichte zeigt den Menschen sich selbst als das wesenlose Wesen* (260), sofern Wesentlichkeit gleichbedeutend mit Unveränderlichkeit ist. *Die Zerstörung der Frage W a s i s t d e r M e n s c h?* hat in diesem *Kontext stattgefunden, und ihre methodische Ersetzung durch die Frage W i e k a n n d e r M e n s c h e x i s t i e r e n? ist bezogen zu sehen auf die derart entstandene Vakanz* (260 f.).

Keinen Erörterungen könnte die Phänomenologie als Wissenschaft möglichen Bewußtseins ferner stehen. Und doch hat Husserl, aufgeschreckt von den Verwerfungen der Zeitgeschichte seiner Lebenszeit, in seiner letzten Fundierung der Phänomenologie, die keine Anthropologie werden sollte, zu höchstem anthropologischem Pathos gegriffen. *Wir sind also – wie könnten wir davon absehen – in u n s e r e m Philosophieren F u n k t i o n ä r e d e r M e n s c h h e i t* (*Krisis*, 17. – Hervorhebung im Original.).

Sie teilt das Schicksal des Idealismus, *zugunsten seiner absoluten Ansprüche auf das Interesse des Menschen an sich selbst verzichten zu müssen.* Denn die *Idee der Wissenschaft enthält das eigentümliche Verschwinden des Menschen als Gestalt, als Individuum, als konkrete Figur aus der theoretischen Szene. Wo er sich an sein Selbstinteresse unter dem Schlagwort der Bildung klammert, hält ihm auch der Positivist und gerade dieser die kopernikanische Konsequenz seiner exzentrischen Unwichtigkeit vor Augen* (*Beschreibung*, 13). Mit jedem Zuwachs an Welterkenntnis nimmt das Bedürfnis an Selbsterkenntnis ab, da er die Bedrohlichkeit der Welt, die es weckt, vermindert. Nicht Selbstunsicherheit läßt nach Selbsterkenntnis verlangen, sondern Weltungewißheit. Die Stärke des anthropologischen Bedürfnisses ist umgekehrt proportional zur Kenntnis der Lebensbedingungen und der Fähigkeit, sie zu erfüllen. Die Tüchtigsten sind die Selbstlosesten; am stärksten will wissen, was er ist, wer am wenigsten über Fertigkeiten der Daseinsbehauptung verfügt. Für die Philosophie als Lebensform hat das die irritierendste Konsequenz: *Wer nicht die Gabe des Lebens besitzt, der stürzt sich auf die Philosophie* (Michel Serres, *Sinne*, 176).

Je mehr die Weltkenntnisse sich erweitern, desto geringer wird die Bedeutung der Gattung als Integrationsmerkmal des Menschlichen. *Es ist eine fatale Ironie [...], daß eben dieser Versuch, die Wahrheit über die Welt zu trennen von den Bedingungen des Menschenlebens, zur Nivellierung auch der Gattung im Gesamtresultat solcher Erkenntnis führt. Wissenschaft ist ›Todestrieb‹ der Gattung, lange bevor sie diese ernstlich zu gefährden in die Lage kommt. Es gibt, streng genommen, keine Disziplin der positiven Wissenschaften, die es nur und speziell mit dem Menschen zu tun hätte. Die Namengebung ›Anthropologie‹ ist so dubios wie ›Ökotrophologie‹: ein Sammelsurium von einschlägigen Stücken der Biologie, von Evolutionismus, von Genetik.*

In der Vollstreckung der Idee der Wissenschaft vollstreckt der Mensch an sich selbst, indem er seine Möglichkeiten in der Welt ernst nimmt, das Gesetz der Entropie: Er verliert sich selbst als unwahrscheinliches Ereignis im physischen Universum (*Beschreibung*, 16 f.).

Je mehr wir wissen, desto unwichtiger wird es, uns nicht zu kennen. Je mehr wir in und mit unserem Leben können, desto weniger müssen wir es kennen. Der Mensch der zivilisatorischen Spätzeit führt sein Leben, wie er sein Auto fährt: er weiß es zu bedienen, ohne zu wissen, was es ist. Er kann seine Funktion nutzen, ohne deren Mechanismus zu verstehen. Zur Nutzung der zum selbstverständlichen Bestandteil alltäglicher Lebensführung, der ›Lebenswelt‹ gewordenen Techniken gehört deren Verständnis nicht.

Für die philosophische Denkform Anthropologie heißt dies, keine Wissenschaft sein zu können, sondern lediglich eine mit geisteswissenschaftlichen Mitteln verfahrende Kunst der Deutung manifestierter Erfahrungen des Menschseins, deren wichtigste Dokumente sie in den Künsten findet, indem sie deren subjektive Expressionen auf objektive Bedeutung hin prüft.

Sich auf das Bedürfnis nach einer Anthropologie einzulassen, wäre damit für den Phänomenologen die Versuchung, der schlechthinnigen Allgemeinheit seiner Einsichten in das transzendentale Bewußtsein wieder zu entziehen, was er doch nur zugunsten seines kontingenten Vorkommens qua menschliches, also unter Wert, verschleudern müßte. Er wäre der ›niederen‹ theoretischen Neugierde erlegen, wissen zu wollen, was der Mensch sei, statt den singulären Fundus von Evidenz auszuschöpfen, der mit seiner Selbstgewißheit des Cogito, also mit dem Bewußtsein von Bewußtsein einer sonst zufälligen Spezies, verbunden ist (Beschreibung, 45).

So wenig es nach den Bestimmungen ihrer husserlschen Orthodoxie Phänomenologie als Anthropologie geben darf, und nach den logischen Konsequenzen ihrer inneren Verfassung und Geschichte geben kann, so zwingend ist es, daß es eine phänomenologische Anthropologie geben muß.

Nach sechshundert Seiten Erörterung schlägt Blumenberg die Volte, den vielfältigen Nachweis ihrer Unmöglichkeit auf sich beruhen zu lassen, um zu einer Anthropologie im Modus des Als-Ob überzugehen. Am Phänomen des Trostes erweist sich, daß es auch eine Notwendigkeit des Unmöglichen gibt.

Nun ist in anthropologischer Betrachtung sicher nicht vorrangig die Frage gestellt, ob Trost angeboten oder angenommen werden soll und was darin an Voraussetzungen steckt. Eher die andere Frage, wie es überhaupt möglich ist, daß der Mensch getröstet werden kann, daß er ein der Tröstung fähiges Wesen ist. Trost ist eine Kategorie, deren Eigentümlichkeiten aufs engste mit den Merkmalen der Spezies Mensch zusammenhängen. Die Fragestellung nach der Möglichkeit und Funktionsweise des Trostes scheint tief hineinzuführen in den Komplex der Eigenschaften, die eine philosophische Anthropologie zu thematisieren hätte (Beschreibung, 623).

Fähig, sich zu trösten, und getröstet zu werden, ist er, weil es eines seiner Bedürfnisse ist. Ein Bedürfnis ist etwas, das es nicht nicht geben kann. Es steht deshalb in unmittelbarer Relation zu der wesentlichen Eigenschaft der Kontingenz des menschlichen Daseins. Alle *Bedürftigkeiten konvergieren auf die eine und einzige der N i c h t s e l b s t v e r s t ä n d l i c h k e i t   s e i n e s   V o r h a n d e n s e i n s, sowohl als Spezies wie auch als Individuum. Der Mensch leidet darunter, nicht so Natur zu sein wie andere Natur, nicht so unmittelbar und unbegründet da sein zu können, wie anderes da ist. Es ist dies der Sachverhalt seiner K o n t i n g e n z (Beschreibung,* 634. – Hervorhebung im Original).

Trost gibt es aus demselben Grund, weshalb wir unsere Geschichte sind. *Weshalb sind wir trostbedürftig? Weil wir keinen Grund haben dazusein* (635). Deshalb gibt es immer mehr, immer Neues, immer Anderes, um das Dasein mit Erträglichkeiten als Ersatznotwendigkeit auszustatten.

Genau hier beginnt sich als Abstraktion wesentlicher Gehalte der Geschichte in deren Deutung eben die

Anthropologie wieder zu regen, die deren Vorrang im Selbstbewußtsein des Menschen und der Phänomenologie als Wissenschaft des Bewußtseins aus dieser mit dem Fluchtpunkt ihrer Unmöglichkeit ausgeschieden hatte. Was gerade noch nach dem Konjunktiv verlangte, gleitet in den Indikativ zurück. *Der Mensch ist ein vernünftiges Wesen, weil seine Existenz unvernünftig, nämlich: ohne erbringbaren Grund ist. Es ist die Seinsgrundfrage in ihrer anthropologischen Fassung.* Noch zugespitzter: *Der Mensch ist das Wesen, das sich dessen bewußt ist oder bewußt werden kann, ob es gewollt worden ist. Oder anders: das Wesen, dem es unerträglich werden kann, durch den nacktesten aller Zufälle zu existieren.* Um doch sogleich in den Sprachmodus des Beinahe und Möglicherweise zurückzukehren: *Vielleicht wäre einer der zentralen Definitionsessays für den Menschen dieser, er sei d a s g e w o l l t   s e i n   w o l l e n d e Wesen* (*Beschreibung*, 638 f.).

In dieses ›Vielleicht‹ mündet die Unentscheidbarkeit einer Möglichkeit von Anthropologie, die der wichtigsten Einsicht, die diese als Unergründlichkeit des Menschen zu begründen hätte, genau entspricht. Selbst, wenn einzusehen wäre, daß sie unmöglich ist, könnte es sie deshalb nicht nicht geben.

Es gibt zwar nicht Phänomenologie, wohl aber phänomenologische Probleme, befand Ludwig Wittgenstein (*Bemerkungen über die Farben*, Nr. 248, 103). Dem entsprechend läßt die Unentscheidbarkeit des Prozesses um ihre Möglichkeit sich dahin auflösen, an die vakante Stelle der Anthropologie die Erforschung anthropologischer Probleme zu setzen. Dann wird es möglich, ihr die Gestalt einer ›Archäologie der Humanität‹ zu geben, die ihre ›Sache‹ mit phänomenologischen Mitteln betreibt (vgl. dazu ausführlich: Andreas Steffens, »Phänomenologie in der Genese einer Archäologie der Humanität«).

(2008; durchgesehen und ergänzt 2019)

Hans Blumenberg, *Nikolaus von Cues. Die Kunst der Vermutung. Auswahl aus den Schriften*, Bremen 1957

Hans Blumenberg, »Der kopernikanische Umsturz und die Weltstellung des Menschen«, in: *Studium Generale*, 8. Jg., Heft 10, 1955, 637–648

Hans Blumenberg, »Kosmos und System. Aus der Genesis der kopernikanischen Welt«, in: *Studium Generale*, 10. Jg. 1957, Heft 2, 61–80

Hans Blumenberg, »Kritik und Rezeption antiker Philosophie in der Patristik. Strukturanalysen zu einer Morphologie der Tradition«, in: *Studium Generale*, 12. Jg., 1959, 485–497. – jetzt in: Volker Bohn, Hg., *Typologie. Internationale Beiträge zur Poetik*, Frankfurt a. M. 1988, 141–165

Hans Blumenberg, *Legitimität der Neuzeit*, Frankfurt a. M. 1966; erneuerte Ausgabe 1988

Hans Blumenberg, »Nachruf auf Erich Rothacker«, in: Akademie der Wissenschaften und der Literatur Mainz, *Jahrbuch 1966*, Wiesbaden 1967, 70–76

Hans Blumenberg, *Genesis der Kopernikanischen Welt*, Frankfurt a. M. 1975

Hans Blumenberg, »Ernst Cassirers gedenkend bei Entgegennahme des Kuno-Fischer-Preises der Universität Heidelberg 1974«, in: ders., *Wirklichkeiten, in denen wir leben*, Stuttgart 1981, 163–172

Hans Blumenberg, *Höhlenausgänge*, Frankfurt a. M. 1989

Hans Blumenberg, »Ein noch zu schreibender Brief«, in: ders., *Die Verführbarkeit des Philosophen*, In Verbindung mit Manfred Sommer herausgegeben vom Hans Blumenberg-Archiv, Frankfurt a. M. 2000, 143

Hans Blumenberg, *Beschreibung des Menschen*, aus dem Nachlaß hg. von Manfred Sommer, Frankfurt a. M. 2006

Edmund Husserl, *Die Krisis der europäischen Wissenschaften und die transzendentale Phänomenologie. Eine Einleitung in die phänomenologische Philosophie* (1936), hg. von Elisabeth Ströker, Philosophische Bibliothek Bd. 292, Hamburg 1996

Michel Serres, *Die fünf Sinne*, Frankfurt a. M. 1993

Manfred Sommer, »Sagen zu können, was ich sehe. Zu Hans Blumenbergs Selbstverständnis«, in: *Neue Rundschau*, Heft 1, 1998, 78–82

Andreas Steffens, *Philosophie des zwanzigsten Jahrhunderts oder Die Wiederkehr des Menschen*, Leipzig 1999, Vierter Teil: »Rückkehr aus der Menschenleere. Konturen einer Archäologie der Humanität«, Kapitel IV: »Apologie der Selbstbehauptung. Hans Blumenbergs gelassene Revision«, 294–306

Andreas Steffens, »Phänomenologie in der Genese einer Archäologie der Humanität«, in: Ulrike Kadi, Brigitta Keintzel, Helmuth Vetter, Hg., *Traum Logik Geld. Freud, Husserl und Simmel zum Denken der Moderne*, Tübingen 2001, 152–172

Ludwig Wittgenstein, *Bemerkungen über die Farben*, Frankfurt a. M. 1979

Uwe Wolff, »›Der Mann, den alle schlagen, diesen schlägst Du nicht‹ – Hans Blumenbergs katholische Wurzeln«, in: *Communio*, Bd. 43, 2014, Heft 3, 182–198

Ungenannte

Vorarbeit am Mythos

Leopold Ziegler

Die Mythen handeln von den Göttern. Da ist zu erwarten, daß einer, der den Mythos bedenkt, einen, der die Götter bedachte, dabei berücksichtigt.

In der *Arbeit am Mythos* aber kommt Leopold Zieglers *Gestaltwandel der Götter* nicht vor.

Das kann bei einem, der auch Entlegene und Vergessene würdigte, nicht an Unkenntnis liegen. Zieglers Großversuch, den christlichen Mythos geschichtstheoretisch zu Ende zu bringen, war eine Legende noch zu der Zeit, in der Blumenbergs Bewußtsein sich bildete. Was also mag ihn bewogen haben, wegzusehen und wegzulassen?

Will man nicht im Karteikarten-Universum seines Lektürearchivs in Marbach nach einem Beleg eines Grundes fahnden, bleibt, zu vermuten. Was bei einem, der seine erste Buchveröffentlichung anhand des Motivs der ›Kunst der Vermutung‹ des Nicolaus von Kues komponierte, wenigstens nicht unzulässig ist.

Wo aber ansetzen?

Da kommt dem Leser von Entlegenem ein antiquarisches Fundstück zu Hilfe.

1925 erschien bei Otto Reichel in Darmstadt, dem Hausverlag der dort vom berüchtigten Grafen Keyserling betriebenen ›Schule der Weisheit‹, eine *Einführung in die Philosophie Leopold Zieglers: Dienst an der Welt*.

Zu den Beiträgern gehörte Rudolf Pannwitz mit einer Eloge auf den *Gestaltwandel der Götter*. Dort heißt es, zeittypisch verschroben: *Kein Verlangen nach anderer Welt als der die da ist, aber Ausschöpfung aller möglichen Deutungen, und deren Verbindung im Geiste, als geistesnotwendige Widersprüche – Bejahung nicht nur der Widerwirbel des Kosmos sondern auch der Antonomien des Denkens, doch Bejahung allein, keine Vermischung. All das getragen von der in sich vergrübelten und überall empfänglichen Individualität* (58).

Verblüfft erkennt man darin – den Byzantinismus der Diktion und den hohen Ton abgezogen – Züge einer Charakteristik der Autorschaft des späteren Philosophen, der es verschmähte oder ablehnte, sich auf den früheren trotz übereinstimmenden Interesses in derselben Sache zu beziehen. Ein verwandter Geist also? Und wenn, hätte er ihn nicht erkennen sollen? Oder am Ende sich zu gut in ihm wiedererkannt; in dem Außenseiter, dem, da kein Philosoph ›von Fach‹, andere Außenseiter publizistisch zu Hilfe kommen mußten?

So wenig Blumenberg einer sein wollte, so sehr war er dabei, selbst einer zu werden, wozu die *Arbeit am Mythos* nicht wenig beitragen sollte, die den Argwohn der Fachgenossen beflügelte, die das ›Literarische‹ daran so heftig störte, wie die unbestreitbare Gelehrsamkeit dahinter mit Neid erfüllte. In ihr Literatur zu sehen, stimmte nur als Feststellung eines Mangels nicht. Stilistisch mochte das noch angehen; aber eine Idee aus der Auseinandersetzung mit einem Literaten, auch wenn es Goethe war, zu gewinnen, überschritt die Grenze des an philosophischen Seminaren für zulässig Geltenden.

Verweigerte in Blumenbergs Achtlosigkeit für den Mythologen der zwanziger und dreißiger Jahre ein angehender Außenseiter einem notorischen die Solidarität über die Zeiten hinweg, die seine historische Daseinsauffassung doch durch und durch prägte, als humane Verbindlichkeit der Erinnerung? Oder sah er in Ziegler einen, der in der Sache nicht mithalten konnte? Solcher Befund hätte sich in einem der Nebensätze aussprechen lassen, mit denen er seine Wertungen pointiert im Vorübergehen zu verstehen zu geben wußte.

Die Charakteristik, die Pannwitz von Ziegler gibt, erinnert an seine geistige Physiognomie so genau, daß man sich einfach verleiten lassen muß, mehr dahinter zu vermuten. Einen zu verschweigen, der zum Bedenken der eigenen Sache unübersehbar doch beigetragen hatte, an dem dazu Verwandtschaft auffällig werden konnte – diese Konstellation legt die Vermutung nahe, daß eben solche mit Unbehagen wahrgenommene Verwandtschaft ein Kriterium für den Ausschluß von den zu bestellenden Feldern seiner Wahrnehmung gewesen sein mag.

Nähe nämlich war Blumenberg unbehaglich. Er mußte auf die Distanz nicht halten, die ihm wichtig war. Sie wurde ihm als passgenaue Rückstrahlung der Aura seiner Person unwillkürlich entgegengebracht. Sein Hörsaal mochte noch so überfüllt sein, die erste Reihe der Bänke blieb leer. Lieber nahmen Verspätete auf dem Boden und Fenstersimsen Platz. Da half auch der mit einem Anflug sardonischen Lächelns gegebene Hinweis nichts, er spucke nur selten.

Kein Mitbewohner seines Nootops?

Reinhold Schneider

Wer Hans Carossa kennt und als Zeugen aufruft, dem wird Reinhold Schneider nicht unbekannt geblieben sein.

Am wenigsten als der Autor historischer Betrachtungen, die 1940 unter dem Titel *Macht und Gnade* erschienen, in zeitlicher Nachbarschaft zu Dolf Sternbergers zwei Jahre zuvor veröffentlichtem *Panorama*-Buch, das Hans Blumenberg spät als seine früheste Inspiration genannt hat.

Zitiert oder auch nur erwähnt, hat er Schneider dagegen nie. Umso reizvoller, sich – unter den Geboten von Wahrscheinlichkeit und Möglichkeit – eine Beziehung vorzustellen. Eine Beziehung, wie sie zwischen Bewohnern dessen besteht, was der Historiker der ›Kopernikanischen Welt‹ in einer Überlegung zur Methode seiner Wissenschaftshistorie als ›Nootop‹ beschrieb. *Was wir thematisieren, ist das kopernikanische Nootop (diese Bildung in Anlehnung an das ›Biotop‹ möge ausnahmsweise gestattet sein), die Bedingungen der Möglichkeit dessen, daß es überhaupt eine Wirkungsgeschichte des Kopernikus gibt – was keineswegs selbstverständlich ist, da es doch eine solche des Aristarch von Samos nicht gegeben hatte* (*Genesis*, 158). Der hatte den Gedanken lange vor Kopernikus gedacht, der diesen zum Revolutionär machte. Aber es war eben nicht der Gedanke, nicht die Idee allein, sondern die Konstellation, in der sie mit ihrer Zeit und deren anderen Ideen stand. Die Bedingung einer Wirkung ist die Vorgeschichte der Bildung dessen, was wirken kann.

1940 begann die Lage der ›Halbjuden‹ in Deutschland schwierig und schwieriger zu werden. Dem damit selbst in Bedrängnis und Sorge geratenden Blumenberg mußte ein Autor wie Schneider auffallen, der es wagte, so offen und wahrhaftig zu schreiben, daß er als regimekritisch erkennbar wurde, und der dennoch – wenn auch unter Schwierigkeiten, die kurz vor dem Ende des Regimes noch lebensbedrohend wurden – weiter publizieren konnte.

Was es für Halbjuden bedeutete, im Deutschland der SS und des Reichssicherheitshauptamtes zu leben, darüber gibt das Tagebuch Jochen Kleppers beklemmende Auskunft. Mit einer ›Halbjüdin‹ verheiratet, verübte er 1942, als der Abtransport aus Berlin zur Vernichtung in den Osten bevorstand, gemeinsam mit ihr und einer Stieftochter Selbstmord. Wie Reinhold Schneider gehörte er zu jenen bekennenden Christen, die in Deutschland noch bis in die spätere Nachkriegszeit hinein mit Figuren wie Peter Wust, Karl Muth, Theodor Haecker, Josef Pieper, Walter Dirks, Elisabeth Langgässer eine bedeutende Rolle spielten.

Nur wenigen ist es vergönnt, wenn die Ordnung wankt und die Werte sich zu verändern scheinen, von Anfang an den rechten, ihnen angemessenen Weg zu wissen. Mit der Schuld der Handelnden verbindet sich die der Geistigen, die noch schwerer wiegt, weil sie statt an der Wirklichkeit an deren Gesetzen geschieht; es wird keine Schuld der Tat begangen ohne die Vorarbeit, den Beifall und die Reue des Geistes. Und wenn auch der Geistige meist nicht so schnell vor Gericht gezogen wird, wie der Täter, den das in Gang gebrachte Räderwerk der Wirklichkeit sofort wieder erfaßt, so muß er doch vor der Geschichte die größere Verantwortung tragen: seine Aufgabe ist es, die ewigen Gesetze zu erkennen und, unbeeinflußt vom Wet-

terumschlag des Tages, einen jeden Tag zu vertreten (Schneider, *Das Inselreich*, 275 f.).

Eine Bemerkung wie diese in der historischen Darstellung der englischen Geschichte zur Zeit Heinrichs VIII. war zwischen den Zeilen als Kritik der eigenen Zeit durchaus lesbar. Im Jahr 1936 war das bereits gewagt, nicht erst nach Ausbruch des Krieges und der damit einhergehenden Verschärfung aller ideologischen Restriktionen. Die Ablehnung des Regimes trat darin für Freund *und* Feind so unmißverständlich zutage, daß Goebbels das für seinen Geschmack zu schnell erfolgreiche Buch in der dritten Auflage verbieten ließ. Unter Regimegegnern kursierten dann während des Krieges Abschriften von Gedichten Schneiders an der Front und in Deutschland.

Sein *Inselreich* ließ die Möglichkeit eines anderen Historismus' aufscheinen, eines geistigen Horizontes einer geschichtsbewußten Widerständigkeit gegen einen heroisch-martialischen Geschichtsmißbrauch, der den Sinn der Geschichte in sein Gegenteil verfälschte, indem er behauptete, ihn exklusiv und endgültig zu kennen.

Das Pathos eines transzendenten Geistesbegriffes abgestrichen, wie er aus Schneiders Verständnis der Geschichte als Heilsgeschichte folgt, wird darin etwas wie ein Vorschein jener ›Phänomenologie der Geschichte‹ erahnbar, an der Hans Blumenberg eine Generation später mit jeder seiner historischen Studien gearbeitet hat, ohne sie als ein systematisches philosophisches Werk auszuführen.

Ich vermute, aus der genuin phänomenologischen Konsequenz heraus, die Erkenntnis einer Sache nur durch ihre Beschreibung gewinnen zu können, aber nicht durch die Beschreibung der Beschreibung, mit der Husserls akademische Nachfolger dessen Bemühung zur ›Wesensschau‹ als Wahrnehmung der Wahrnehmung verwechselten. Das hat ihm die Ignoranz der Phänomenologen von Fach eingetragen. Die Küche ist nicht der Ort für Diskurse über das Kochen.

Die Bevorzugung des abstrakten ›systematischen‹ Denkens gegenüber dem sachgesättigten ›historischen‹ ist die in die Philosophie eingeschleppte Weltscheu des Menschen als eines Wesens, das zum Denken ursprünglich wenig veranlagt gewesen sein kann, sondern durch das Übermaß an ›Sachlichkeit‹ seiner Lebensumstände zu ihm erst genötigt wurde. Das würde die menschheitsalte mythische Sehnsucht nach paradiesischen Zuständen erklären, in denen gelebt werden kann, ohne daß gedacht werden müßte. Denn kein Tun, das zum Leben aufgebracht werden muß, ist möglich ohne Denken. Das Denken ist der Ersatz für das Paradies. Das Wesen, das denken kann, braucht es nicht; eines, das keines hat, muß denken lernen.

Daß sich ohne Denken nicht handeln läßt, hat den Historismus die Geschichte, die er von Handelnden gemacht werden sah, mit dem verwechseln lassen, was diese sich bei ihrem Handeln dachten, oder was diejenigen darüber sagten, was sie sich gedacht hätten, die ihre Taten auslegen.

An dieser Verkennung läßt sich lernen, daß die Entdeckung einer Wahrheit nicht davor bewahren muß, sich zu irren. Wie man mit der Wahrheit lügen kann, da sie immer das Unwahrscheinliche ist, so kann sie Erkenntnis verhindern.

Der gläubige Christ weiß, was ihn erwartet, wenn er sich an die Betrachtung der Geschichte begibt, er weiß, um was es in ihr geht. Aber seine Idee einer sich in ihr zeigenden oder verbergenden Wahrheit der Offenbarung enthält die weltanschaulich neutralisierbare Anweisung zu einer Betrachtung, die darauf angelegt ist, der Geschichte eben ihre Wahrheit, phänomenologisch ihr Wesen, abzusehen. Das muß umso behutsamer und umso intensiver ausfallen, desto weniger man noch über eine voraussetzbare, schon gewußte Wahrheit verfügt, nach der man in ihr suchen könnte.

Schneiders Unterscheidung des Handelnden vom Geistigen, der Tat vom Gedanken, muß für jede Geschichtsphänomenologie wesentlich sein. Das Geschehen, in dem Geschichte für den sie Betrachtenden nur Wirklichkeit haben kann, ist etwas anderes als die Verwirklichung von Intentionen und Gedanken der in ihm Handelnden, deren Aktivitäten die Phänomene hervorbringen, die Geschichte ›herstellen‹.

Der Gedanke zur Tat ist unterschieden – und bleibt immer wieder zu unterscheiden – vom Sinn der Geschichte, die durch sie konstituiert wird. Für die Geschichte ist es belanglos, warum Napoleon nach Rußland zog, was er sich dabei dachte, oder nicht, für sie zählt allein, daß er den Feldzug führte; für ihr Verständnis kommt es darauf an, den Sinn dieser Handlung zu begreifen, der sich allein aus den Konstellationen ergibt, deren Gefangener der sich Kaiser nennende Diktator selbst schon war, als er als Herr seiner Tat den Marschbefehl gab.

Diese Differenz nicht zu sehen, ist der fatale, zu notorischer historischer Blindheit verurteilende Irrtum des geschichtsvergötternden klassischen Historismus' gewesen, wie ein absoluter Idealismus ihn vorgab, der mit Fichtes Wissenschaftslehre noch die Wirklichkeit des Denkenden *aus* dessen Denken hervorgehen ließ.

In einer philosophischer Kritik nie für wert befundenen Studie über Fichte hat Schneider dessen Idealismus als eine Manifestation des menschlichen Willens zu jener Selbstbestimmung gewertet und verteidigt, die Blumenberg als den Sinn der Neuzeit bestimmen wird: *diese Berufung auf die Vernunft, die vor allen Dingen ist, um diesen Dingen zu befehlen, bedeutet nichts Geringeres, als den heftigsten Anspruch auf den gestalterischen Beruf des Menschen. Denn die Vernunft in Fichtes Sinne ist weder kalt noch ertötend; sie gilt nur, solange sie erschafft. Sie abstrahiert nicht; in ihr bricht die schöpferische Macht des Menschen hervor, der den Schauplatz seines Handelns gründet* (Schneider, *Fichte*, 178).

Falsch am Historismus war nicht die Anerkennung der Ideen als gestaltendem Faktor in allem Menschengeschehen, sondern in ihnen die Bestimmung des sich in seinen Handlungen entäußernden Menschenwesens zu finden. So entstand eine Geschichtsschreibung, die mit den Menschen, von denen sie handelte, und für die sie betrieben wurde, so wenig zu tun hatte, daß sie von ihrer eigenen Geschichte unvorbereitet mit Unausdenkbarem überwältigt werden konnten.

Ideen dienen nicht dem Verständnis der Akteure, sondern ermöglichen ein Verständnis der Geschichte, die von ihnen angerichtet wird. Unter der Bedingung, daß sie nicht mit den Motivationen, Absichten und Gedanken der Handelnden verwechselt werden. Aus dem betrachteten Geschehen der Geschichte abstrahiert, bilden Ideen ein Gerüst des Verstehens, das dessen Sinn erschließen kann, indem sie Bezüge zwischen den Handlungen herstellen, die es zeitigten.

Das im Hinterkopf, läßt sich vorstellen, wie der junge Blumenberg, der zum Philosophen des historisch Möglichen werden sollte, gelesen haben könnte, was Schneider in seinem Aufsatz über »Das Schicksal Friedrich Wilhelms IV.« 1940 in *Macht und Gnade* schrieb.

Geschichte setzt sich durch Ideen fort; der immerwährende Kampf der Ideen ist die Voraussetzung ge-

schichtlichen Lebens, geschichtlicher Existenz überhaupt. Was heute für einige wenige geistige Wirklichkeit ist, das wird einmal für alle historische Wirklichkeit sein; und was vor einiger Zeit sich als geistige Wirklichkeit ankündigte, das ist die geschichtliche Realität der Gegenwart; Wachstum im eigentlichen Sinne ist freilich nur dort möglich, wo die Mitte der Verwandlung unveränderlich bleibt, so daß die Umgestaltungen in ihrer Gesamtheit einmal die Gestaltung des Einen und Endgültigen ergeben (23).

Darin ist das ›Programm‹ der *Genesis der kopernikanischen Welt* Blumenbergs als der Vorgeschichte der Legitimität der Neuzeit fast schon enthalten. Was noch fehlt, ist die Frage, wie aus einer einsamen Idee eines Einzelnen die Weltanschauung einer Epoche werden kann. *Das* zu verstehen, heißt Geschichte erkennen; nicht, festzustellen und zu beschreiben, daß es dazu kam. Dazu aber braucht es eine andere Perspektive, eine andere Wahrnehmung der Geschichte. Eine andere zu der, die die Perspektive der Macht war, als Schneider seine historischen Studien veröffentlichte.

Seine Antwort auf jene Frage fand Blumenberg darin, den historischen ›Spielraum‹ von Ideen abzuschätzen:

Wie wurde möglich, was zur selbstverständlichen Wirklichkeit wurde? Was mußte schon geschehen sein, damit dieses geschehen konnte? Die Geschichte vollzieht sich nicht nach dem Verlaufsschema ihrer klassischen Erzählung, sie ist nicht die Reihung des Und dann, und dann; sie ist die Bildung von Vielem, aus dem das Eine heraustreten kann, das als Ereignis nur sichtbar macht, daß Geschichte sich begibt. Aber sie ist nicht die Aufeinanderfolge der Ereignisse, sondern die Kontinuität einer Bewegung, in der Mögliches entsteht und erprobt wird, aus dessen Kreis die ›Phänomene‹ der Geschichte sich herauskristallisieren.

In Schneiders Formulierung den ›Ursprung‹ der Grundorientierung des Geschichtsphilosophen Hans Blumenberg zu vermuten, wäre detektivisch reizvoll, da nicht völlig ausgeschlossen, aber unsinnig, da unerweisbar; aber sie läßt sich als ein Verweis auf eine geistige Atmosphäre der Zeit lesen, in der die Formation des blumenbergischen Geistes begann, die zu dessen eigenem Horizont der Ermöglichung, zu dessen eigenem ›Spielraum der Möglichkeiten‹ beigetragen haben wird.

Schneiders Geschichtsdenken auf eigene Faust, ohne den Apparat einer universal informierten philosophischen Reflexion, mag in der Perspektive gesehen werden, in der die Idee des ›Nootops‹ Blumenberg die Vorgänger des Kopernikus sehen ließ. *Vom Spielraum der kopernikanischen Reform als einer Frage der Hintergrunddetermination zu handeln, bedeutet jedenfalls nicht, von den ›Vorläufern‹ des Kopernikus, den vermeintlichen und den vielleicht reellen, zu sprechen, sondern dies nur insofern zu tun, als sie Indikatoren für die jeweilige Erweiterung des Horizontes möglicher Variationen sein können* (*Genesis*, 159). Die Variationsfähigkeit im Geschichtsdenken des Historismus war eine der entscheidenden ›Hintergrunddeterminationen‹ für Blumenbergs eigene Geschichtsphilosophie.

Gide hatte den Ideenroman erfunden, Blumenberg sollte die Geschichte der europäischen Neuzeit schreiben wie einen Roman der Ideen.

Er konnte es, weil er als Historiker der Geschichte der Wissenschaft, die das neuzeitliche Geistesparadigma schlechthin ist, als für deren Struktur bestimmend entdeckte, was der Historismus noch als Struktur *der* Geschichte vorausgesetzt hatte. *Der Vorrang des*

Gedankens vor der Wirklichkeit, vielleicht auch nur die leichteste Abrufbarkeit des Gedankens durch die spezifische Erfahrung, das sofortige Einspringen der Generalisierung, ist für die Wissenschaftsgeschichte gesicherter Befund (*Genesis*, 153).

(2005)

Hans Blumenberg, *Die Genesis der kopernikanischen Welt*, Frankfurt a. M. 1975

Reinhold Schneider, *Das Inselreich. Gesetz und Grösse der britischen Macht*, Leipzig 1936

Reinhold Schneider, *Fichte. Der Weg zur Nation*, München 1932

Reinhold Schneider, »Das Schicksal Friedrich Wilhelms IV.«, in: *Macht und Gnade. Gestalten, Bilder und Werte in der Geschichte*, Leipzig 1940, 18–24

Achtung durch Verschweigen

Joachim Ritter

An seinen Gegnern wird erkennbar, welcher Sache einer sich verschreibt. Denen, mit denen er sich auseinandersetzt, wie denen, die ihm entgegnen. Und denen, die er übergeht. Nicht erwähnt zu werden, ist die schärfste Form der Ablehnung.

Falls es kein Versäumnis aus Unkenntnis ist.

Darum kann es sich bei denen nicht handeln, deren Fehlen in Blumenbergs *Legitimität der Neuzeit* auffällt. Ihrem katholisch sozialisierten Autor waren sie als ehemaligem Studenten der Theologie an einem Jesuitenkolleg wohl bekannt, und von dem obsessiven Leser muß angenommen werden, daß er ihre seinerzeit prominenten Schriften zur Kritik der Neuzeit gelesen hat (vgl. Wolff, »»Den Mann, den alle schlagen‹«). Aber weder Wilhelm Kamlahs *Der Mensch in der Profanität*, 1949 erschienen, noch dessen *Christentum und Geschichtlichkeit* von 1951, noch auch Romano Guardinis *Ende der Neuzeit*, 1950 veröffentlicht, kommen bei ihm vor.

Guardinis Frage: *Was geschah, als das Mittelalter zerfiel, und die Neuzeit entstand*, wird das Thema der *Legitimität der Neuzeit* sein. In der neuzeitlichen Selbstermächtigung des Menschen sieht Guardini diesen sich selbst als Gottes-Geschöpf abschaffen, als welches das Mittelalter ihn begriffen, und worauf es seine Weltordnung gegründet hatte. Die Neuzeit endet mit der heraufziehenden Herrschaft der Werke des Menschen, denen er sich als Technik unterwirft, womit er die Selbstermächtigung wieder preisgibt, die er in der Säkularisierung scheinbar gewonnen hatte. Es ist die exoterische Version der theologischen Kritik, deren esoterische Heidegger ebenfalls 1950 in *Die Zeit des Weltbildes* mit den Mitteln seiner Theologie ohne Gott lieferte, die dessen Offenbarungsgewißheit in die Unergründlichkeit des ›Seins‹ zurücknimmt.

Kamlah leitet *die Frage nach der Überwindung der Profanität*. Ihre Antwort findet er in der Erneuerung der Gnosis-Abwehr, in der das frühe Christentum sich dogmatisierte. Gestützt auf die frühen Studien von Hans Jonas, gründet er seine Neuzeitkritik auf ihre Analyse. Mit dem Ziel, die *christliche Selbstbehauptung gegen die Ketzerei* zu erneuern (Kamlah, *Christentum und Geschichtlichkeit*, 101 ff.). Blumenbergs Apologie wird ihren Kern in der Umkehrung dessen haben, was Kamlah im Begriff der ›Selbstbehauptung‹ faßt.

Was im geschichtstheologischen Rückblick als Verlust erscheint, macht sie als Folge der Probleme lesbar, die sich dem mittelalterlichen Weltbild aus sich selbst heraus stellten. Die Neuzeit ist nicht die Überwindung des Mittelalters, sondern dessen Konsequenz. In der Gnosis spitzen sich die metaphysischen Aporien der christlichen Lehre zu, indem sie deren Unlösbarkeit hervortreten läßt. Ihr Anspruch, sie zu lösen, läßt die Neuzeit zum zweiten Versuch werden, die Gnosis zu überwinden, der ebenfalls scheitert, weil sie Weltverhältnisse hervorbringt, die deren Weltsicht bekräftigen. Aus der theologischen Selbstbehauptung der Kirche wird die ›humane Selbstbehauptung‹ eines Denkens, das die Welt nicht mehr als Leistung Gottes versteht, sondern als zu lösendes Problem des Menschen entdeckt.

In der Umkehrung der Perspektive seiner ungenannten Gegner entsteht Blumenbergs Konzept der ›Umbesetzung‹ als Methode einer Geisteshistorie, die verstehen will, wie möglich wurde, was sich im Verlauf der Geschichte als Auslöser ihrer Bewegungen erweist.

Zu den maßgebenden Philosophen der Zeit, in der Blumenberg seine Hauptmotive ausprägt, zählte Joachim Ritter. Dessen Münsteraner Kolloquium gehörte er zwar nicht an, war ihm aber durch persönliche Verflechtungen verbunden. Und ihm lag daran, von Ritter wahrgenommen zu werden. Mein Exemplar seiner *Paradigmen zu einer Metaphorologie* von 1960, als Sonderdruck aus dem »Archiv für Begriffsgeschichte« mit aufwendiger Bibliotheksbindung, und der handschriftlichen Widmung *Herrn Joachim Ritter ergebenst überreicht v. Vf.* versehen, das ich Anfang der 80er Jahre in einem Münsteraner Antiquariat für ein paar Mark erwarb, stammt aus dessen Bibliothek.

Und er wurde wahrgenommen. Ritter hat darin gelesen. Das belegen wiederholte Markierungen im Text. Deren Gestik entspricht derjenigen der Bearbeitungsspuren genau, die ein in das Buch eingelegtes sechsseitiges Typoskript aufweist, dessen Überschrift »zu Hans Blumenberg, Lebenswelt und Technisierung unter Aspekten der Phänomenologie« den Adressaten der Widmung als Autor ausweist. Veröffentlicht aber hat Ritter diesen Text wohl nicht. Peter Behrenbergs und David Adams' »Bibliographie Hans Blumenberg« verzeichnet ihn jedenfalls nicht unter der Rubrik »Sekundärliteratur« (*Die Kunst des Überlebens*, 452 ff.).

Zitiert wird, um zitiert zu werden. Nur als ein zitierter ist man nach Odo Marquard ein echter Philosoph. In der Konkurrenz aller um Wahrnehmung durch möglichst viele ist das akademische Schreiben gehalten, sich anderer in der Darbietung des Eigenen zu bedienen, und sich als Bekräftiger dessen zu empfehlen, was andere zu sagen haben, die einen ihrerseits im Zirkel der Bestätigungen als Gewähr anführen werden.

Es in einer Hauptsache nicht zu tun, ist eine Aussage.

Der Verehrer. Schickt mir sein neues Opus, dazu einen Brief mit Elogen – wieviel verdanke mir sein Werk. Im Buch vermeidet er sorgfältig das bescheidenste Zitat (Jünger, *Autor*, 76).

Das muß kein Widerspruch sein. Es gibt eine Art von Inkonsequenz, die das Gebot einer Konsequenz ist.

Eine solche muß gewesen sein, was Hans Blumenberg veranlaßte, Joachim Ritter unerwähnt zu lassen, der eine mögliche Referenz seiner *Legitimität der Neuzeit* hätte sein können. Wenn nicht sollen. Denn auch von Ritter gibt es eine Studie zum Problem der Neuzeit. Sie blieb unbekannt. Denn in seine eigenen Schriften-Sammlungen, *Metaphysik und Politik* (1969) und *Subjektivität* (1974), nahm er sie nicht auf. In ihr präsentiert er die Theologie des Nicolaus von Cues – über dessen *Docta Ignorantia* er 1925 bei Ernst Cassirer promovierte – als Ursprungselement der neuzeitlichen Philosophie. *Es ist nicht so, daß Nicolaus von Cues nur gelegentlich und ansatzweise Gedanken des neuzeitlichen Philosophierens vorausnimmt. In seiner Welthaltung ist grundsätzlich die mittelalterlich-antike Ordnung durchbrochen und jenes Pathos, das in der Unendlichkeit des Seins dem Menschen seine diesseitige Freiheit entwickelt, als die »ungeahnte Gesinnung« einer neuen Epoche dem cusanischen Geiste eigen. Zweitens aber vollzieht sich dieser Durchbruch durch die mittelalterliche Welt nicht aufgrund äußerlicher Einflüsse.*

Vor allem aber sieht er seine Theologie beglaubigen, was die späte geschichtstheologische Kritik der

Neuzeit als Verfall brandmarken wird. »*Denn der Mensch hat kein Verlangen nach einer anderen Natur; er will nur in seiner eigenen vollkommen sein.*« *Das ist der entscheidende Satz; er setzt den Menschen als Menschen frei zu seiner eigenen Bestimmung und löst ihn aus der kosmischen Geringheit, die ihm aus seiner irdischen Wohnstatt zukam. Die Vollkommenheit der eigenen Natur in sich selbst ist die Größe, die dem Menschen nun in der unmittelbaren Zugehörigkeit zum Ganzen des Seins zufällt. Es geht um seine Ausgestaltung und Vollendung in sich selbst und zu sich selbst.*

Daß der Cusaner die Neuzeit nicht nur vorwegnahm, sondern sie als erster in seinem Denken manifestiert, indem er Möglichkeiten denkt, die als mögliche Konsequenz im mittelalterlichen Weltbild angelegt sind, wird genau die Perspektive sein, in der Hans Blumenberg ihn in seiner *Legitimität der Neuzeit* als symptomatische Figur des Epochenübergangs behandelt. Aber dort findet Ritters Cusanus-Abhandlung keine Erwähnung. Stattdessen gibt es als einzigen Bezug einen Verweis auf dessen ästhetischen Essay »Landschaft« (In der Erstausgabe 1966 in der Anmerkung 249 auf Seite 338). In der erneuerten Ausgabe von 1988 (Anmerkung 225 auf Seite 399) fehlt auch er.

Warum?

Ein Zitat oder auch nur ein Verweis hätte zu genauer Quellenangabe verpflichtet. Die aber hätte ihren Autor in Verlegenheit setzen müssen. Denn Ritters »Cusanus« war an einem der fragwürdigsten Orte erschienen, in dem von Theodor Haering 1941 im Kohlhammer Verlag veröffentlichten Sammelband *Das Deutsche in der deutschen Philosophie* (dort: 69–88; die Zitate: 86; 77).

In diesem Machwerk ›geistiger‹ Mobilisierung im Kriege fehlen, nimmt man Benno von Wiese und Gerhard Krüger aus, erstrangige Autoren. Bekenntnisfreudiges Mitläufertum dominiert die teils absurden Beiträge, die sich abmühen, die geistespolitischen Anforderungen des Regimes zu erfüllen, zu denen gehörte, deutsche Philosophien zu Belegen des ›Deutschtums‹ zu machen. Alles Bedeutende sollte sich als deutsch, und nur als deutsch als bedeutend, erweisen lassen.

Als Assistent des Juden Ernst Cassirer, und durch eigene frühe ›linke‹ Orientierung politisch kompromittiert, gehörte Ritter zu denen, die sich als etwas zu bewähren hatten, was sie nicht waren, um sein und bleiben zu können, was sie waren. Entsprechend schwierig gestaltete sich seine akademische Karriere. 1937 trat er der NSDAP bei. Daß in seiner Cusanus-Studie, die sich des akademischen Jargons des braunen Zeitgeistes enthält, auch Sätze stehen wie dieser: *Es ist die unmittelbare, genial großartige Entfaltung der deutschen Lebenssubstanz des Cusaners selbst*, dürfte ein klassischer Fall von ›Sklavensprache‹ sein.

In heikelstem Kontext in dunkelster Zeit veröffentlicht, hat Ritter den Text nicht noch einmal drucken lassen. So gab es keine Möglichkeit einer unverfänglichen Bezugnahme, so daß sie auch in der Neuausgabe der *Legitimität* von 1988, vierzehn Jahre nach Ritters Tod, keine Referenz wurde. Das Erscheinen der Erstausgabe 1966 fiel in die Zeit der Frankfurter Auschwitz-Prozesse (1963–1968), die den akademischen Nachwuchs auf die NS-Verstrickungen seiner Professoren aufmerksam werden ließ, was den Aufstand gegen die ›Mandarine‹ und den ›Muff von Tausend Jahren unter den Talaren‹ vorbereitete, und schnell zu pauschalem Generalverdacht gegen die ältere Generation führte.

Über Ritters Studie zur Neuzeit zu schweigen, obwohl sie vorwegnahm, was die *Legitimität der Neuzeit* verhandelte, vor allem die Identifikation des Cusaners als Schlüsselfigur zu ihrem Verständnis als einer Epoche eigenen Rechts, war ein Akt der Rücksichtnahme gegenüber einem, den der Verdacht, den die Konstellation ihrer Veröffentlichung nähren mußte, ungerechtfertigt getroffen hätte.

Das aber hatte einer, der nicht verurteilen wollte, und deshalb das Denken auch erwiesener Nazis nicht aus seiner Wahrnehmung verbannte, vorausgesetzt, es besaß philosophische Substanz – Gehlens Anthropologie widmete Blumenberg eine eigene Vorlesung, und für seine *Höhlenausgänge* ist sie eine wichtige Referenz –, und der seine Freundschaft mit dem ungleich kompromittierteren Erich Rothacker mit dem Hinweis beglaubigte, er habe nicht das ›Weltgericht‹ sein wollen, das er nicht sein mußte (*Verführbarkeit des Philosophen*, 144), unbedingt zu vermeiden.

(2004; 2019)

Hans Blumenberg, *Die Verführbarkeit des Philosophen*, Frankfurt a. M. 2000

Die Kunst des Überlebens. Nachdenken über Hans Blumenberg, hg. von Franz Josef Wetz und Hermann Timm, Frankfurt a. M. 1999

Theodor Haering, Hg., *Das Deutsche in der deutschen Philosophie*, Stuttgart 1941

Ernst Jünger, *Autor und Autorschaft*, Stuttgart 1984

Wilhelm Kamlah, *Christentum und Geschichtlichkeit*, 2. Auflage Stuttgart/Köln 1951

Uwe Wolff, »›Den Mann, den alle schlagen, diesen schlägst du nicht‹. Hans Blumenbergs katholische Wurzeln«, in: *Communio*, 43. Jahrgang, 2014, 182–198

Einbekannter Ursprung

Die Herkunft der Metaphorologie

> *Es ist gefährlich, in Bildern zu denken, aber es ist nicht immer zu vermeiden, denn oft, besonders in Bezug auf die höchsten Dinge, sind Bilder und Gedanken identisch.*
>
> Friedrich Hebbel, *Tagebücher*, 22.10.1837

Zu den unbedingten Voraussetzungen geistesgeschichtlicher Studien gehören nicht nur Ausdauer und Resistenz gegen Langeweile im Umgang mit bedrucktem Papier, das man zu eigenem Vergnügen nie in die Hand nähme. Vor allem erfordern sie einen detektivischen Jagdeifer, getrieben von der Vorlust an überraschenden Entdeckungen. Dabei ist immer schon vorausgesetzt, daß man welche machen wird; nur wann und wo, ist offen. Ist es doch ein Bewegungsgesetz der Geistesgeschichte, daß ihre Autoren die Quellen, Modelle und Anregungen für ihre – hatten sie bei den Zeitgenossen Glück – prägend gewordenen Werke selbst meistens lieber verschweigen. Zu entdecken, aus welchen Bezügen die Prägungen des längst seinerseits vorbildend Gewordenen einst hervorgingen, bestimmt den Forscherehrgeiz. Genealogien sind Fahndungen nach dem unerwähnt Vorausgesetzten dessen, was inzwischen zur Voraussetzung anderer Werke geworden ist.

Im August-Heft der *Neuen Rundschau* erschien 1935 ein Essay des jungen Dolf Sternberger: »Hohe See und Schiffbruch. Verwandlungen einer Allegorie«. Wer diesen Text kannte, mußte sich, mehr noch als an die Eingangssätze von Carl Schmitts im Kriegsjahr

1941 veröffentlichter weltgeschichtlicher Betrachtung *Land und Meer*, an diesen Aufsatz erinnert finden, als 1979 Hans Blumenbergs schönster Text zur linken Hand, *Schiffbruch mit Zuschauer. Paradigma einer Daseinsmetapher*, erschien – und wurde enttäuscht, wenn er einen Bezug zu dieser schon im Titel liegenden kapitalen Referenz erwartet hatte.

Der Anhang »Ausblick auf eine Theorie der Unbegrifflichkeit« bekräftigte das Unübersehbare und reihte den Text jener Folge von Studien ein, mit denen Blumenberg die ›Hilfswissenschaft‹ der philosophischen Begriffsgeschichte begründet hatte, der er den Namen ›Metaphorologie‹ gab.

Der Ausblick resümierte deren bis dahin leitende Absichten, und gab zugleich eine Revision ihrer Perspektive, die nun nicht mehr auf *das Vorfeld der Begriffsbildung* beschränkt sein, sondern um die Aufmerksamkeit *auf die rückwärtigen Verbindungen zur Lebenswelt als dem ständigen – obwohl nicht ständig präsent zu haltenden – Motivierungsrückhalt aller Theorie* ergänzt werden sollte. Denn: *Das Rätsel der Metapher kann nicht allein aus der Verlegenheit um den Begriff verstanden werden. Rätselhaft nämlich ist, weshalb Metaphern überhaupt ›ertragen‹ werden.*

Eine Antwort auf diese elementare Frage findet sich in Dolf Sternbergers berühmtem Essay über »Jugendstil«, ebenfalls in der *Neuen Rundschau*, ein Jahr vor der Schiffbruch-Studie im September-Heft 1934, erschienen. Dort nennt er die Metapher in einer Nebenbemerkung *tückisch: sie schleicht sich ein und dehnt sich unvermutet gewaltig aus, sie beherrscht universale Systeme, Wissenschaften und Weltanschauungen, ohne erkannt zu werden.*

In der Kenntnis dessen, was Blumenberg seither an ›hilfswissenschaftlicher‹ Erforschung der Virulenz von

Metaphern vorgelegt hatte, liest sich dies im Rückblick wie zur Erweckung der Metaphorologie geschrieben, für die es seit ihren ersten Schritten ausgemacht war, daß jene ›Erträglichkeit‹ ihres Gegenstandes in seiner Unvermeidlichkeit liegt.

Aber auch diese Referenz ließ ihr Erfinder sich, scheint's, entgehen. Sollte der Literat Blumenberg die Essays des Schriftstellers eigenen Ranges nicht gekannt oder sie übergangen haben? In den *Paradigmen zu einer Metaphorologie*, 1960 in Erich Rothackers *Archiv für Begriffsgeschichte* zuerst veröffentlicht und nur als Sonderdruck in kleinem Kreis verbreitet, auf die der »Ausblick« von 1979 sich als deren Gründungsschrift ausdrücklich bezieht, hatte Blumenberg als literarische Ur-Inspiration jedenfalls nur den § 59 von Kants *Kritik der Urteilskraft* genannt. Zugegeben, ein höherkarätiges Stück präformierender Überlieferung; und ein metierkonformeres.

Wer eine Ignoranz gegen Sternbergers Essays für unwahrscheinlich halten wollte, der wurde in den *Höhlenausgängen* 1989 gerechtfertigt, in denen der Autor bekannte, daß seine eigenen *aufs Ikonisch-Physiognomische gehenden Untersuchungen* dessen Buch *Panorama oder Ansichten vom 19. Jahrhundert*, 1938 in erster Auflage erschienen, *den frühen Anstoß verdanken*. Daß es für einen so umfassenden Leser wie Blumenberg nicht nur bei diesem einen Bezug geblieben war, darf, auch unbelegt, angenommen werden. Kaum vorstellbar, daß er die *Neue Rundschau* jener Tage nicht gelesen hätte.

Ein seltener Fall, daß einer die Ur-Inspiration seines Lebenswerkes offenbart und ihre Entdeckung nicht der geduldigen Durchsicht seines Nachlasses anheimgibt, von der, je nach Sichtweise, zu hoffen oder zu befürchten ist, daß spätere Doktoranden-Generationen sich an sie machen werden. Wer immer dabei gerne dieses gefunden hätte, Blumenberg hat es ihm vorenthalten, indem er es offenlegte.

Noch erstaunlicher aber, als sie preiszugeben, ist, daß einer seine Ur-Inspiration nach Jahrzehnten der Arbeit an dem, was aus ihr folgte, noch weiß. Der Apologet der Erinnerung als wichtigster Obligation des philosophischen Denkens, dessen Lieblingstier der Elefant war, das Wesen, das ihm Wesentliches nicht vergißt, muß selbst ein Virtuose der Erinnerung und der aufrufbaren Präsenzen gewesen sein.

Daß diese Preisgabe halb versteckt, im Vorübergehen geschah, ist allerdings ein Umstand, an den sich – zu weiteren Entdeckungen führende? – Überlegungen anschließen ließen. Etwa die, warum der Metaphorologe sich der ›nackten‹ Wahrheit annahm, und die über die Herkunfts-Inspiration seiner Hilfswissenschafts-Erfindung durch die Art ihrer Aussprache mehr verbarg als in jenes Licht stellte, das die Wahrheit in der rhetorischen Tradition des europäischen Denkens am beständigsten zu versinnbildlichen hatte.

Wirkungsgeschichten bewegen sich im Apokryphen, und die einzige Methode, ihrer Gegenstände habhaft zu werden, ist eine zufallsfreudige Aufmerksamkeit, die die Bezüge gerade dort zu entdecken gefaßt ist, wo man sie nicht sucht. Die Fährten, auf die man sich absichtsvoll gesetzt findet, sind jedenfalls keine Ab-, doch mit größerer Wahrscheinlichkeit Nebenwege.

Darauf, wie in diesem Fall geschehen, von den Fährtenlegern selbst schließlich von ihnen zurück auf die Hauptwege gelenkt zu werden, darf man nur als Ausnahme hoffen.

Aber ist nicht eher anzunehmen, daß einer, der die Kunst des Verbergens lebenslang übte, nicht eher von Wichtigerem ablenkte, indem er Wichtiges preisgab?

(1999)

Kleiderordnung

Vom philosophischen Nudismus zum Ideenkleid: Das anthropologische Potential der Metaphorologie

Seit Platon sie zuerst der prinzipiellen Lügenhaftigkeit bezichtigte, stehen die Künste im Verdacht, trotz ihrer aristotelischen Verpflichtung auf getreue Nachahmung der Wirklichkeit diese eher zu verbergen, als zu zeigen. Bis Psychologie dahinter kam, daß hinter der Verachtung der Bilder weniger Empörung über mangelnden Realismus, als das genaue Gespür für ihre tatsächliche Enthüllungskraft steckt.

Ermutigt durch den Abscheu Lady Clementines, zerstörte Churchills Sekretärin das Portrait, das Graham Sutherland 1954 im Auftrag des Parlaments zu dessen 80. Geburtstag gemalt hatte. Es war zu wahrhaftig ausgefallen. Es zeigte den Premier nicht lebensecht, sondern unbeschönigt. Es war die Entblößung einer Seele. Jeder konnte dem Bild absehen, um welchen Preis dieser Mann Hitler hatte besiegen können. So sorgte man dafür, daß niemand es mehr zu Gesicht bekommen konnte. Doch seine Kraft war so groß, daß es rekonstruiert wurde. Zwar nicht mehr als Original, aber in Bildern des Bildes, einer Kopie und Fotografien, blieb es erhalten. Sie zeigen, was es zeigte.

Der Kern der Empörung, die es weckte, ist die Häßlichkeit seiner Wahrheit. Nicht, daß es einen alten, der Agonie nahen, zunehmend gebrechlichen Mann an seinem Lebensende zeigte, stieß ab, das hätte nur Mitleid und diskrete Abwendung wecken können; es war die Häßlichkeit der Wahrheit des Mannes, den es zeigte, die Abscheu erregte. *So* durfte der Retter des Empires und Europas nicht sein. Dieses Bild entsprach nicht der Vorstellung, die man von ihm haben wollte, haben mußte, um ihm die Verehrung entgegenzubringen, nach der seine historische Leistung verlangte.

Mit Xenia – wunderbare gemeinsame Tage – und Igor in der Ausstellung Lucian Freud im Beaubourg gewesen. Natürlich ist man schockiert von dieser Ausbreitung von großformatigen Akten von vorwiegend alten bis difformen Körpern, Nackedeien der Häßlichkeit, die nackte Wahrheit fürwahr, sagt sich der Besucher, wie kommt der Maler nur zu dieser Thematik und Ausschließlichkeit?

So notiert Paul Nizon in Paris am 15. März 2010 ins Journal.

Freuds Farbigkeit ist fahle Fleischfarbe, die Körperlichkeit faltig und wulstig und ohne Scham inklusive die Geschlechtsteile, all die Hodengehänge und fürchterlichen Penisse mit der knospenden Eichel und die faltigen Vaginas und Fotzen. Es ist aber nichts von Karikatur im Spiel, nichts von Verhöhnung, nichts von Demaskierung, nur die nackte Wahrheit in der leiblichen Hinfälligkeit oder wulstigen Dickleibigkeit, aber warum nur? (Nizon, Urkundenfälschung, 331 f.).

Es ist die Häßlichkeit, deren zu befürchtende Offenbarung vor der ›nackten Wahrheit‹ zurückschrecken läßt. Sie ist die Wahrheit der Wahrheit. Die Häßlichkeit des Geschlechts, die Freud unbeschönigt zeigt, verweist auf das Geschlecht als Geheimnis der Wahrheit, deren erwartete, oder befürchtete, Nacktheit sie mit ihm assoziiert. Er malte in London, was sein Großvater Sigmund in Wien gedacht hatte. So schonungslos wie dieser.

Ein der Wahrheit verpflichteter ›Freund der Weisheit‹, ein Philosoph zu sein, schützt nicht davor, selbst zur verkörperten Offenbarung ihrer Häßlichkeit werden zu können, gerät man einem Maler in die Hände, der es vermag, im Bild nicht nur die Ansicht, sondern das Wesen einer Person zu zeigen. So erging es Max Scheler.

Was für eine Erscheinung! Wer je im Professorenzimmer der Kölner Universität war, kennt das Portrait von Otto Dix, das dort hängt, ein begeisterndes Dokument des Stils der neuen Häßlichkeit. Es war keine Übertreibung. Es war nackte Wahrheit. Ein zwischen den Schultern versinkender Kopf – und eine Nase, die ich immerfort anstarren mußte: Ihr breiter Vorsprung hatte – welch meisterhafte Dränage – in der Mitte eine Art Regenrinne, von der es, wie ich später sah, als er seine Vorträge hielt, beständig tropfte. Bei unserem Gespräch lag sie trocken (Gadamer, *Lehrjahre*, 71).

Die Ähnlichkeit zwischen Sutherlands Staatsmann und Dix' Philosoph ist frappant. Sowohl in der malerischen Faktur, als in der Haltung des Malers zu seinem Sujet. In beider Ausdruck sind tiefe Melancholie, lauernde Grausamkeit und erlöschende Sinnlichkeit einander durchdringend vereint. Sie zeigen die Wahrheit im Spannungsfeld der Häßlichkeit des Nackten. Wer sie unbeschönigt will, muß sich auf einen doppelten Schock gefaßt machen. Das Nackte ist nicht die Wahrheit; aber es zeigt, was deren Offenbarung bedeutet.

Seine Wahrnehmung führt zur schärfsten Zuspitzung des Problems: mit wieviel Wahrheit läßt sich leben? Auf wieviel von ihr muß verzichtet werden, um leben zu können? Wie riskant sind das Verlangen nach ihr, und die Verpflichtung auf sie?

Die von Henrik Ibsen als bürgerliche Sozialpragmatik offenbarte ›Lebenslüge‹ zu entlarven, enthält das Risiko, das auf sie gegründete Leben unmöglich zu machen. Die Wahrheit, die frei machen soll, kann töten. Man darf nicht alles wissen wollen, um mit allem im Leben klar zu kommen. Die Wahrheit des Lebens selbst erfahren zu wollen, ist der Übermut, der sich gegen ihre Möglichkeit gleichgültig gibt.

Ihre ›Nacktheit‹ einzufordern, bindet ihre Geltung metaphorisch an das gewaltigste der Lebensphänomene, die zugleich Lebensprobleme sind, und bietet damit einen der eindrücklichsten Belege dafür, wie ›gefährlich‹ Metaphorik sein kann. Wie die ›Sittlichkeits‹-Regime der Geschlechtlichkeit das Modell aller Wahrheitsverbergung sind, so setzt deren Aufhebung ihre ungezähmte Macht frei. Wichtiger als, wie man sie unverstellt erhalte, ist die Frage, wie zuträglich die Wahrheit im Zustand ihrer Nacktheit sein kann.

Nach ältesten Mythen und Volksaberglaube erschreckt die Ansicht des nackten weiblichen Genitals selbst den Teufel. Baubo, die hergezeigte Vulva, besitzt die Kraft magischer Bannung. Der Schrecken ist die Kehrseite der Lust. Die Wahrheit nackt zu wollen, bindet sie an den Urschrecken des Geschlechts.

So sehr der Wahrheit abverlangt wird, sich durch ihre unverstellte Erscheinung zu beglaubigen, so wenig gilt, daß das Nackte stets das Wahre sei. Das belegt die Sexualität als dessen Domäne genau. Nicht der nackte Körper wirkt erotisierend, sondern der durch die Wahrnehmung einer Person Erotisierte wünscht sich deren Körper nackt zum Vollzug der Lüste, deren Erwartung sie weckt. Zu den bitteren Enttäuschungen der Erotik gehört die Erfahrung, daß ein begehrter Körper, ist er erst nackt, die Lust, die er versprach, in einem Sekundenschlag der Ernüchterung töten kann. Das läßt die bürgerliche Prüderie vergangener Zeiten, in denen die Liebesheirat die Ausnahme war, das eheliche Ritual des Beischlafs im Dunkeln zu vollziehen, in anderem Licht erscheinen: dem der Klugheit einer Aufklärung nämlich, die weiß, wie gefährlich Wissen sein kann, und deshalb darauf verzichtet, alles, und alles unbeschönigt zu wissen.

Angst vor der Wahrheit und Angst vor dem Geschlecht entsprechen einander. Je nackter die Wahrheit, desto stärker wird ihre Leugnung. Die Angst, das Unbehagen, das sie weckt, setzt sich um in Abwehr und Aggression.

Um ihrer Zumutbarkeit willen bedarf es einer Kleiderordnung für das Erscheinen der Wahrheit. Sie hängt ab von den Lebenslagen, in denen sie auftritt, unvermeidlich, oder erforderlich wird. Wie Kleidung den eigenen Körper ebenso wie die anderen vor dessen Erscheinung schützt, bedarf es einer Rhetorik der Erträglichkeit, wenn es sich nicht vermeiden läßt, eine Wahrheit auszusprechen. Oder sie auch nur zu denken. Ärzte, die schlimme Diagnosen, Polizisten, die Todesnachrichten mitzuteilen haben, wissen, daß dies schonungsvoll geschehen muß, um das Leben, in das sie einbrechen, nicht zu gefährden.

Daß es schwerfällt, dieser Maxime zu folgen, ist ein Erbe des Rigorismus der Aufklärung, die Verbergung als die Strategie der Macht bestimmte, Herrschaft auf Unkenntnis und Vertuschung zu gründen. Enthüllung wurde zur Gegenstrategie der Befreiung, und das Nackte als das Reine, Unverstellte, Natürliche ihr Emblem. So nachdrücklich und dauerhaft, daß es kulturhistorischer und soziologischer Erforschung wert wäre, festzustellen, ob Wahrhaftigkeit unter Nudisten verbreiteter ist; ob Leute, die sich anderen gerne nackt zeigen, weniger lügen als Bekleidete; ob Sauna-Gespräche offenherziger sind als andere. Dann allerdings wäre Exhibitionismus der Ausweis einer besonderen Wahrheitsliebe, die zwanghaft unfähig wäre, sich nicht zu äußern.

Wer frei sein will, muß in jeder Hinsicht zur Nacktheit fähig sein. Seitdem gehören öffentliche Gesten der Selbstenthüllung zu den Manifestationen der Freiheits- und Reformbewegungen. Von der Jugendbewegung und dem Monte Verita, bis zu Femen und Pussy Riot. Wer sich nackt zeigt, demonstriert, die Freiheit der Selbstverfügung zu besitzen. Jedenfalls, sie zu beanspruchen. *Das* ruft die Staatsmacht auf den Plan, nicht die ›Unsittlichkeit‹ des Auftritts.

Sich auszuziehen, mag befreien; vor allem aber macht es schutzlos. Kleidung ist die elementare Erfindung, den Schutz des Körpers durch ein Fell, der dem menschlichen fehlt, künstlich herzustellen. Sie abzulegen, heißt, in die Gefahr der Schutzlosigkeit einzuwilligen. Die gegenseitige Entkleidung im Liebesspiel ist die Geste des Vertrauens, sich dem anderen in der Schutzlosigkeit der Nacktheit ausliefern zu können, ohne sich damit zu gefährden. Mit der Nacktheit ihres Umgangs bestätigen Liebende einander über die Lust der Körper hinaus, die Geborgenheit beim anderen zu finden und zu bieten, deren Sehnsucht als Ursache von Liebesbeziehungen zu wenig beachtet wird. Gerade im erfüllten Glück seiner Liebe erweist der Mensch sich als bedürftiges Wesen.

Für die Nacktheit als metaphorisches Maß des Rigorismus der Erkenntnis bedeutet dies, ihn nur auf der Grundlage eines Vertrauens einfordern zu dürfen, das verhindert, damit Gefährdung heraufzubeschwören. Das führt mitten hinein in die Aporie der Aufklärung, daß man schon aufgeklärt sein muß, um einschätzen zu können, welchen Gefahren Einsicht ins Wahre aussetzen kann. Die radikalste Aufklärung muß auch die behutsamste sein.

Von Jean de Lafontaine vorbereitet und mit der Absicherungsumsicht durchgeführt, zu der das zensurbewehrte absolutistische Regime noch zwang, hat sie in der Kunst der Fabel als einer Kunst des Umwegs ihre literarische Gattung der indirekten, der ›verkleideten‹ Wahrheitsvermittlung gefunden.

Bestechend, zu sehen, wie folgerichtig die späte Zuwendung des behutsamen Aufklärers Hans Blumenberg zu Glosse und Kurzessay als ihren Varianten gewesen ist. Sie bot die gemäßeste Form einer Nachdenklichkeit, deren Voraussetzung ein prinzipieller Antirigorismus war. In der Betonung der ›Skepsis‹ gegenüber der ›nackten Wahrheit‹ als *Zweifel, nicht primär an der Erreichbarkeit der Wahrheit, sondern am menschlichen Sinn des Erreichens, an der humanen Vertretbarkeit des Anspruchs auf ›nackte Wahrheit‹* in dem ihr gewidmeten IV. Kapitel der *Paradigmen zu einer Metaphorologie* unterschwellig bereits am Werk (1960: 55 f.; 1998: 73), tritt er in der späten Kritik an Hannah Arendt und Sigmund Freud offen zutage.

Mit deren Veröffentlichung tritt das Hintergrundmotiv der frühen Metaphorologie, wie es im Abriß der Metaphorik der ›nackten Wahrheit‹ von 1960 zuerst sichtbar wird, in voller Schärfe hervor. *Muß man die Wahrheit sagen? Vielleicht. Muß man jederzeit die Wahrheit sagen? Gewiß nicht* (»Zu Hannah Arendt *Eichmann in Jerusalem*«, 82).

Die für ihn ganz untypisch heftige Polemik, die Blumenberg gegen Hannah Arendts ihm gnadenlos erscheinende Entlarvungsgestik richtet, bezeugt seine Reserve gegenüber allen absoluten Ansprüchen, wie sie sich dem Verfolgten des Regimes tief eingeprägt hatte, dessen Rigorismus zwar nicht *der* Wahrheit, aber der willkürlichen Bestimmung *seiner* Wahrheit galt, deren alleinigen Geltungsanspruch es auf die Spitze der Schoah getrieben hatte, diejenigen zu vernichten, die seiner Bestimmung ›des‹ Menschen nicht entsprachen. Die Nacktheit seiner Wahrheit war, daß die vom Nationalsozialismus für ›lebensunwürdig‹ Erklärten die Gaskammern nackt zu betreten hatten; die Einsatzgruppen im Osten sie nackt zu ihrer Ermordung an den Rand der Massengräber trieben.

Der Unwille, dem Nationalsozialismus als der wichtigsten Gestalt des politischen Mythos' philosophische Aufmerksamkeit zuzuwenden, steigerte sich zur Verweigerung, und die bereits entworfenen Kapitel über ihn wurden aus der *Arbeit am Mythos* wieder ausgesondert. Was nicht nur stimmig, sondern auch kompositorisch geboten war, da sie stilistisch hinter deren Ästhetik zurückblieben. So bedeutend ihre Veröffentlichung aus dem Nachlaß auch ist, so enttäuschend für den Leser (*Präfiguration*). Das Unbehagen der Person wurde zur Unlust des Autors.

Außerhalb der Lebenssphäre der Erotik, der vertrauensvollen Überlassung zweier Personen aneinander in der Intimität ihrer Gemeinschaft, ist das Verlangen nach Nacktheit eine Form der Nichtachtung, mindestens aber der Gleichgültigkeit, die sich über Verachtung bis zum Vernichtungswillen steigern kann. Der Nackte ist ungeschützt; einem Urteilswillen so wehrlos ausgeliefert, daß es zur Verurteilung geradezu kommen muß. Verstehen wollen, darf nicht heißen, entlarven zu müssen.

Wie sein Leib, bedarf auch das Selbst des Menschen, wie es sich in seinem Denken äußert, des Schutzes. Zwingend, daß Blumenberg in seiner Erörterung der Nacktheitsmetaphorik der Wahrheit Husserls Begriff des ›Ideenkleids‹ zitiert.

Exemplarisch ist, daß gerade dort, wo die frühe und hohe Neuzeit auf den bloßen Kern des An-sich-Seienden durchgestoßen zu sein glaubte, in der mathematischen Naturerkenntnis, die Metapher des Kleides wiederkehrt: was Nacktheit zu sein schien, erweist sich als ein »wohlpassendes Ideenkleid«, was wir in der geometrischen und naturwissenschaftlichen Mathematisierung der »Lebenswelt« anmessen – so Edmund Husserl in seiner Interpretation Galileis. Aus einem vermeintlich nur ästhetischen Phänomen ist ein Grundcharakter des geschichtlichen Lebens selbst geworden; die Verhülltheit der Wahrheit scheint uns unser Lebenkönnen zu gewähren: »Die Wahrheit ist der Tod«, schreibt der alte Fontane an seine Tochter Martha (24. August 1893) (Paradigmen, 1960: 55; 1998: 73).

Kein historisches Phänomen hat die Bezüglichkeit von Wahrheit und Tod so drastisch bezeugt wie der Nationalsozialismus, der seine Opfer vor ihrer Ermordung buchstäblich entkleidete. Das ›Kleid‹ als Metapher für die ›Ideen‹, zu denen das Denken die Erscheinungsweisen des Wirklichen formt, ist zur Metapher der Wirklichkeit des Lebens geworden. Nur bekleidet ist es möglich.

Am Ende des Weges der Phänomenologie von der Wissenschaft des Bewußtseins über die Theorie der Lebenswelt, den Blumenberg rekonstruierend noch einmal geht, steht die Anthropologie des Überlebens. Sie beginnt mit der Frage, die die historische Erfahrung, daß Menschen jederzeit zur Vernichtung ihrer selbst wie ihresgleichen fähig sind, dem Denken stellt: *wie der Mensch möglich sei. Was zunächst und vor allem implizit, nicht als selbstverständlich und notwendig vorgegeben anzunehmen, daß er überhaupt existiert und dieser Sachverhalt aus der Welt gleichsam nicht wegzudenken sei. Die Modifikation der Fragestellung* – von ›Was ist der Mensch‹ zu ›Wie ist er möglich‹ – *kann zunächst und zumindest an die Kon-*

tingenz des Menschen heranführen: er muß nicht sein und er muß nicht so sein, wie er ist (*Beschreibung des Menschen*, 511).

Als ›Hilfswissenschaft‹ der Begriffsgeschichte begründet, hat Metaphorologie sich zu einer der Anthropologie erweitert. Wie wir sagen, wie wir uns denken, offenbart, was wir sind.

(2014)

Hans Blumenberg, *Paradigmen zu einer Metaphorologie*, Bonn 1960; Frankfurt a. M. 1998

Hans Blumenberg, *Beschreibung des Menschen*, aus dem Nachlaß hg. von Manfred Sommer, Frankfurt a. M. 2006

Hans Blumenberg, »Zu Hannah Arendt *Eichmann in Jerusalem*«, in: *Rigorismus der Wahrheit.* »*Moses der Ägypter*« *und weitere Texte zu Freud und Arendt*, Berlin 2015

Hans Blumenberg, *Präfiguration. Arbeit am politischen Mythos*, hg. von Angus Nicholls und Felix Heidenreich, Berlin 2014

Hans-Georg Gadamer, *Philosophische Lehrjahre. Eine Rückschau*, Frankfurt a. M. 1977

Paul Nizon, *Urkundenfälschung. Journal 2000–2010*, Berlin 2012

An Bord gerufen

Heimkehr ins Nicht

In einem Ereignis der Seefahrt ein Bild des Lebens zu finden, wird nur dadurch noch gesteigert, es in ihr selbst zu sehen. Diese Erweiterung zur ›absoluten Metapher‹ geschieht im Denken der Stoa, gegen das Lukrez seine epikureische Weltlehre richtet. Einig sind beide in der Entwertung des Todes. Aber während die Stoa ihn hinzunehmen mahnt, wann und wie immer er auftreten mag, rät der Epikureer, ihn zu vermeiden, wo es nur geht.

Der Unterschied tritt in der Wahl maritimer Metaphorik klar hervor. Während der Epikureer die Position distanzierter Beobachtung einer zu vermeidenden Situation einnimmt, ist die des Stoikers die intime Verwicklung ins unvermeidliche Geschehen. Der eine hält sich fern, der andere bereit.

Die Verwendung der Daseinsmetapher der Seefahrt im 7. Kapitel von Epiktets *Handbüchlein der Moral* zeigt den Gegensatz.

Wenn auf einer Seefahrt das Schiff am Lande hält und du steigst aus, um Wasser zu holen, so magst du wohl nebenher eine Muschelschale auflesen oder einen Tintenfisch; dein Augenmerk aber muß aufs Schiff gerichtet sein, und du mußt dich immer wieder umsehen, ob nicht vielleicht der Steuermann ruft. Ruft er dich, so mußt du alles liegen lassen, damit du nicht gebunden in das Schiff geworfen wirst, wie es mit den Schafen geschieht.

Also auch im Leben. Wenn dir da, wie dort ein Fischlein oder eine Muschel, so hier ein Weib und Kind gegeben ist, so wird dir das kein Hindernis sein. Wenn aber der Steuermann ruft, so eile zum Fahrzeug, laß alles zurück und sieh dich nicht um. Und bist du alt, so entferne dich überhaupt nicht mehr weit vom Fahrzeug, damit du etwa gar ausbleibst, wenn du gerufen wirst (Epiktet, *Handbüchlein*, Kap. 7, 25).

Dem Unvermeidlichen auszuweichen, bis es eintreten muß, oder es jederzeit bereitwillig zu erwarten, markiert die Alternative der beiden antiken Lebenslehren der ›Seelenruhe‹, die anzustreben dem Leben größtmögliche Erträglichkeit verleihen soll.

Die Seefahrt des Lebens strebt dem Hafen des Alters zu, um sich glücklich auf Erden zu vollenden – der *Greis aber ist in seinem Alter wie in einem Hafen vor Anker gegangen und hat die früher kaum erhofften Güter eingeschlossen in sicheres Gedenken* (Epikur, »Weisungen« 17, in: ders., *Briefe*, 83) –, oder hat sich einzuschiffen zur letzten Reise der Heimkehr ins Jenseits. Der Gegensatz zwischen Land und Meer erweitert sich zum Widerspruch zwischen irdisch episodischem, und ewig jenseitigem Leben, Erde und Himmel. Der Tod kann nicht mehr beunruhigen, weil er beendet, was dort, wo es stattfindet, nicht vollendbar ist.

Um Epiktets Gleichnis zu erfassen, muß das 11. Kapitel mitgelesen werden, das den ›Ruf‹ erst ganz bestimmt.

Sage nie einem Ding: ich habe es verloren, sondern: ich habe es zurückgegeben. Ein Kind ist dir gestorben: du hast es zurückgegeben. Dein Weib ist gestorben: du hast es zurückgegeben. Dein Landgut wurde dir genommen: du hast es zurückgegeben. »Aber der mir's nahm ist ein schlechter Mensch.« Was geht es dich an, durch wen es der Geber zurückfordert? Solange er dir's überläßt, betrachte es als ein fremdes Gut, wie ein Fremdling die Herberge betrachtet (26).

Zwischen Geburt und Tod durchs Meer des Lebens steuernd, ausgefahren aus dem Hafen des ›Nicht‹, dazu bestimmt, in ihn heimzukehren, ist das Leben eine doppelte Reise in der Zeit und zwischen zwei Welten. Das irdische Leben ist das Zwischenspiel einer Reise in eine andere Welt. Urlaub vom Nichtsein. Ausgang, Ziel und Dauer dieser Reise sind festgelegt; nur auf die Route, die sie nimmt, hat der Reisende ein wenig Einfluß.

Seine Reise ist möglich, weil das Bewußtsein, in dem er sie unternimmt, ein ›falsches‹ ist. Während er unterwegs ist, meint er, ihre Wege und Ziele zu bestimmen. Unser ›Selbst‹, um dessen endgültigen Verlust wir in der Angst um unser Leben fürchten, ist kein Besitz, als den wir es empfinden, sondern eine Leihgabe, die dorthin zurückerstattet werden muß, woher sie stammt. Nicht *wir* sind; wir *sind* als *etwas*: hervorgebracht, können wir uns nicht ›gehören‹.

Diese Idee eines jenseitsgeleiteten Schicksals ist dem aufgeklärten Geist der Neuzeit ebenso unverständlich wie unzumutbar, der sich überzeugte, die Bestimmung des Menschenlebens in seiner autonomen Selbstbestimmung gefunden zu haben.

In der stoischen Daseinsmetapher eines vorübergehenden Aufenthaltes in einem fremden Hafen, den man zu vorgegebener Zeit pünktlich wieder zu verlassen hat, ist eine Bestimmung der ›Seele‹, in der sich die platonische Zweiweltenlehre mit der gnostischen Bestimmung des irdischen Daseins als Leben in der Fremde verbindet. Die Seele ist in ihrem menschlichen Dasein auf Erden nicht dort, wo sie hingehört. Aber anders als für den Gnostiker, ist ihre Rückkehr für den Stoiker gewiß. Worum jener fürchtet, erwartet dieser mit Zuversicht. Befreiung von einem falschen Zustand ist es für beide. Was für den Epikureer das Ende des grundsätzlich guten Lebens ist, ist für den Stoiker der Beginn des besseren.

Damit bewegt die Stoa sich auf jenem schmalen Grat, auf dem eine genealogische Vorschau des Christentums im metaphysischen Umbruch der Spätantike möglich ist (Weil, *Vorchristliche Schau*). Das Christentum wird mit seinem Mythos der Heilsgeschichte das Jenseits als das eigentliche Ziel des Lebens für anderthalb Jahrtausende zur letzten metaphysischen Verbindlichkeit erklären.

Darin liegt die Möglichkeit begründet, im Rückblick auf die Stoa noch einmal das Wesentliche des Christentums zu vergegenwärtigen, das die Kultur, die es hervorbrachte, im Zuge ihrer ›Säkularisierung‹ vergessen hat. Als scharfem Kritiker der Neuzeit als Epoche der ›Profanität‹ mußte Wilhelm Kamlah Epiktets Allegorie des Steuermanns sich geradezu aufdrängen. In ihr bietet sich ihm, der Philosophie unter dem Anspruch betreibt, die ›Wahrheit des Christentums‹ noch einmal zur Geltung zu bringen (Kamlah, *Auslegung*, 67), als ein Gleichnis für das Denken eines ›vernünftigen Glaubens‹ an. Der ›Ruf‹ des Steuermanns verweist auf das ›Vernehmen‹ als Ursprung der Vernunft, die im Akt des ›Gehorsams‹ dessen entsteht, der ihm folgt, und damit seinen Daseinssinn erfüllt, wie die Offenbarung im Wort ihn definierte. Epiktets Gleichnis ist in dieser Perspektive bedeutend, weil es *dasjenige Wichtige sagt, das nun einmal zur Philosophie gehört, solange sie nicht wirklich erledigt ist* (69). Und sie ist es solange nicht, wie sie den Sinn der Offenbarung nicht heimgeholt hat in die Vernunft der Neuzeit.

Statt *den Text in die dichterisch sprechende Weisheit moderner Entsagung umzudeuten, ihn somit der vornehmsten Möglichkeit profanen Denkens einzuverleiben*, geht es Kamlah darum, ihn für einen *philoso-*

phischen, aber heutigen Glauben zu gewinnen (74 f.); ihn zu dessen prophetischem Zeugen zu machen. Wie eine *Predigt* gelesen, *kündigt der Stoiker dem gehorchend Hörenden nicht Askese an, sondern Freiheit als Eudämonie. Seit Sokrates fragt die antike Philosophie, von dem gewöhnlichen leiblichen Wohlbefinden abhebend, nach dem Wohl der Seele. Wer im fremden Hafen dem Ruf des Steuermanns offen bleibt, dem geht es gut. Er vergißt nicht, daß er anderswo zu Hause, daß er auf einer Reise ist, und bleibt stets reisefertig, auch wenn ihm die Frist seines Aufenthalts noch gewährt wird* (70).

Ist im antiken Denken der Steuermann der Tod, der an das unbezwingbare Walten der Götter erinnert, so treibt es den neuzeitkritischen Philosophen, der den Glauben wiedergewinnen will, den die Epoche verlor, ohne die Vernunft aufzugeben, auf die sie ihre neuen Verbindlichkeiten gründete, dazu, ihn mit dem einen und einzigen Gott der zweiten Offenbarung des Neuen Testamentes, und dessen Versprechen eines ewigen Lebens jenseits des irdischen, zu identifizieren (73).

Die weitere Erörterung mündet in die Bekräftigung des Gedankens, den sie bereits vorausgesetzt hat. *Denn anders als in der Offenheit des Horchens auf den Ruf Gottes ist wahres menschliches Sein allerdings nicht möglich. Nur unsere Gewöhnung an das neuzeitlich aufklärende Denken mit seiner eigenmächtigen ›Autonomie‹ hat uns eingeredet, solche Einsicht sei nicht philosophisch. Darum dürfen wir uns durch den Stoiker daran erinnern lassen, daß sie es dennoch ist* (84). Müssen es aber nicht.

Genau dieser Denkform aus thomistischer Tradition, vernünftig unvernünftig zu sein, setzte der ungläubige Katholik Hans Blumenberg seine Apologie der ›Legitimität‹ der Neuzeit entgegen, die auf dem Konzept der ›Umbesetzung‹ in genauer Umkehrung zu der Wendung beruht, die Kamlah in seiner eigenen Kritik der Profanität unternommen hatte. Weder ist der christliche Gott eine Umbesetzung antiker Topoi des Schicksalsdenkens, noch die Philosophie der Geschichte mit ihrer Hauptakteurin der Vernunft eine Umbesetzung der in der Metaphysik der Neuzeit verwaisten Stelle Gottes. Wie sehr sie selbst auch Substanz des Menschenlebens sein mag, so wenig kennt die Geschichte eine Substanz der Ideen, die dessen Daseinsmanifestationen begleiten. ›Vernunft‹ wird zum Inbegriff der humanen Selbstbehauptung, die aus eigener und alleiniger Kraft den Schatten zu verscheuchen versuchen muß, den der Grundverdacht der Gnosis noch über das Dasein der Neuzeit warf, den zu beheben dem Christentum nicht gelungen war. Dermaßen, wie das Jenseitsversprechen verblaßte, nahm die Erde Züge der Fremdartigkeit an, gegen die es nichts als die Anstrengung geben konnte, ihr die Bewohnbarkeit selbst einzuprägen, die sie dem Menschen nur äußerst eingeschränkt bietet.

Von keiner anderen Welt wissen und in keiner anderen als der irdischen das Leben führen zu können, dessen jenseitige Herkunft nichts dazu beiträgt, die Anforderungen des diesseitigen Daseins zu bewältigen, berechtigt den Menschen nicht nur zur Selbstermächtigung, diese einzige Welt, die er kennt, als seine Welt zu beanspruchen und in Besitz zu nehmen, sondern zwingt ihn gerade dazu. Gerade, *weil* er nicht Urheber seines Daseins ist. Dem Sein ›gehörend‹, dessen Bestimmung als ›Schöpfung‹ dessen Unergründlichkeit nicht behebt, von diesem aber mit keiner vollendeten Lebensform ausgestattet, muß er sein, wozu er selbst sich machen kann. Was metaphysisch als Anmaßung des Teils gegenüber dem Ganzen erscheint, erweist sich ontologisch als Notwehr gegen das Ganze der Welt, in der der Mensch, der sich als nichts denn als ihr bloßes Teil verstünde, verloren wäre.

Die einzige vernünftige Leistung einer vernünftigen Theologie ist die Einsicht, die Glaubensinhalte, deren Verbindlichkeit sie sicherstellen will, nicht beweisen zu können. Sie muß in ›Entmythologisierung‹ münden. Vernünftig glauben zu wollen, kann nur darin enden, einsehen zu müssen, solange nicht zu glauben, wie man verstehen will, was und wozu man glauben soll, oder will. Ein vernünftiger Glaube ist keiner mehr.

Seinem vorläufig letzten Versuch zu einem ›letzten Gottesbeweis‹ legt Robert Spaemann die Umkehrung zugrunde: nur in einer Welt, die als Ganzes nicht als unvernünftig angenommen werden kann, kann es Vernunft geben. *Was glaubt der, der an Gott glaubt? Er glaubt, so sage ich, an eine fundamentale Rationalität der Wirklichkeit* (Spaemann, *Gottesbeweis*, 12). Wenn das Sein nicht vernünftig wäre, könnte das Bewußtsein seinen Anspruch auf Vernünftigkeit dessen, womit das Dasein des Menschen in der Welt es zu tun hat, nicht erheben. ›Gott‹ ist Bürge für *das ewige Wahrsein jeder Wahrheit*. Denn es ist undenkbar, daß etwas, das einmal war, in Zukunft nicht gewesen sein könnte. Keine Existenz dauert ewig; aber es bleibt auf ewig eine Tatsache, daß es sie gegeben hat, wie kurz oder lang auch immer sie Teil der Welt gewesen ist. *Wir müssen ein Bewusstsein denken, in dem alles, was geschieht, aufgehoben ist, ein absolutes Bewusstsein. Kein Wort wird einmal ungesprochen sein, kein Schmerz unerlitten, keine Freude unerlebt. Geschehenes kann verziehen, es kann nicht ungeschehen gemacht werden. Wenn es Wirklichkeit gibt, dann ist das Futurum exactum unausweichlich und mit ihm das Postulat des wirklichen Gottes* (32). Dann ist Unglaube ein anderer Begriff für Unvernunft.

Diese Wendung einer Rechristianisierung der antichristlichen Identifikation des Seins mit dem Bewußtsein, die Hegel vollzogen hatte, setzt Spinozas Bestimmung der Göttlichkeit allen Seins voraus, die nur noch verschiedene Erscheinungsweisen desselben als der einen und einzigen Substanz all dessen, was ist, kennt, aber keine einander ausschließenden Bestimmungen von Seiendem mehr. Die Differenz alles Seienden löst sich auf in stufenlose Kontinuität des Seins. Wenn die Vernunft göttlich schon ist, wird die Forderung nach dem Nachweis der Existenz Gottes durch sie hinfällig. Dann gibt es nur noch Grade desselben, aber keine Gegensätze mehr: Gott ist ein Modus der Vernunft, wie diese einer Gottes.

Dieser ›Beweis‹ Gottes macht ihn überflüssig.

Von der im Namen des Glaubens geübten Vernunftkritik hat nur die Ablehnung der Vernunfthybris Bestand, beweisen zu sollen, er sei unmöglich. Vernunft widerlegt keinen Glauben; kein Glaube macht Vernunft entbehrlich. Bezogen auf die Daseinsanforderungen heißt das, daß sie, wie sehr auch einander widerstreitend, sich gegenseitig nicht ersetzen, sondern nur ergänzen können. Vernünftig glauben bedeutet nicht mehr, als den Glauben gelten zu lassen, und an ihm festzuhalten, obwohl er unvernünftig ist, und die Bemühungen der Vernunft fortzusetzen, obwohl sie vor dem Glauben nicht bestehen.

Der stoischen Bereitschaft, ›abberufen‹ zu werden, widerspricht die Vernehmlichkeit der Vernunft, die ermutigt, den einzigen Sinn des Lebens, zu leben, zu erfüllen, solange es dauert. Einmal an Bord der Lebensfahrt gesetzt, nimmt sie das Steuer beherzt in die Hand, die lauernden Fährnisse zu umschiffen.

Von daher wird Epikurs rätselhafter Satz aus dem Brief an Pythokles verständlich, dessen Fragment nur aus diesem einen besteht: *Jede Bildung, mein Glückseliger, fliehe, wenn du dein Schiff startklar gemacht hast* (Epikur, *Briefe*, 61). Auf dem Meer des Lebens kommt es nicht auf die Bestimmung des Elementaren an, sondern allein auf dessen Bewältigung. Was immer wir wissen oder glauben mögen, es bedeutet nichts, wenn es nicht der Daseinsbehauptung dient.

Das treffendere Bild eines Schiffers für die Vernunft im Angesicht des Todes, ist statt des gehorsam dem Signal folgend an Bord eilenden Matrosen der stumme Fährmann Charon der griechischen Mythologie, der den Sterbenden über den Fluß Styx setzt, der die Welt der Lebenden von der der Toten trennt. Sterben heißt, verstummen. Mit dem Eintritt des Todes läßt sich nichts mehr sagen, und nichts mehr vernehmen. Deshalb gebot der Respekt, der auf dem Elementarempfinden der Verbundenheit im Unvermeidlichen, auf Kreatürlichkeitsempathie, statt auf Gebotsmoral beruhte, sich über Tote nicht, oder nur gut zu äußern: sie können nicht mehr antworten. Lebendig ist, dessen Daseinsäußerungen vernommen werden können.

(2017)

Epiktet, *Handbüchlein der Moral und Unterredungen*, hg. von Heinrich Schmidt, Stuttgart 1954

Epikur, *Briefe, Sprüche, Werkfragmente*, übersetzt und herausgegeben von Hans-Wolfgang Krautz, Stuttgart 1980

Wilhelm Kamlah, »Gibt es einen ›philosophischen Glauben‹? Eine Auslegung von Epiktets Gleichnis: Der Ruf des Steuermanns«, in: ders., *Der Ruf des Steuermanns. Die religiöse Verlegenheit dieser Zeit und die Philosophie*, Stuttgart 1954, 63–84

Robert Spaemann, *Der letzte Gottesbeweis*. Mit einer Einführung in die großen Gottesbeweise und einem Kommentar zum Gottesbeweis Robert Spaemanns von Rolf Schönberger, München 2007

Simone Weil, *Vorchristliche Schau* (posthum 1951), München 1959

Landungsbrücke Philosophie

Ein verschwiegener Pionier der Metaphorologie

Die *Geistige Situation der Zeit* beurteilend, durchbricht Karl Jaspers 1931 für einen kurzen Moment die literarische Askese seines Denkstils, und greift zur ältesten Daseinsmetaphorik.

Der Strudel des modernen Daseins macht, was eigentlich geschieht, unfaßbar. Ihm nicht entrinnend an ein Ufer, das eine reine Betrachtung des Ganzen zuließe, treiben wir im Dasein wie in einem Meere. Der Strudel bringt zutage, was wir nur sehen, wenn wir in ihm mitgerissen werden (Jaspers, *Situation*, 25).

Der steuerlosen Orientierungslosigkeit eines Lebens, das selbstvergessen der Übermacht der gesellschaftlichen und ökonomischen Mächte ausgesetzt ist wie ein Schiff auf dem Meer im Orkan, setzt der Existenzphilosoph seine Lehre des ›Selbstseins‹ entgegen. *Soziologie, Psychologie und Anthropologie lehren den Menschen als ein Objekt zu sehen, über das Erfahrungen zu machen sind, mit deren Hilfe es durch Veranstaltungen modifizierbar ist; so erkennt man wohl etwas am Menschen, nicht den Menschen selbst; der Mensch aber als Möglichkeit seiner Spontaneität wendet sich gegen sein bloßes Resultatsein* (144).

Das ›Zeitbewußtsein‹ erscheint als *ein endloser Wirbel, der in gegenseitigem Betrügen und Sichselbstbetrügen durch Ideologien seinen Bestand hat. Das Bewußtsein des Zeitalters löst sich von jedem Sein und beschäftigt sich mit sich selbst. Wer so denkt, fühlt sich zugleich selbst als nichts* (14). Das Leben auf dem Ozean der Moderne, die nichts läßt, wie es ist, und keinem erlaubt, zu sein, was er will, und sich doch als das Zeitalter der Selbstbestimmung versteht, scheint so leer wie bewegt.

Als ›Existenzerhellung‹ setzt Philosophie das Denken an ein Land, wo es *die Erscheinung des eigentlichen Menschen* geben kann (147). Der Philosoph wird im stürmischen Meer des Daseins zum Lotsen für den, der nicht als ihr Teil in der ›Masse‹ verschwinden und Schiffbruch erleiden will.

Die Verachtung der ›Masse‹ entlarvt den abfälligen Gestus gegen den Zeitgeist als dessen genauen Ausdruck. Der Kern der Kritik ist die Überspitzung seines beherrschenden Hauptmotivs. Das Ausgesetztsein des einsamen Einzelnen im ungesteuerten Wellengang der Massenbewegungen, die das ›moderne‹ Leben beherrschen, verbindet als Grundmotiv der ›Existenzphilosophie‹ diese nicht nur mit Nietzsches nihilistischem Aufbegehren im Entschluß zum ›gefährlichen Leben‹, sondern mehr noch mit den faschistischen Tendenzen, die darin ihr eigenes bewegendes Motiv wählten.

In einem schon mutigen, aber noch nicht verwegenen, Akt geistigen Widerstandes hat Dolf Sternberger mit seiner Studie »Hohe See und Schiffbruch. Verwandlungen einer Allegorie« dagegengehalten, die 1935 im achten Heft der – inzwischen von Peter Suhrkamp redigierten – *Neuen Rundschau* Samuel Fischers erschien. Deren Bedeutung nicht nur für die Erschließung der maritimen Daseinsmetaphorik, sondern weit darüber hinaus für die Neuorientierung der Ideengeschichte, ist kaum beachtet worden. Dies festzustellen, kann kein Vorwurf sein, denn es war nicht möglich. Durch die Dürreperiode des Nationalsozialismus zur Wirkungslosigkeit verurteilt, hatte jene Neuorientierung längst stattgefunden, als sie 1981 im sechsten

Band von Sternbergers Gesammelten Schriften, *Vexierbilder des Menschen*, neu erschien.

Dort verweist Sternberger in einer Nachbemerkung (245) auf Blumenbergs *Schiffbruch mit Zuschauer*, und stellt damit die Beziehung her, die von diesem selbst verborgen gehalten wurde. Denn daß er sie übersehen hätte, scheint unwahrscheinlich. Weder dort, noch sonst, aber findet sich ein Hinweis auf Sternbergers Pionierschrift zu jener ›Metaphorologie‹, die Blumenberg dann zu einer ›Hilfswissenschaft‹ der Begriffs- und Ideengeschichte entwickeln sollte (Blumenberg, *Paradigmen*; »*Licht als Metapher*«). Das ist umso erstaunlicher, als er 1989 in den *Höhlenausgängen*, seiner letzten Buchveröffentlichung eigener Hand, die Wirkung von Sternbergers *Panorama* aus dem Jahr 1938 als Mitauslöser seiner eigenen ›ikonisch-physiognomischen‹ Studien offenlegte (674).

Der Geist hat seine eigene Politik, die auch ihm nicht immer durchsichtig ist. Rezeption und Produktion sind ineinander zu verschlungen, als daß eine scharfe genealogische Trennung möglich wäre. Im produktiven Geist verwischen sich die Grenzen zwischen Anregung und Einfall, zwischen Aufnahme und Erfindung. Originalität ist nicht zum wenigsten die Kraft, zu leisten, was andere ermöglichten; durch die Türe zu gehen, die einer vor einem öffnete. Eifer und Eile können dabei das Namensschild am Pfosten leicht übersehen lassen.

Die Beobachtungen, die Sternberger an der klassischen Lebensmetapher der Seefahrt machte, ließen ihn mit dem ersten Abschnitt seines Essays 1935 eine Perspektive auf die Geschichte des Denkens formulieren, die sich im Rückblick geradezu wie ein Programm zu der neuen Geistesgeschichte liest, wie sie von Blumenbergs *Legitimität der Neuzeit*, seiner *Genesis der kopernikanischen Welt* und Michel Foucaults *Ordnung der Dinge* dreißig Jahre später paradigmatisch geleistet wurde. Wohl, um sich nicht dem Verdacht des Nachzüglertums auszusetzen, ließ Sternberger, der tatsächliche Pionier, diesen Abschnitt im Neudruck von 1981 fort.

Bilder folgen uns überall nach. [...]. Ihre Hartnäckigkeit ist so groß, daß sie der bedeutendsten Veränderungen, ja Umwälzungen spotten, die sich im Leben der Völker zutragen mögen, und vor der andauernden Herrschaft einer unscheinbaren Metapher verschwinden die großen Wendepunkte und verrücken sich die Grenzen, welche die Geschichtsschreiber – im Banne der subjektiven Mächte, welche die Geschichte ›machen‹ oder zu machen scheinen – sorgfältig zwischen Epochen und Stilen aufgerichtet und eingezeichnet haben. Die Sprache bewahrt die Vorprägungen der Wahrnehmungen, die in einer Kultur gemacht werden können, als Bilder, die die Aufmerksamkeit entlasten, indem sie Modelle und Schablonen bereitstellen, die ohne den Aufwand eigener Erkundung identifizieren lassen, worauf sie sich richtet. Sprachbilder sind Erkenntnisse, die nicht mehr gemacht werden müssen, oder nicht gemacht werden können.

Unablöslich sind in der Sprache und ihren bestimmten Bildern dem Geiste die Male seines geschichtlichen Ursprungs angeheftet, wohin immer er sich begeben mag. Und so zeigen sich auch die universalsten Unternehmungen des Geistes, die kühnsten denkerischen Griffe, die gründlichsten Neudeutungen der Welt und des Menschen, die umfassendsten ›Weltanschauungen‹ sterblich – nämlich geschichtlich, sobald nur die bestimmenden Bilder aus ihren Verstecken hervorgeholt und auf ihre Herkunft hin untersucht werden (Sternberger, »Hohe See«, 1935,

184). Von nichts anderem als dieser Macht der Bilder über das Denken handelt Blumenbergs ›Metaphorologie‹; von der ›Sterblichkeit‹ der Ideen Foucaults ›Diskursanalyse‹.

So schließt sich ein Kreis aus Perspektiveneröffnung und -durchführung diesseits des Mechanismus' einer nicht möglich gewesenen Rezeption, indem Blumenberg eben das Motiv des Schiffbruchs, mit dem Sternberger ihn zu ziehen begonnen hatte, ins Zentrum seiner Abhandlung rückt, mit der er 1979 sein Konzept der Metaphorologie einer breiteren Öffentlichkeit vorstellte. Foucault dagegen hatte es mit dem Schlußsatz seiner *Ordnung der Dinge* 1966 anhand der Meeresmetapher von den verwischten Fußspuren eines Spaziergängers am Strand das Leitbild seiner Sterblichkeitshistorie der Ideen preisgegeben.

Für Sternberger kommt es 1935 auf Zeitkritik an. Er kann sie anbringen, ohne sie deutlich aussprechen zu müssen, was unter den politischen Bedingungen gefahrlos ohnehin kaum noch möglich war, indem er die Fragwürdigkeit, ja Gefährlichkeit des Denkens, das sich des Schiffbruchsmotivs bedient, dadurch hervortreten läßt, daß er es auf dessen Vor– und Wirkungsgeschichte bezieht. Indem Jaspers die ›Existenz‹ im Zwang, zu ›scheitern‹ (vgl. Steffens, *Die Narbe*, 247–258), prinzipiell Schiffbruch erleiden sieht, setzt er das ›bloße Dasein‹ den Gefahren so gewaltsam aus, wie die Wellen des Meeres am Strand verlaufen, die der Entschluß zum ›gefährlichen Leben‹ heraufbeschwört. Wie der, der ein Schiff besteigt, in den möglichen Schiffbruch einwilligt, so der, der gefährlich leben will, in seine Vernichtung. Der Philosoph der ›Existenz‹ *hat keine andere Figur als die des Schiffbrüchigen* (Sternberger, »Hohe See«, 1935, 187).

Dasein als bewegtes Meer, im Grunde gleichförmig, nur im Auf und Nieder der Wellen Unterschiede zulassend und wieder überspülend, alles Einzelne und Bestimmte der Geschehnisse, politischen, wirtschaftlichen Konstellationen, sozialen Gruppierungen in seine weite, aufgeregte Öde verschlingend, – der Verzicht auf Rettung ans feste Ufer, unter welchem Bilde eben nichts anderes als die Summe aller dogmatischen Glaubenssätze, selbstsicheren Ideologien und ›verabsolutierten‹ Teilwahrheiten begriffen ist, – der Zwang, sich selber in die Rolle jenes notwendig einzelnen, ja einsamen Mannes zu bringen, der auf diesem Meere treibt, von nichts bedrängt als eben vom Meere und mit nichts befaßt als eben mit sich selbst, – die Alternative, nur entweder weiter zu treiben oder unterzugehen –: da sind die Elemente, welche, weitläufig ausgebildet, immer neu ansetzend, neue Stoffe ergreifend, die gesamte Sprache der »Existenzphilosophie« durchsetzen und ihren Zug bestimmen (186 f.).

Sternberger sieht Jaspers die Tendenz der spätromantischen Strömungen zuspitzen, deren politische Wendung in unterschwelliger Gewaltbereitschaft sich seit Anfang des 20. Jahrhunderts *mit den Zeichen und Bildern vorgeschichtlicher, vormenschlicher Natur – Quellen, Strömen, Meer, Sturm und Fels –* artikulierte. Das Konzept der ›Existenz‹ im einsamen, verlorenen Kampf des Individuums in den Orkanen des Lebensmeeres gibt das Leben preis, und setzt es dem Untergang aus. Denn ihm fehlt der *Gang zum Festlande* (188).

Ohne es zu sagen, stellt Sternberger damit die Wesensverwandtschaft mit dem Nationalsozialismus her, in den diese ideologischen Strömungen schließlich zu revolutionärer politischer Praxis mündeten, gegen den die Jaspersche Existenzphilosophie sich am Vorabend seiner Durchsetzung ebenso deutlich wie unausgesprochen wendet.

Diese Tradition des burschenschaftlichen und vaterländischen Liedes, das nun im Kaiserreich nach 1871 allgemein und sozusagen offiziell geworden ist, tritt zu dem triumphierenden Genre des Schiffbrüchigen oder Lotsen hinzu und bildet in neuer Funktion ein Moment in der Figuration des legitimen, in das Gefühl der Bürger des Reichs aufgenommenen »gefährlichen Lebens«. Es ist die Paradoxie dieser Entwicklung, daß hier in der Tat das Meer an Land gestiegen (200).

Was daraus dann schon bald wurde, geriet zu einem der dramatischsten ›Schiffbrüche‹, den eine Nation jemals provozierte.

Indem er zeigt, wie Jaspers' Kritik noch den metaphorischen Suggestionen des Kritisierten unterliegt, bezeichnet Sternberger die Aufgabe des philosophischen Denkens genau, als Landungssteg des Daseins zu dienen, das entschlossen ist, sich nicht den unwägbaren Fährnissen zu überantworten wie ein Schiff dem Ozean. Sie hat sich zu bewähren als *Gang zum Festland*.

Hans Blumenberg, *Paradigmen zu einer Metaphorologie*, Sonderdruck aus: *Archiv für Begriffsgeschichte*, Band 6, Bonn 1960; Neuausgabe Frankfurt a.M. 1998

Hans Blumenberg, »Licht als Metapher der Wahrheit. Im Vorfeld der philosophischen Begriffsbildung« (1957), in: ders., *Ästhetische und metaphorologische Schriften*, Frankfurt a. M. 2001, 139–171

Hans Blumenberg, »Seenöte«, in: *Die Sorge geht über den Fluß*, Frankfurt a. M. 1987, 7–41

Hans Blumenberg, *Höhlenausgänge*, Frankfurt a. M. 1989

Hans Blumenberg, »Ströme«, in: *Quellen, Ströme, Eisberge*, hg. von Ulrich von Bülow und Dorit Krusche, Berlin 2012, 101 ff.

Karl Jaspers, *Die geistige Situation der Zeit*, Berlin 1931

Andreas Steffens, *Die Narbe oder Vom Unerträglichen. Versuch über Unglück*, Wuppertal-Wien 2018

Dolf Sternberger, *Vexierbilder des Menschen*, Schriften VI, Frankfurt a. M. 1981

Dolf Sternberger, »Hohe See und Schiffbruch. Verwandlungen einer Allegorie«, in: *Die Neue Rundschau*, Heft 8, 1935, 184–201

Dolf Sternberger, »Hohe See und Schiffbruch. Verwandlungen einer Allegorie«, in: ders., Schriften VI: *Vexierbilder des Menschen*, Frankfurt a. M. 1981, 227–245

Philosophie jenseits der Philosophie

Eine Mikrologie übersehener Bedeutung

Wie wollte man ihn beneiden, müßte man ihn nicht noch mehr bewundern.

Jemanden einen ›Literaten‹ zu nennen, ist längst als anstößig ungebräuchlich, das Wort hat sich von Goebbels' Ausfällen nicht erholen können. Stünde es der Absicht positiver Wertung noch ungebrochen zur Verfügung, so wäre er einer der vornehmsten Adressaten. Die Art, in der Hans Blumenberg sein Leben in der Literatur zubringt, macht ihn zu einem Glücksfall europäischer Bildung.

Der Polyhistor Blumenberg ist eine derzeit konkurrenzlose Erscheinung und die Wahrscheinlichkeit einer ebenbürtigen Nachfolge gering. Das 19. Jahrhundert mag Gelehrte gekannt haben, die noch mehr wußten und kannten, als er, und noch heute mag es hier und da Akademiker geben, die ihn an Umfang des Wissens übertreffen; mit seiner denkenden Verfügung über die Geistesgeschichte Europas steht er allein. Denn der Historiker Blumenberg ist Historiker als Philosoph. Seine jahrzehntelange Versenkung in die Zeugnisse europäischen Selbstverständnisses ist keine Kompensation des Ideenmangels, wie er die Universitätsphilosophie plagt, die in die Geschichtsschreibung ihrer selbst resignierte; sie ist die Konsequenz einer Idee: daß das Denken hin auf das Wesentliche sich nur als Nachdenklichkeit erfüllen kann. Diese aber braucht die Vorgängigkeiten.

Diese Idee hat zu einer Serie von großen Durchgängen durch die Geschichte der denkenden Selbstverständigung geführt, wie sie die europäische Ausprägung menschlicher Existenz hervorbrachte: den *Paradigmen zu einer Metaphorologie* von 1960, der *Legitimität der Neuzeit* von 1966, der *Genesis der kopernikanischen Welt* von 1975, 1979 der einzigartigen *Arbeit am Mythos*, der *Lesbarkeit der Welt* 1981, und schließlich 1986 zu *Lebenszeit und Weltzeit*.

Mit ihnen liegt eine Ikonologie des europäischen Diskurses vor, deren Bedeutung noch erst ganz zu ermessen ist. In ihr ist die Konzentration jener Ideen zu ihrer gegenwärtigen Verfügbarkeit geleistet, die den Grundbestand dessen ausmachen, was das Material einer spätmodernen humanen Selbstverständigung bildet. Der genetische Blick auf die metaphorischen Strukturen, die die Bedingungen dessen bilden, womit wir in unserem Denken umgehen, befreit die Ansprüche eines Selbstbewußtseins dadurch zur Selbstbestimmbarkeit, daß es auf dem Umweg über die Genealogien und Verwandlungsgeschichten bestimmt, womit es die Entschlossenheit zu ihr zu tun bekommt.

Der Phänomenologe Blumenberg folgt dem Grundsatz, daß die Prinzipien einer Ordnung des Wissens, die es zum Verständnis dessen, wovon es handelt, brauchbar machen, ihm nicht von außen übergestülpt werden dürfen, sondern sich aus eingehendster Betrachtung ergeben müssen: man muß nur genau hinsehen, um die Idee zu finden, die einen verstehen läßt, was man sieht.

Als Philosophie ist die Phänomenologie weitgehend Programm geblieben, schließlich in der Sterilität einer Selbstbespiegelung des Akademismus nahezu erstickt. Blumenberg beweist, daß es sie als Haltung des Denkens aussichts- und ertragreich geben kann. Bedingung ihrer Fruchtbarkeit ist die Enthaltung von allem Schulmäßigen – weder gehört er einer ›Schule‹ an, sieht man von der Nähe zum Münsteraner Kreis um Joachim Ritter ab, noch hat er selbst eine gegründet, und die Phänomenologen auf den Lehrstühlen zählen den ›Essayisten‹, der sich durch die Begabung, schreiben zu können, verdächtig machte wie noch alle, die das Pech hatten, zu dem es in Deutschland ausschlägt, mit ihr versehen zu sein, nicht zu den Ihren.

Dabei ist er derjenige, der das Programm Husserls in souveräner Überlegenheit, wie sie die analytische Schärfe gewährt, die einen Denkwillen zu einer Denkform zuspitzt, am eindrucksvollsten zum Grundgesetz eines nur noch historisch möglichen Philosophierens äußerst ergiebig gemacht hat.

Blumenbergs Bücher sind ›Paradigmen‹ – ein Begriff, von dem er bezeichnenderweise gerne, wenn auch sparsam-überlegten Gebrauch macht – einer Reflexionsform jenseits der enttäuschten Erwartung, es könnte gelingen, jemals schlechthin Bedeutendes zu bestimmen, ohne sich an die Überlieferungen zu halten. Reflexion findet nur im intimsten Umgang mit Tradition zur Erfüllung ihrer Intention. Eine Maxime, deren Befolgung ihn – gemäß Adornos gleichbefindender Bestimmung des Essays – zu einem der letzten, oder ersten, Essayisten macht.

Sein philosophisches Format wird ganz indes erst dann ermessen und Gegenstand allgemeiner Bewunderung werden, wenn es zur Gewohnheit geworden sein wird, weniger auf die Aussagen als auf deren Weisen und ihre Genesen zu achten. Denn diese entscheidet darüber, was jene von der Bedeutung besitzen können, die man von ihnen erwartet. Blumenberg hat einen weiteren konsequenten Schritt auf jenem Weg getan, den der junge Ernst Cassirer – dessen Bewunderung Blumenberg gelegentlich zu erkennen gegeben hat –, als den Schritt von der ›Substanz‹ zur ›Funktion‹ beschrieb.

Diese Leistung, deren Bedeutung längst noch nicht ganz erfaßt ist, offenbart sich in der kleinsten Form, zu der die blumenbergische Reflexion zunehmend greift, in prägnanter Verdichtung, wie sie die Essays kennzeichnet, die er in den 90er Jahren in den *Akzenten* veröffentlichte. In den Beiläufigkeiten entdeckt Blumenberg immer wieder Auskünfte von jener Tragweite, deren Erwartung nach den großen Gesten der großen Antworten Ausschau halten und immer wieder zu imposanten, doch hohlen Vortäuschungen verführen läßt.

Und nun gibt es eine erste Sammlung solcher Meisterstücke der philosophischen Mikrologie, deren Format in ironischer Brechung der Beiläufigkeit entspricht, mit der die zu ›Nebendingen‹ Erklärten daherkommen. Die fünfundsechzig unter dem Titel *Die Sorge geht über den Fluß* zusammengestellten Reflexionen zeigen jene Nachdenklichkeit, der er vor Jahren eine souveräne Apologie widmete, bei denkbar präziser Arbeit. Nachdem die Philosophie sich, beschämt vom Unmaß zwischen Anspruch und Wirksamkeit, in die Rekapitulationen jener unabweisbaren Erwartungen und Überzeugungen zurückgezogen hatte, rettet die Weigerung, ihr nun jegliche Bedeutung abzusprechen, sich in eine Phänomenologie der Anekdote und jener Geringfügigkeiten, für die die Großzugriffe auf Bedeutsamkeit kein Interesse übriglassen.

Aber Denken ist eine Kunst. Die akribische Mikrologie verstehenden Nachvollzugs von bereits – anders – Gedachtem zündet den Gedanken aufs Neue, zu genau der Einsicht in eben jenes Wesentliche, nach dessen Bestimmung die Gegenwartserfahrungen verlangen lassen. Die Beschäftigung mit Gewesenem holt keine abgetanen Verbindlichkeiten wieder hervor, um sie den heute Fragenden als deren eigene zuzumuten;

sie schreitet das Feld jener Bedingungen ab, die ihre eigenen prägen.

Solche Überzeugung bestimmt zum Innehalten, zur immer noch einmal nachsetzenden Bezweiflung, daß das Vorgebrachte bereits in der Form, in der es präsentiert wird, so weit gediehen ist, wie es den Anschein erweckt. Die Grundfrage lautet dann: wie sähe es wirklich aus, wenn einträte, worauf als Lösung gehofft wird?

Die Tragweite dieser Grundhaltung zeigt sich an nichts so klar wie an der philosophischen – und seit längerem auch feuilletonistischen – Hauptfrage nach dem ›Sinn‹. Die Forderung, endlich wieder einen sicher bestimmbar zu machen, läßt übersehen, daß das Resultat eines solchen Neubesitzes, sollte er erreichbar sein, nicht reine Freude sein muß, sondern bedrückend fragwürdig sein könnte. Sinnbesitz wäre gewiß eine Befreiung, als welche auf ihn gehofft wird. *Doch ist die Annahme, in einer sinngesteuerten Welt zu leben, in der jedes Ereignis im Prinzip auf sein Warum und Wohin befragbar – wenn auch nicht immer auskunftswillig – sein muß, nicht ohne Risiken. In einer solchen Welt wird man schwerlich von einem sichtbaren Leiden betroffen, ohne nicht selbst, mehr noch von den anderen der Überlegung ausgesetzt zu sein, für welche geheime Verwerflichkeit man dies nun als Strafe zugewiesen erhalten habe. Die Unglücklichen sind nicht nur unglücklich, sie sind dazu noch als Schuldige an ihrem Unglück gezeichnet, wenn die Welt durch und durch sinnvoll geordnet ist. Wir sind ja bis zum heutigen Tag, trotz einer Serie von Aufklärungen und Glanzleistungen der hinterfragenden Vernunft, der billigen Alltagsweisheit nicht vollends entronnen, mit der man bestimmte stigmatisierte Krankheiten und Gebrechen besser verbirgt, weil man die diffuse Ver-*

mutung zu meiden hat, irgendwer – die Eltern oder Vorväter oder man selbst – werde da schon entsprechend gesündigt haben, selbst wenn man sich moderner Ausdrücke bedient (79).

Es genügt nicht, das Andere zum Gegebenen zu denken. Man muß immer auch versuchen, das Andere zu dem zu denken, von dem man glaubt, daß es besser wäre. *Es ist die Kehrseite der Medaille einer sinnträchtigen Welt, daß man in ihr wissen kann oder zu wissen glaubt oder zu wissen angehalten wird, wer jeweils an was schuld ist* (79). Darin liegt die Verantwortung des Philosophen. *Sinn heißt immer auch, daß sichtbar wird, was es mit allem auf sich hat. Das soll man erst zu ertragen bereit sein können* (80).

Solche Art gegenläufigen Denkens zu kritischen Einstellungen, die den Radikalismus an den Tag legen, mit dem die Philosophie sich so lange Zeit so eitel allein ausgezeichnet fand, setzt sie auf eine subtile Bahn der Selbstaufhebung, die ein letztes Mal jene Tugend des Denkens bewährt, die philosophisch heißen darf. Blumenbergs Miniaturen sind Konzentrate einer philosophischen Philosophiekritik. Sie führen sie zu Ende, indem sie die Kritik der Philosophie gegen ihre eigenen vermeinten Leistungen wenden.

Das hat als Fluchtpunkt den der Aufhebung der Philosophie durch Philosophie. Blumenberg selbst erreicht ihn im letzten Stück seines Glossariums, nachdem er befunden hat, daß Philosophie selbst dann, wenn sie dereinst geleistet hätte, was sie sich vorgenommen hat, keinen Grund zum Stolz heimholte. *Im Gegensatz zu vielen Ansichten, die in dieser Frage* – nach der Existenz der wahrgenommenen Welt – *den Kern der neuzeitlichen Philosophie sehen wollen, muß darauf bestanden werden, daß keine der auf sie denk-*

baren Antworten Folgen gehabt hätte. In jedem Fall blieb alles beim Alten (201).

Solche Veränderungslogik aber kann schlechterdings kein Ergebnis äußerster Entschlossenheit sein, als welche Philosophie sich so gerne begriffen hat. Daß sie aber gerade darauf, auf die letzte Einfachheit des Banalen zu zielen hätte, soll diese Entschlossenheit wirklich sein und wirken können, ist die Schlußpointe, in die Blumenberg seine Spekulation über den fiktiven Abschluß jenes Werkes münden läßt, dessen Autor mit großem Pathos für sich als ersten und letzten die absolute Erschöpfung jenes absoluten Anspruchs namens Philosophie in Anspruch genommen hat: *Ich würde gerne wissen, was man im nächsten Jahrtausend über den Tod und die ›letzten Worte‹ Heideggers und seiner Anhänger berichten wird, und hielte einen Wettbewerb für unbedenklich, der Vorschläge an die Tradition weiterzureichen hätte. Ich nähme es gern aus privater Indiskretion, habe es aber nicht. Dann hieße es: Was kann einer, den die Existentialanalytik ebenso getroffen hatte wie die Frage nach dem ›Wesen des Grundes‹, zum Schluß noch gesagt haben? Im günstigsten Fall von Evidenz: Was muß er gesagt haben? Etwa: Kein Grund mehr zur Sorge* (222).

Das Raffinement, zu dem solche unvergleichliche Steigerung der Ironie gehört, die sein Werk, das dieses Bändchen vorzüglich repräsentiert, so überaus anziehend macht, stellt es in die schmale Reihe derer, die die Kunst des Denkens als Sprachkunst bewähren. Die Lektüre ist reines Vergnügen an Präzision und Eleganz, mit denen hier ein Denken in der Sprache lebt, statt sich ihrer bloß zu bedienen. Seit Adornos – des ersten großen Mahners zu einer philosophischen Kritik der Philosophie – *Minima Moralia* hat es keine so brilliante und so wahrhaftige Einführung ins Philosophieren gegeben.

Dieses Buch wird einmal zu dem gehören, was ›übrigbleibt‹, wenn die Philosophie sich in eine andere Geistesform aufgelöst haben wird. Dafür, daß sie bereits dabei ist, dies zu tun, gibt es ein Zeugnis – eines, das einen in der Erwartung stärkt, ein solcher Prozeß müsse nicht der blanke Verlust sein.

(1988)

Vorwegnahme posthumer Ausdrücklichkeit

Geistige Bauten lassen sich auch ohne Fundament errichten. Was sie nicht durchweg zu den ›Luftschlössern‹ macht, als welche sie Spekulationsskeptikern gerne erscheinen.

So erging es mir mit meinem 1999 erschienenen geschichtsanthropologischen Rückblick auf das gerade vergehende 20. Jahrhundert, dessen Ende schließlich allgemein so überstürzt erwartet wurde, daß man den Beginn des 21. weltweit um ein Jahr verfrüht bereits zu Silvester 1999/2000 feierte. Ich schloß ihn mit einem Ausblick auf eine Perspektive anthropologischer Nachdenklichkeit, die seiner zentralen Erfahrung von Geschichte gerecht werden könnte.

Die Phänomenologen der ersten Jahrhunderthälfte bestanden nachdrücklich darauf, ihre Denkform von aller Anthropologie, von Historismus und Psychologismus frei zu halten; am Ende der zweiten Hälfte hat sich herausgestellt, dass Anthropologie als philosophische Denkform selbst nur noch phänomenologisch möglich ist: als Beschreibung dessen, was man zu sehen bekommt, wenn man die Geschichte des Jahrhunderts ›anschaut‹. An die Stelle seiner Bestimmung tritt die Beschreibung des Menschseins (Steffens, *Wiederkehr des Menschen*, 309).

Eine solche ist keine ›Lehre vom Menschen‹ mehr. Könnte es diese geben, müßte sie eine ›Metaanthropologie‹ sein, eine Philosophie jener Philosophie, die sich als Anthropologie entworfen hatte, um kurz darauf an dem historischen Schicksal ihres Gegenstandes zu scheitern. Als eine Erforschung des Erscheinens der ›Idee Mensch‹ und der Daseinserfahrungen von Menschen im Bewußtsein ist sie eine Anthropologie auf

Umwegen. So kann es eine phänomenologische Anthropologie geben, unbeschadet der Möglichkeit oder Unmöglichkeit einer anthropologischen Phänomenologie.

Gelegenheit zu genauerer Konturierung einer derartigen ›Archäologie der Humanität‹ (Steffens, *Wiederkehr*, Vierter Teil, 254 ff.; 307–316) bot im Jahr darauf mein Vortrag »Phänomenologie in der Genese einer Archäologie der Humanität«, den ich als Beitrag zu dem Kongreß hielt, der anläßlich des hundertjährigen Jubiläums von Freuds *Traumdeutung*, Husserls *Logischen Untersuchungen* und Simmels *Philosophie des Geldes* an der Universität Wien stattfand.

Wenn die Phänomenologie eine ›Erfahrungswissenschaft‹ ist, als die Arnold Metzger sie beschrieben hat, dann ist die phänomenologisch verfahrende Archäologie der Humanität eine Wissenschaft von der Erfahrung der Geschichte. Sie setzt alle Bestimmungen des Menschlichen in epoché und unterwirft die historischen Zeugnisse einem Verfahren der Reduktion; so kann sie hoffen, den realhistorischen Prozeß der Reduktion der Menschlichkeit, den die Geschichte des 20. Jahrhunderts an den Menschen selbst vollzogen hat, umzukehren, indem sie danach fragt, welche Elemente es geben muß, damit Wesen, die für Menschen zu halten sind, an sich selbst erfahren können, d a ß sie Menschen sind. Denn eben das ist die abgründigste Erfahrung der Geschichte, daß es in ihrer Gewalt nicht einmal mehr diese geringste aller Gewißheiten gibt. Die Geschichte des 20. Jahrhunderts hat Situationen hervorgebracht, in denen Menschen des Selbstverständlichen: Menschen zu sein, nicht mehr gewiß sein konnten (Steffens,»Phänomenologie«, 170).

Zwar nicht in dieser Konzeption, aber ihrer Voraussetzung, daß es zwar keine Anthropologie, wohl aber ein anthropologisches Denken in Gestalt phänomenologischer Beschreibung des Menschlichen geben könne, fand diese Wendung durch die Nachlaß-Veröffentlichung der Untersuchungen, die Hans Blumenberg in den 70er und 80er Jahren der Möglichkeit einer phänomenologischen Anthropologie gewidmet, aber unveröffentlicht gelassen hatte, unvermutete Bestätigung. Ihr Titel *Beschreibung des Menschen* pointiert, was ein anthropologisches Denken zu leisten hat, und nur zu leisten sich vornehmen kann, das auf die Bestimmung des Menschen verzichtet.

Der Mensch sieht wohl, was er hat, aber nicht, was er ist.

Unter den Seitenhieben Wittgensteins gegen die Phänomenologie, der er, Schuldogmatik abgestrichen, näher stand, als mancher ihrer Adepten, trifft diese seiner *Vermischten Bemerkungen* ins Zentrum der Problematik, die sie als Lehre des Erscheinens seiner Inhalte im Bewußtsein nach ihrem Ende als philosophische Bewegung noch einmal akut werden läßt. In schönster historischer Ironie betrifft diese ›Aktualität‹ eben jenen ›Gegenstand‹, den sie mit ihrer Verwerfung der Anthropologie so lange so vehement gerade ausgeschlossen hatte.

Die Rückführung jeder möglichen Erkenntnis auf die Anschaulichkeit ihres Gehaltes im Bewußtsein schließt ›den‹ Menschen als Gegenstand der Phänomenologie aus. Selbst dann noch, wenn Anthropologie auf den Kollektivsingular ihres Gegenstandes verzichtet; aber als Idee, die sich als Gegenhalt zu den historischen Erfahrungen des Menschseins erneuert, gibt es das Menschliche, oder wie immer man das Objekt anthropologischer Nachdenklichkeit bezeichnen mag, nur als Bewußtseinsinhalt. So wenig es eine anthropologische Phänomenologie geben kann, so geboten ist eine phänomenologische Anthropologie.

Als Beschreibung von Vorkommnissen des Bewußtseins macht die Phänomenologie Selbsterhaltung zu seiner eigenen konstitutiven Leistung und damit, wie jeder Idealismus, das Subjekt sich selbst zum fraglosen Besitz (*Beschreibung*, 329; 43). Nichts aber könnte dem drastischer widersprechen als die Erfahrungen, die ›Subjekte‹ mit ihrer Geschichte zu machen haben, im schlimmsten Fall als Konfrontation mit einem ›wissenschaftlichen‹ Urteil über ihren Lebensunwert, das ihre Beseitigung aus dem Leben nach sich zieht. Niemand ›gehört‹ sich ›selbst‹, wenn jeder jederzeit überall auf Anordnung von staatswegen um sein Leben gebracht werden kann. Nichts anderes ist der Kern der Erfahrung der Geschichte. Der Selbstbesitz des selbstbewußten Subjekts ist nicht die gegebene Verfassung des Daseins in ihr, das seit langem exklusiv an die Stelle dessen in der Natur getreten ist.

Jede Anthropologie, auch die, die es verleugnet, ist im Kern historisch. Das zuzugeben, schließt nicht aus, darin auch ihre Beschränkung, ihre Unerträglichkeit zu sehen. Es bleibt dem menschlichen Subjekt unfassbar, daß unmittelbare Selbsterfahrung, ja meditative Selbstversenkung, äußerste Konzentration auf dieses Selbst, der Antwort auf die alte Frage, was der Mensch sei, offenbar keinen Schritt näher bringt (*Beschreibung*, 890). Umso weniger, als alles, was derartige Selbstversenkung ergeben mag, unvermeidlich in Widerspruch zu den Erfahrungen gerät, die eben die Geschichte konterkariert, über deren Bedeutung sie ihrerseits Auskunft geben sollte.

Diese Differenz steigert sich zu gegenseitiger Ausschließlichkeit von Welterfahrung und Selbsterfahrung des sich als Subjekt verstehenden Menschen: kein Einzelner, noch eine Gesellschaft ist jemals fähig gewesen, gegen die Übermacht der Welt in Gestalt der Lebensbedingungen, die jederzeit erfüllt sein müssen, damit Dasein in der Welt möglich ist, aufzukommen. Der reziproke Widerstreit zwischen Weltgewißheit und Selbstgewißheit ist in verstörendster historischer Paradoxie durch die technische Weltverfügung der wissenschaftlichen Zivilisation noch potenziert worden, mit der keine Zunahme an menschlichem Selbstverständnis einherging.

Die Krise ist nicht die der Zugänge des Subjekts zu seinen Objekten; nichts hat sich glänzender bewährt als dieser. Die Krise steckt in der Unzugänglichkeit des Subjekts für sich selbst, in der überraschenden Wahrnehmung seiner Undurchsichtigkeit (*Beschreibung*, 895).

Gegen diese ernüchterndste aller theoretischen Verlegenheiten eines spätneuzeitlichen Bewußtseins setzt die Anthropoästhetik als ein Stück angewandter Ontoanthropologie, die den Menschen aus seiner Weltunterworfenheit zu verstehen unternimmt, ihr Verfahren der Analyse von Dokumenten bedachter und gestalteter menschlicher Selbsterfahrungen. Was ›Ich‹ von ›mir‹ nicht wissen und als repräsentativ für ›den‹ Menschen in Erfahrung bringen kann, kann an Dokumenten der geformten Selbsterfahrung anderer erschlossen werden – sofern das Hervorbringen von Kunst eine Selbst-Tätigkeit ihrer Urheber ist.

Sie zieht die Konsequenz aus diesem Paradox, indem es mit den Leistungen der Kunst einen Phänomenbereich erschließt, in dem beides möglich ist: die Identifikation eines handelnden Subjekts ebenso wie das Erscheinen seiner Leistung im Bewußtsein. An die Stelle des unbesetzbaren Ortes ›des‹ Menschen im Bewußtsein setzt sie die ›Werke‹, die als menschliche

Hervorbringungen einen Kreis von Phänomenen konstituieren, in denen sich äußert, was durch keine wissenschaftliche Bestimmung zu erfassen ist: in seinem Werk erkennt ein Mensch sein Menschsein; in ihm entdeckt ein anderer, was es mit Menschsein auf sich hat, indem er dessen Zeugnis auf seine eigene Daseinserfahrung bezieht.

Hans Blumenberg, *Beschreibung des Menschen*, aus dem Nachlaß hg. von Manfred Sommer, Frankfurt a. M. 2006

Andreas Steffens, *Philosophie des 20. Jahrhunderts oder Die Wiederkehr des Menschen*, Leipzig 1999

Andreas Steffens, »Phänomenologie in der Genese einer Archäologie der Humanität«, in: Ulrike Kadi, Brigitta Keintzel, Helmuth Vetter, Hg., *Traum Logik Geld. Freud, Husserl und Simmel zum Denken der Moderne*, Tübingen 2001, 152–172

Dritter Teil

Gelegentlich

> *Es geht darum, d e u t l i c h e r zu sehen, w a s geschieht.*
>
> Hans Blumenberg, *Höhlenausgänge*
>
> *Denken wir nach und lassen wir uns Zeit.*
>
> Maurice Blanchot, »Erkenntnis des Unbekannten«

Erdachtes Leben

Wie Hans Blumenberg sich von Georg Simmel erfinden ließ

> *Man verschwindet entweder spurlos oder hinter seinem Werk.*
>
> Elazar Benyoëtz, *Filigranit*

Die Allzumenschlichkeiten nicht außer Acht zu lassen, gehört auch im Umgang mit Philosophen zu den wichtigsten Maximen, deren Befolgung eher Vor- als Nachteile verheißt. Nicht selten haben Bewunderer von Werken bittere Enttäuschungen erlebt, wenn sie es darauf anlegten, auch die Personen, lebten sie noch, kennenzulernen, von denen sie stammten.

Der daraus ableitbaren Empfehlung zu folgen, sich von der Person unbedingt fernzuhalten, wenn einem ihr Werk bedeutsam wurde, wird mehr Ernüchterungen verhindern als Chancen, aus persönlicher Begegnung etwas mitzunehmen, das Verständnis und Wertschätzung erhöhen könnte.

Wer ihm in Münster außerhalb des – stets überfüllten – Hörsaales begegnete, bemerkte rasch die Aura des Unberührbaren, des sich fern Haltenden, die den für seine konsequente Verborgenheit Berüchtigten umgab. Aus ihr trat er selbst dann kaum heraus, als die Reihe an ihm war, das Direktorium des Philosophischen Seminars zu übernehmen.

Brachte einer Mut und Hartnäckigkeit genug auf, zu ihm durchzudringen, konnte er sich durch liebenswürdigste Aufmerksamkeit, ja Zuwendung belohnt finden (Wolff, *Der Schreibtisch*, 54–57).

Als ein Motiv, Zugang zum zurückgezogenen Denker zu suchen, läßt sich die persönliche Wendung ›theoretischer Neugierde‹ vorstellen, aus eigenem Augenschein in Erfahrung zu bringen, ob in seinem Fall jene Verpflichtung erfüllt sei, der die europäische Philosophie als härteste alle unterwirft, die sie betreiben: die auf Einheit von Werk und Person. Was einer denkt, soll repräsentieren, was einer ist; was einer ist, soll sich in dem manifestieren, was einer denkt. Nicht wenige der Schwierigkeiten, auf die die Versuche der Philosophen gestoßen sind, – ihre – Wahrheiten ausfindig zu machen und sie auszusprechen, dürften aus dieser Selbstverpflichtung stammen.

Ob sie in diesem prominenten Fall – und nur solche prominenten Fälle reizen zur Prüfung – gewahrt war? Solcher Vorwitz hätte dem Apologeten des Wissenwollens und dem Archäologen seiner Bedingungen vielleicht sogar gefallen.

Was hätte einer von solcher Prüfung heimgebracht?

Ich vermute: besser nicht hingegangen zu sein und sich stattdessen einem seiner Bücher gewidmet zu haben.

Gewiß nicht aus der Enttäuschung heraus, krasse Nichtübereinstimmung, beschämende Verfehlung des Maßes gefunden zu haben.

Eher, weil er erfahren hätte, daß die Identität des Philosophen als Aufgehen in seinem Werk auch das Verschwinden in diesem sein kann.

Eben dieses Verschwinden macht die Lebensform des Philosophen aus.

Es ist bekannt, daß Hans Blumenberg seine Intentionen bei aller Beharrlichkeit, mit der er sie immer wieder unter Bezug auf Husserls Phänomenologie umriß, aus mehr als nur Nähe zum Werk Georg Simmels heraus gewann und verstetigte. Könnte man sich vorstellen, daß einer die Gedanken, die ihn in Einheit mit seiner Person versetzen und die Identität des Philosophen stiften, von einem anderen übernimmt, ja, daß einer erst zu sich selbst werde, indem er einen Gedanken aufgreift und ihn so anverwandelt, daß er ununterscheidbar der eigene wird, so könnte man sagen, der Philosoph Hans Blumenberg habe sich von Georg Simmel erfinden lassen.

Als Kritiker Kants hatte Simmel darauf bestanden, daß es auch individuelle Gesetze geben müsse, die in ebensolcher moralischer Verbindlichkeit wie der ganz vom kantischen Zwillingspaar aus Notwendigkeit und Allgemeinheit bestimmte kategorische Imperativ die Besonderheit einer Existenz in ihrer unaufhebbaren Einmaligkeit prägen und diese gleichwohl zu einem unanfechtbaren moralischen Subjekt machen. *Das Wesen der Individualität ist, daß die Form nicht von ihrem Inhalte abstrahiert werden und dann noch einen*

Sinn behalten könnte. Das menschliche Individuum ist nur als eine *unwiederholbare Form* möglich. In seiner – zur Wiederentdeckung als Klassiker der Kunstphilosophie immer noch überfälligen – Rembrandt-Studie hat Simmel die wichtigste Bedingung einer solchen Individualität in das Paradox gefaßt, das Persönlichste am Menschen sei das, was als Objektives, von der Person gelöst für sich bestehen könne. Die Verwandlung des Subjektiven in die Objektivität personenunabhängiger Wirkung, aus deren Unablässigkeit er alle ›Kultur‹ hervorgehen sah, gibt den obersten Maßstab gerade auch zur Beurteilung von Philosophen an die Hand.

Was man als das Persönliche an ihnen zu bezeichnen pflegt: die Umstände des äußeren Lebens, die soziale Stellung, Verheiratetheit oder Ehelosigkeit, Reichtum oder Armut – gerade das ist das Nicht-Persönliche am Menschen; gerade diese Differenzierungen des Persönlichkeitsganzen teilt er ja mit unzähligen andern. Das Geistige dagegen, seine objektive Leistung, das über alle diese Verwischungen Hinweggehende, bezeichnet man zwar nicht als ein logisch Allgemeines, aber immerhin ist es insofern ein Allgemeines, als Unzählige daran teilhaben können, als es sich in den Besitz des Menschheitsganzen einstellt. Gerade dies indes muß man als das eigentlich Persönliche ansehen. Das für die Menschheit oder die Kultur Allgemeinste ist für den Schöpfer sein Persönlichstes, gerade dies markiert seine Individualität; die unvergleichliche Individualität Schopenhauers liegt doch nicht in seinen ›persönlichen‹ Verhältnissen: daß er in Danzig geboren wurde, ein unliebenswürdiger Junggeselle war, mit seiner Familie zerfiel und in Frankfurt starb; denn jeder dieser Züge ist nur typisch. Seine Individualität, das Persönlich-Einzige an Schopenhau-

er ist vielmehr Die Welt als Wille und Vorstellung – *sein geistiges Sein und Tun, das gerade um so individueller hervortritt, je mehr man nicht nur von jenen Spezialbestimmungen seiner Existenz, sondern auch innerhalb der geistigen Ebene von dem Detail der Leistung absieht.*

Dieses Stück einer offenen Dialektik bietet nicht nur Simmels Kulturtheorie in nuce, aus der Perspektive dessen, was das Unverkennbare des Philosophen als sein Beitrag zur Kultur sein könne; es dürfte das Kernstück einer Genealogie des Philosophen Hans Blumenberg bergen. Simmels kulturtheoretische Wendung muß er zur Grundmaxime seiner Lebensform gemacht haben, die entstand, indem er lebte, was Simmel als Grundform aller Kultur dachte. Oder umgekehrt: indem er aus dem Grundgedanken lebte, der Simmels Philosophie komprimiert, konnte diese für ihn wichtig werden, indem er sich in ihr gedacht fand.

Von ihm ist noch weniger Persönliches bekannt geworden als die Beiläufigkeiten, die Simmel so effektsicher über Schopenhauer anführt. Sich verborgen zu halten, war nicht nur die Voraussetzung dafür, ein Werk möglichst ungestört von den Ablenkungen des Weltgetriebes hervorbringen zu können, sondern mehr noch dafür, daß es als ein Werk wahrgenommen werden konnte.

Was als der allgemeinste, alles Detail übergreifende Eindruck einer Persönlichkeit an uns gelangt, ist ihre eigentliche Individualität; je mehr wir in ihre Details eingehen, um so mehr kommen wir auf Züge, die wir auch an anderen treffen; vielleicht nicht durchgehend, aber in weiter Erstreckung schließen Detaillierung und Individualisierung sich gegenseitig aus. Je weniger ein noch so neugieriges Publikum von einem erfährt, desto mehr ist es, ist seine Neugierde echt, also dem Willen zum Wissen folgend, darauf angewiesen, sich an die Hervorbringungen zu halten, die den Namen dessen tragen, über dessen Person sie nur im Schweigen über sie Auskunft geben.

Aus dem Verschwinden der Person im Autor geht der Philosoph hervor.

Je manifester der Autor Hans Blumenberg in einer imposanten Folge regelmäßig erscheinender, immer umfangreicher werdender Bücher wurde, deren leuchtend weiße Umschläge sie in jeder Bibliothek zu einem schließlich unübersehbaren Korpus machen, desto obskurer wurde die empirische Person, über deren Unzugänglichkeit zunehmend auch älteste Weggefährten Klage führen konnten. Die Person entzog sich als Philosoph konsequent dem persönlichen Interesse an ihm, das mit dem Bekanntheitsgrad seiner Arbeit unweigerlich wuchs.

Mit diesem Entzug hat er, folgt man Simmel, sein Publikum, lange Jahre Hörer und Leser, zuletzt nur noch Leser, nicht nur einer Echtheitsprobe seines Interesses unterworfen; er hat eben dieses Interesse auf das hin konzentriert, womit er selbst es nur rechtfertigen konnte: auf das, was er schrieb und zu sagen hatte. Denn das war sein Leben. Das Persönliche hat er auf das Sachliche umgeleitet, welches Interesse überhaupt nur tragen kann.

Wer es für ihn hegt, trifft auf nichts als seine Bücher; indem er dafür gesorgt hat, hat er erreicht, daß man in diesem ›nur‹ die maximale Verdichtung der Bedeutung antrifft, die seine Existenz außerhalb ihres engsten Lebenskreises für andere besitzen kann. Der Rückzug der Person in die Ungreifbarkeit ist ein Dienst an denen, für die ein Philosoph ›da‹ ist.

Dieses Dasein aber ist eines der Anonymität auf Gegenseitigkeit. In deren Konsequenz liegt die Steigerung dessen, was sie bedeuten kann. Der Philosoph kennt sein Publikum nicht, abgesehen von einer kleinen Gruppe, mit der ihn seine Tätigkeit als Hochschullehrer und das Metier des Publizierens zusammenbringt; indem er dafür sorgt, daß auch die übrigen, die er nicht kennt, von ihm nichts als das erfahren, was er zu sagen hat – und das heißt im günstigsten Fall: was *nur* er zu sagen hat –, gewährt er ihm das Äußerste, was es an Kenntnis von ihm überhaupt geben kann.

Es ist das genaue Gegenteil von Geringfügigkeit, auf die Frage, wer der Philosoph Hans Blumenberg gewesen sei, nur jene prachtvolle Reihe voluminöser Bücher und einige Dutzend weiterer Schriften vorweisen zu können. Es ist das Maximum dessen, was einer in diesem Metier erreichen kann, in dem, wie in den Künsten, auch größte Meisterschaft kein Garant des Erfolges ist.

Nun kann man es als ein Stück Vorbedeutung im Leben dieses Virtuosen in der Aufspürung von Bedeutsamkeiten lesen, daß er als Siebenundzwanzigjähriger seine erste größere Veröffentlichung Pascal widmete, der als Virtuose der Verbergung davon überzeugt war, alles Unglück dieser Welt rühre aus der Unfähigkeit der Menschen her, allein in ihren Zimmern zu bleiben. Das muß ihm von allem am leichtesten gefallen sein.

Indem die Person des Philosophen ihr Zimmer kaum verließ, außer zu den Handgriffen der Lebenserhaltung und zur Erweiterung der Bibliothek, in der die Zugänglichkeit der Welt heranwuchs, und außer dem schreibend Bedachten nichts herausdringen ließ, womit er ein einziges Mal die Maxime des anderen großen Verbergers in der philosophischen Frühe der Neuzeit folgte, des in seiner Bilderfeindlichkeit sonst so gegenpoligen Descartes, der ein verborgenes Leben für das ideale hielt, erwirkte er seinem Werk umso größere Präsenz im ungeteilten Interesse derer, die zu ihm finden, obwohl die Person hinter ihm entrückt bleibt – wer zu lesen versteht, dem wird sie ohnehin aus jedem seiner Sätze erspürbar sein.

So verwirklichte Blumenberg mit seiner Lebensform einer maximalen Präsenz aus maximaler Verborgenheit, soweit die offene Nachrichtengesellschaft derlei noch zuläßt, eine simmelsche *Individualität*. Deren Konzept prägte die Imago des Philosophen, die ihrer Ausprägung vorausgesetzt war.

Philosophen werden voneinander erfunden. Sie gehen auseinander hervor: durch das Lebendigwerden von Gedanken des einen im anderen. Mit ›Rezeption‹ hat dies nichts zu tun. Sie ist das Wort für die laue Geschwätzigkeit, mit der die zum Interesse verpflichtete wirkliche Ignoranz Genüge tut.

Zum Lebensstil der Zurückgezogenheit gehört das Schwiegen über derlei Genealogica. Dazu fügt sich in subtiler Erhellung jene münsteraner Lokal-Fama, die besagte, bei Blumenberg könne man nur etwas, gar Doktor, werden, wenn man ihm wenigstens eine der *Kritiken* Kants verzettelt in einem Schuhkarton vorweisen könne – und eben nicht Simmels *Philosophie des Geldes*, die man freilich noch besser als einen Kant kennen mußte, um von ihm zum Mittun an der Arbeit an den Überlieferungen zugelassen zu werden. Nur ein einziges Mal hat Blumenberg in dieser Hinsicht die verborgen-verbergende Apokryphik der Selbststilisierung verlassen, in seiner dem Hauptwerk Simmels gewidmeten Studie »Geld oder Leben«, die zur Grundlegung seiner eigenen ›Metaphorologie‹ gehört.

Bei einem Philosophen, der so beharrlich auf der Ehrwürdigkeit der Geschichtlichkeit unseres Denkens bestanden hat, deren Leugnung ihm sonst so spärliche polemische Zwischentöne entlocken konnte, wird man den Ursprung seiner Lebensform aus dem Hauptgedanken eines anderen vielleicht für eine Entdeckung, keineswegs für eine ›Enthüllung‹ halten, denen, als philosophischem Genre, seine Verachtung galt.

Es besagt nicht mehr, aber eben auch nicht weniger, als daß es da einem gelungen ist, mehr als ihr nur zu entsprechen, die Imago seiner Profession, die die Existenz derer, die sie ausüben, auf die Identität von Person und Werk verpflichtet, zu erneuern. Blumenberg hat die Fortexistenz der Imago des Philosophen mit der Wirklichkeit seiner Lebensform ermöglichen helfen, indem sie das Beispiel einer Wirklichkeit dessen gab, woran eine Zeit, die begann, sich vom Anachronismus aller Werke und aller Kultur zu überzeugen, nicht mehr als an eine Möglichkeit glauben mag.

Aber von ihren Bildern hängen unsere Wirklichkeiten ab. Er hat dies nicht nur gewußt, sondern auch gezeigt, unter Einsatz seines Lebens.

(Boutenot/Paris, August 1996; 2020)

Uwe Wolff, *Der Schreibtisch des Philosophen. Erinnerungen an Hans Blumenberg*, München 2020

*Georg Simmels Entdeckung
der Lebenswelt*

Eine lebensphilosophische Marginalie

Verächter von ›Lebensphilosophie‹ müssen dazu neigen, zu übersehen, welche genealogischen Verpflichtungen zwischen ihr und dem von ihnen bevorzugten Denken bestehen. Sich das einzugestehen, ist kein Rückfall in ›Geistesgeschichte‹. Es läßt klarer hervortreten, worin jene Verbindlichkeiten bestehen, deren Einlösbarkeit in Abhängigkeit von einer denkenden Zuwendung zur Lebenswelt seit längerem mehr empfunden als tatsächlich deutlich gesehen wird.

Als einer ihrer Entdecker ist Georg Simmel erst noch zu entdecken. Dieser große ›Vorzeitige‹, in dessen Denken sich jene Motive einer Philosophie des 20. Jahrhunderts finden, die der Erfahrung seiner Wirklichkeit standzuhalten vermöchte, hat den Begriff noch beiläufiger gefunden als Husserl, der das Ansehen seiner Erstprägung genießt. Es hätte erstaunen müssen, diese Begriffsbildung nicht bereits vor der Zeit, zu der sie ›in der Luft lag‹, bei einem anzutreffen, dessen rhapsodisches Denken sich je länger je mehr um den nachmals so anrüchig gewordenen Begriff des Lebens kristallisierte. Anders als der Systematiker Husserl, der in dieser Neubildung die Kategorie des letzten seiner vielen Neuanfänge eines Denkens von Grund auf wählte, hat Simmel von diesem Begriff keinen terminologischen Gebrauch mehr gemacht. Dennoch ist es mehr als bloß eine ›begriffsgeschichtliche‹ Marginalie, sich den Ort, an dem sie bei ihm auftritt, zu vergegenwärtigen.

Der in seiner husserlschen Bemühung so ungemein inspirationsstark gewordene Begriff enthält trotz seiner beiläufig gebliebenen Erscheinung in Simmels Denken durch dessen innere Struktur paradoxerweise eine deutlichere Kontur zeitgenössischer Nutzbarkeit, als sie ihm heute noch länger eine Trägerrolle in einem geschichtsphilosophischen Fundamentalismus verleihen kann, der seine Überzeugungskraft eingebüßt hat. Die Beiläufigkeit, mit der der neue Begriff Simmel im fünften Kapitel seiner in ihrer Fragestellung einzigartig gebliebenen Goethe-Studie unterläuft, erhält durch ihren Kontext eigene Prägnanz. Dort wird der Individualismus des Weimarer Faszinosums zum Thema.

Für diesen ganzen, in der Romantik aufgegipfelten Typus des Individualismus und seine geistesgeschichtliche Bedeutung zeigen wohl überhaupt die Lehrjahre den entscheidenden Durchbruch. Sehen wir zunächst von Shakespeare ab, so ist wohl hier zum ersten Male in der Literatur eine Welt gezeichnet (wenn es auch nur die kleine Welt bestimmter gesellschaftlicher Kreise ist), die völlig auf die individuelle Eigenheit ihrer Elemente gestellt ist und sich durch eben diese Eigenheiten in ihrer Weise organisiert und entwickelt. Man denkt hier natürlich an das größte dichterische Beispiel eines Weltbildes aus scharf individualisierten Einzelerscheinungen, an die Divina Comedia. Allein so wenig sich die Menschen im Meister an Intensität ihres Daseins und Gewalt des Umrisses mit den Danteschen messen können, so besteht für diese doch nicht das Problem, das der Individualistik jener erst ihr eigentliches Cachet gibt: durch ihre Wechselwirkung eine Lebenswelt erwachsen zu lassen.

Der Sachverhalt, den der Leitbegriff in Simmels Denkgestus schweifender Assoziation hier eher improvisierend denn bestimmend bezeichnet, bildet den genauen Gegensatz zu dem seiner terminologischen Einbürgerung, wie Husserl sie zwanzig Jahre später in einer Philosophie initiierte, die mit einem Mal das Erlebnis tiefster Verunsicherung durchmachte, indem sie schockartig gewahr wurde, daß die Lebenswirklichkeiten Gestalten annahmen, die in ihren humanistischen Begriffsrealismen nicht vorgesehen waren. Was für ihn der Reflexionsgegenpol des unwillkürlich immer schon Vorgegebenen war, auf das zurückzugehen sein sollte, um den verlorenen Sinn von Erkenntnis zurückgewinnen zu können, erhält in Simmels gleichsam vorlaufender Modifikation einen aktivischen Akzent. Mit ihm tritt eine entscheidende Eigenart hervor, die der Entdeckung elementarer Vorgängigkeiten in ihrer Bedeutung für ein um Selbstkenntnis bemühtes Denken zu Hilfe kommt. Denn jener Akzent besagt, daß ›Lebenswelt‹ nicht das schlechthin immer schon Vorgegebene, sondern als dieses stets das Ergebnis menschlicher Tätigkeit ist. Als jene Basis, als die ein sinnbemühtes Denken die Lebenswelt schließlich entdeckt, ist sie von denen hergestellt, die sie im Bemühen um ihre Selbstbestimmungen dann als das entdecken, was ihren Bemühungen vorausliegt.

Dies verdeutlicht ein weiterer Blick darauf, wie Goethe sich Simmel zum Paradigma formt.

Fast jede Gestalt in Goethes großen Werken stellt eine Möglichkeit dar, die Welt anzuschauen, oder, anders ausgedrückt, von ihrem besonderen Sein her ein inneres Weltbild zu erbauen. Diese Welt mag klein sein; aber sie trägt doch den Charakter des Sehens und Fühlens, der nicht nur die vorgeführten Daseinsinhalte färbt, sondern auch an allem Dazwischenliegenden eine eindeutig gestaltende Kraft ausüben würde, eine zentrale Wesensart, um die das Bild einer lückenlosen und durch sie in Aufbau und Tönung be-

stimmten Daseinstotalität erwachsen könnte. Dies ist, soweit ich sehe, unter allen Shakespearschen Gestalten nur auf Hamlet ohne weiteres anwendbar. Weder nach Romeo noch nach Lear, weder nach Othello noch nach Antonius läßt sich eine Welt aufbauen; wohl aber auf Faustische oder Mephistophelische Art, auf die des Tasso oder Antonio, auch auf die von Charlotte oder Ottilie; der Meister ist in diesem Sinne eine Welt aus Welten. Jede dieser hauptsächlichen Gestalten ist das Apriori für eine Welt – der Anschauung wie der Lebensgestaltung –, während Shakespeares Gestalten die weltbildende Kraft ganz in ihr Leben eingeschlossen haben.

Diese Analyse goethescher Einbildungskraft vergegenwärtigt dem Leser, dem sich die Reflexionen einer späteren Lebenswelttheorie eingeprägt haben, jenen elementaren Sinn, wie er noch ganz ›naiv‹ einer so beiherspielenden Wortprägung wie der ›Lebenswelt‹ innewohnt: daß es sich bei einer solchen eben um eine Welt handelt, in der gelebt wird, tatsächlich und der Möglichkeit nach. Sie ist eben nicht nur die Quersumme all jener keiner individuellen Planung zugänglichen Vorentscheidungen, die sich in der Erfahrung eines gelebten Lebens im lastenden Bewußtsein seiner Beschränkungen reflektieren. Sie ist zur gleichen Zeit die Summe dessen, was ein individuelles Leben hat aufbieten müssen, um die vorgefundene Welt, in der es sich vollzieht, als die Welt seines eigenen Lebens nutzen zu können.

Und hier nun treffen ›naiver‹ und ›theoretischer‹ Lebensweltbegriff sich zur Grundbestimmung dessen, was menschliche Existenz ermöglicht: Lebenswelt ist das immer schon Gegebene; in der Dauerhaftigkeit ihrer prägenden Gegebenheit aber ist sie das unablässig Hergestellte. Wir leben, weil und indem wir die vorgefundenen Ermöglichungen unseres Lebens sie verändernd reproduzieren. Menschliches Leben verwirklicht sich deshalb in den gleichsam einander gegenüberliegenden Horizonten von Vorgängigkeit und Nachfolge, von Vergangenheit und Zukunft. Seine Gegenwärtigkeit, sein Dasein, ist ein unablässig geschehender Übergang.

Simmels flüchtige und doch prägnante ›Lebenswelt‹-Findung erhält ihr übersehenes Gewicht dadurch, daß er im Gegensatz zu Husserl ein Philosoph gewesen ist, der das Denken in all seinen Bemühungen um Verständnis nicht vom Denken, sondern vom Leben her gedacht hat: es war ihm kein zu lösendes Problem, sondern ein Ungewisses, ein Rätsel, zu dem man sich zu verhalten, zu dem man Formen des Umgangs zu bilden hat. Das ließ sein Interesse in der Ästhetik terminieren, während das Husserls ausschließlich der Erkenntnis- und Wissenschaftskritik galt.

Damit steht das Denken Simmels den Motiven zeitgenössischer ›Lebenswelt‹-Konjunkturen ungleich näher als jenes Husserls, an dessen Wiederentdeckung sie sich auf eine aus dem Mißverständnis geborene Art inspirieren. Denn was da erweckend wirkt, ist weniger ein Denkstil, der wohl nur für beamtenrechtlich zur Langeweile Verpflichtete über längere Zeit hin erträglich ist, als das Gemisch aus Assoziationen, Hoffnungen und Sehnsüchten, das in diesem Begriff mitschwingt, den Husserl am Ende eines auf die Entdeckung des großen Neuanfangs im Denken ausgerichteten Lebens ins Zentrum seiner Reflexionen rückte. Daß dies im Zusammenhang einer Kritik nicht mehr der Möglichkeit, sondern der verfehlten Praxis von Wissenschaft geschah, verstärkt die Wiederentdeckungsbrisanz in der Epoche, in der das sich immer mehr auf die Vermeidung von Katastrophen einengende Denken an der Wissenschaftlichkeit irre zu werden droht. Simmels Beiläufigkeit gibt da den gar nicht beiläufigen Wink, es genau dabei eben nicht nur mit Gegebenem, sondern mit Gemachtem zu tun zu haben. Das aber ließe sich ändern.

(1990)

Kein Fest in Sicht

Eine Anmerkung zum unbemerkten Ende der Postmoderne

In seiner eigenen Rede machte der Philosoph der Metaphern von ihnen einen ebenso sparsamen Gebrauch, wie er Tagesdebatten aufgriff. So kann man vermuten, Bedeutendes, jedenfalls von ihm für wesentlich Gehaltenes, angesprochen zu finden, begegnet man dem einen oder anderen bei ihm.

Zur Gewißheit will diese Vermutung sich verdichten, sobald beides zugleich auftritt. Dabei darf man eine vornehm angelegte Umkehrung der Proportion von bevorzugter Beiläufigkeit im Ausdruck des Urteils und dem ihm zugedachten Gewicht voraussetzen.

Eine Welt, in der es auffällt, daß es ›Rückzüge‹ gibt – oder nur Neuerungsphasen aus der Zitatenreserve vom Typus der schlachtreifen ›Postmoderne‹ –, ist noch nicht eine Welt der ›Kehren‹ und ›Rückkehren‹, schon gar nicht der ›Heimkehren‹.

Als Hans Blumenberg dies schrieb, in seinem letzten opus magnum *Höhlenausgänge* 1989 (797 f.), war solcher Metzgerblick auf die Postmoderne noch weit entfernt davon, anderes als metaphorisch extremer Ausdruck einer persönlichen Abneigung zu sein. Die Aufgeregtheiten der Tagesdebatten kreisen noch darum, ob es sie schon geben könne, überhaupt geben dürfe; an ihr eigenes Ende wurde noch nicht gedacht. Ein Vorausblick auf einen Rückblick auf die Postmoderne lag noch nicht in deren Horizont. Welche Übereilung.

Im Rückblick auf diese nebenbei geäußerte Forderung nach Beendigung der prätentiösen Beendigung einer Epoche stellt sich dies, ein Jahrzehnt später, anders dar. Die Pseudoepoche ist dabei, mit einer Beiläufigkeit zu verschwinden, die zu ihrer Ausrufung damals disproportionaler nicht sein könnte. Da keiner sich mehr als zu ihrer Verteidigung bereit rührt, mag kaum einer sie mehr bekämpfen.

Das war absehbar, aber kaum vorherzusagen. Selbstepochalisierungen gehören nämlich zu den natürlichen Enttäuschungsanwärtern unserer intellektuellen Konstitution.

Jeder weiß dies. Trotzdem sind sie unvermeidlich und bilden zudem eines der reizvollsten Elemente denkender Zeitgenossenschaft, indem sie sie unter die ständige Erwartung stellen, eine ganz bestimmte sein zu sollen, die man besser nicht mißachtet, bei Strafe, sonst selbst übergangen zu werden. Obwohl niemand sagen kann, in welcher Zeit man gerade lebt, ist nichts so tödlich rufschädigend wie das Urteil der Unzeitgemäßheit.

Im Zeitalter der Entlarvung allesergreifender Vergeblichkeiten, dessen Ausrufung nun schon eine ganze Weile zurückliegt, konnte die ›Tragik‹ solch zeitloser Unvermeidlichkeit einer sich für unfehlbar haltenden Vergeblichkeitsentlarvung nicht unbemerkt bleiben.

Doch dem stand das eigene Epochenbewußtsein in der Aufnahme der ›Postmoderne‹ – nicht dagegen in ihrer in dieser Hinsicht subtileren Begründung – hartnäckig entgegen: so wurde sie nach einem kurzen Intermezzo als ironisches Kleid der Selbstwahrnehmungen im freisinnig durchschauten Bann aller Selbstepochalisierungen schließlich unter der Hand selber zu einer solchen. Das machte sie ernster, als sie sein wollte und erschwerte es ihr, ihre Hauptwirkung als produktive Selbstreflexion anzustreben, für die das bleibende Werk Jean-François Lyotards einsteht.

Das Unbehagen darüber war unvermeidlich. Die Drastik von Blumenbergs Metapher bezeichnet den Grenzwert einer dann doch nur erstaunlich zögerlich vonstatten gehenden Entfaltung seiner Dynamik: doch endlich ein Ende mit dem selbst ungenügend gewordenen Bewußtsein des Ungenügens zu machen, das sich selbst bloß mögliche Neuerungen, auch Erneuerungen, verstellt. Die Metapher von der ›Schlachtreife‹ war ein grimmiger Aufruf zum beherzten Ende mit der Verstimmung, um eine quälende Verstimmung ohne Ende zu vermeiden.

Er ist kaum gehört, und gar nicht aufgegriffen worden. Wie sehr er in seinem Vorlauf seiner Zeit wirklich voraus war, läßt sich daran ermessen, daß er heute kaum noch als eine Provokation verstanden würde, entdeckte man ihn noch. Daß die Verspätung hier ausbleibt, zeigt, wie weit diese Folgenlosigkeit ihre Zeit schon übersprungen hatte.

Das eigene Unbehagen des subtilen Historikers verschlungener Wege der Denkgeschichte eilte der Zumutbarkeit seines Wunsches so weit voraus, daß es in den wenigen Jahren, die seither vergingen, versäumt wurde, diese Unzumutbarkeit überhaupt als eine solche zu entdecken. Der Herold eines ausgebliebenen Kampfes wird so zur Beiläufigkeit im beginnenden Rückblick auf das, was dabei ist, sich ganz ohne Kampf von selbst zu verlieren, und eine der vielen Marginalien im großen Strom der Geschichte zu werden.

Gäbe es eine gründlichere Wunscherfüllung?

Allerdings ist dieser zeitgeschichtliche Rösselsprung durchaus kein Indiz eines Erfolges. Blumenbergs Unwille ließ ihn, was sonst nie vorgekommen sein dürfte, in die Falle tappen, die jede Metapher stellt, zur schönsten Bestätigung der Beobachtung

Lichtenbergs, eines seiner Lieblingsautoren: *Die Metapher ist weit klüger als ihr Verfasser*. Indem er die Forderung nach Beendigung des offenbar Fruchtlosen in das Bild blutigen Nahrungsgewinns kleidete, suggerierte er eine Erheblichkeit, die dem Attackierten selbst gemäß der Intention im Gebrauch dieser Metapher gar nicht zukommen sollte. Das Ende, das eine Schlachtung zufügt, ist der Beginn einer Nutzung dessen, dem sie angetan wird.

Die Nutzung der Postmoderne hat ob der Vorzeitigkeit ihres Verschwindens freilich – noch – gar nicht beginnen können.

Das Fest blieb aus.

(1990)

Noch nicht genau genug gesehen?

Paul Valéry oder Das Buch, das fehlt

Die Akademisierung der Philosophie brachte es mit sich, daß Philosophen nicht nur fast ausschließlich für, sondern auch über ihresgleichen schreiben – dies bei dem und dem, jener über dies und das. Da muß es erstaunen, daß die Häufigkeit der Äußerungen über einen Philosophen umgekehrt proportional zu dessen Rang zu sein scheint. Das gilt nicht nur für Zeitgenossen, auch für diejenigen, die gerade aus der Zeitgenossenschaft der Mitlebenden entrücken und in dem Maß, in dem der Abstand zu ihrem Tod wächst, zu Klassikern werden.

Abgesehen von einem Büchlein, in dem Karl Löwith seine Exzerpte aus dessen spät mit Begeisterung entdeckten Schriften und Aufzeichnungen ausbreitete, gibt es keine monographische Studie eines deutschen Philosophen von Rang über Paul Valéry. Spätestens, seit Löwith, jeden unakademischen Umtriebes unverdächtig, 1971 darin bezeugt hatte, *daß der Dichter und Schriftsteller Valéry ein Denker ist, und zwar der freieste, von allen eingewurzelten und zu Konventionen gewordenen Traditionen unabhängigste*, konnte es die Gleichgültigkeit gegen die französische Berühmtheit nicht mehr begründen, er sei doch ein Dichter und kein Denker. Löwiths an gelehrter Philologie und Zitatenüberfrachtung erstickendes Büchlein konnte dagegen nicht durchdringen. Es blieb als seltsame Alterslaune eines verdienstvollen Philosophiehistorikers unbeachtet, und sollte sich noch zwanzig Jahre später im Modernen Antiquariat als unverkäuflich erweisen.

Was Löwith sich vorgenommen hatte, hätte ein anderes Buch wohl leisten können, wäre es zustande gekommen.

Beabsichtigt jedenfalls war es. Als Löwith seine Aufnahme Valérys in den Kreis der ernstzunehmenden Philosophen veröffentlichte, war die Ankündigung dieses anderen Buches sieben Jahre alt. Und dessen prospektiver Autor ihm zum gefährlichsten Rivalen in der geschichtsphilosophischen Bestimmung des Zeitalters geworden.

An denkbar verborgenem Ort hatte Hans Blumenberg 1964 in einer Festschrift zu Ehren Helmut Kuhns in einer Schlußanmerkung zu seinem Beitrag ein Buch über Valéry angekündigt: *Die vorliegende Arbeit ist das erste Stück einer vierteiligen Valéry-Studie, die ferner aus den Kapiteln »Leonardo«, »Faust« und »Monsieur Teste« bestehen wird.* Das Konzept war offenbar klar, das erste Stück geschrieben, blieb der Rest zu vollenden. Doch dazu ist es nicht gekommen. Auch der schier unerschöpfliche Nachlaß, aus dem seit Blumenbergs Tod fast mehr erschienen ist, als er zu Lebzeiten veröffentlichte, hat es nicht hergegeben. Wer immer Ästhetik aus anthropologischer Neugierde treibt, wird auch heute noch empfinden, wie sehr dieses Buch fehlt.

Welch subtile kleine Rache, zu veröffentlichen, was angekündigt hatte, der in der Zwischenzeit zum Herausforderer geworden war: nobel zurückhaltend in der Form, aber scharf in der sachlichen Frontstellung hatte Hans Blumenberg seine 1966 erschienene historische Anthropologie der Selbstbehauptung *Die Legitimität der Neuzeit* als Gegenentwurf zu Löwiths repräsentativer Geschichtsphilosophie der Säkularisierung *Weltgeschichte und Heilsgeschehen* konzipiert.

Wer über die Wahrnehmung seines Ranges nicht argwöhnisch wachen muß, befolgt die alte Regel der Akademikersüffisanz, nach der zu Festschriften nur Zweitbestes beizusteuern sei, nicht. Die Beschäftigung mit Valéry war eines seiner ›Lebensthemen‹.

Denn dessen ästhetische Leistung war das Spiegelbild zu der philosophischen, die Blumenbergs eigenes Lebenswerk wurde. Im Verhältnis zu Valéry erlebte er, wie die Kunst der Philosophie vorangeht. Valérys Ästhetik des ›Machens‹, der ›Poiesis‹, lieferte das Paradigma für die Praxis jener Selbstbehauptung, die Blumenberg als Bestimmung des Menschen der Neuzeit in seiner Archäologie der Geistesgeschichte herauspräparierte.

Blumenberg erfand den Menschen zu der Kunst, die Valéry erfunden hatte.

Für diesen Menschen gilt, was er über den ›ästhetischen Konstruktivisten‹ Valéry sagt: *Er muß sich erzeugen, was für ihn da sein soll, und es überzeugt ihn nur, insofern er es erzeugt hat.*

So muß man einfach vermuten, das Buch, das er nicht mehr schreiben werde, an das zu denken seine Lieblingsbeschäftigung sei, wie er in seiner legendären Beantwortung des Fragebogens im F.A.Z.-Magazin am 4. Juni 1982 bekannte, müsse das über Valéry gewesen sein.

Auf dem von Helmut Kuhn und Franz Wiedmann geleiteten 7. Kongreß für Philosophie trug Blumenberg 1962 unter dem Titel »Ordnungsschwund und Selbstbehauptung« den Grundgedanken seiner historischen Anthropologie vor. Die Formel, in die diese Keimzelle der späteren *Legitimität der Neuzeit* mündet, klingt wie ein Aufruf der Ästhetik Valérys. *Der Nullpunkt des Ordnungsschwundes und der Ansatzpunkt der Ordnungsbildung sind identisch. Das Minimum an ontolo-*

gischer Disposition ist zugleich das Maximum an konstruktiver *Potentialität*. In seinem Beitrag »Sokrates und das ›objet ambigu‹« zu jener Festschrift von 1964 für Helmut Kuhn, herausgegeben von Franz Wiedmann, wird er Valérys Ästhetik, wie sie sich in dessen Dialog *Eupalinos* komprimiert zeigt, daraufhin interpretieren.

Man wird nicht sagen können, daß Blumenbergs Theorie der Neuzeit ohne Valérys Ästhetik nicht möglich gewesen wäre; aber doch so viel, daß sie ohne diese eine weniger klare und weniger umfassende Kontur erlangt hätte.

Der Gegenstand des in der Ankündigung von 1964 erwähnten Faust-Kapitels findet sich fünfzehn Jahre später in der *Arbeit am Mythos*, im vierten Kapitel des Zweiten Teils, das dem neuzeittheoretisch zentralen Motiv gewidmet ist, den Mythos zu Ende zu bringen. Von dessen Verbindlichkeit nichts übrig zu lassen, mußte die entscheidende Probe des Weltentwurfs sein, der die Stellung des Menschen allein der Kraft des erkennenden Bewußtseins anvertraute.

In der *Legitimität der Neuzeit* hatte er Valéry im Kontext des Faust-Stoffes als Verdichtung der Erkenntnisproblematik angeführt; nun läßt er dessen Goethe-Parodie das Potential des Mythos zu Ende führen, indem er in ihr Faust zur Gestalt einer Überflügelung der rein pragmatischen Wißbegierde werden sieht. Deren Befriedigung entmachtet den Teufel, und eröffnet dem Subjekt einer vollendeten Weltbeherrschung durch Rationalität die neue ästhetische Freiheit des reinen Genusses.

Diese Ausschöpfung der ästhetischen Fliehkraft des Mythos der Wißbegierde drängt auf eine Modifikation im Konzept der Neuzeit als der Epoche humaner Selbstbehauptung hin, indem sie an den Überschuß erinnert, die dem ästhetischen Subjekt jenseits der gewährleisteten ›reinen‹ Selbsterhaltung zu Gebote stehen kann.

Selbstbehauptung ist mehr als Selbsterhaltung. Je älter und erfolgreicher die Neuzeit durch Rationalität wird, desto mehr wird sie dazu neigen, das zu vergessen.

Dagegen steht das Potential des ästhetischen Subjekts, das Valéry als ›poietisches‹ Subjekt einer Selbsthervorbringung jenseits der Selbsterhaltung bestimmt.

In dem letzten ihm gewidmeten Text über »Paul Valérys mögliche Welten« wird Blumenberg diesen Zusammenhang zu einer Neuformulierung seiner Anthropologie zuspitzen. Noch einmal macht er Valéry zu ihrem ästhetischen Bürgen, indem er in dessen philosophischer Laune, ein ›System‹ zu schreiben, den Ernst zugespitzt findet, den das Subjekt der Selbstbehauptung aufbringen muß. *Als zufälliges Produkt der Evolution wendet er sich von dem äußersten Punkt des von ihm beschrittenen Weges um, und sein ganzes Werk wird zu der Anstrengung, jene Zufälligkeit in Notwendigkeit zu verwandeln. Das System ist nur das Äquivalent dessen, was die Kunst auf ihre Weise zu leisten hat: den Zufall aus ihrem Stück Welt auszuschließen, sich als ›Nicht-Zufall‹ zu etablieren. Je schärfer die Kontingenz des Menschen in der Welt formuliert werden konnte, um so künstlicher und kunstvoller ist der Inbegriff seiner Gegenbewegungen. Er erfaßt sich in seinen Möglichkeiten, um sich seiner Wirklichkeit nicht ausgeliefert zu sehen.* Das ist die Kurzform der Anthropologie des Menschen, der als Erbe der Neuzeit zu existieren hat.

Das Buch über Valéry wäre ein wesentliches Stück Konturierung dieser Anthropologie gewesen.

Es gibt also genug Äußerungen, die absehen lassen, was darin gestanden hätte. Im Zusammenhang gelesen, werden die vorliegenden Texte Blumenbergs zu Valéry und die in die meisten seiner Bücher eingestreuten Passagen, Erwähnungen und Anspielungen den wesentlichen Gehalt ergeben. Aber man läse es eben viel lieber als eines seiner Bücher, der eine oder andere sicher auch, um es nicht selbst noch schreiben zu müssen.

Da lassen sich nur die Hörer der Vorlesung beneiden, in der Blumenberg im Wintersemester 1979/80 in Münster über »Paul Valéry als philosophischer Denker« sprach, die wenigstens zu hören bekamen, was sich nicht lesen läßt.

Welche Genugtuung mag es gewesen sein, ein Jahrzehnt später nun selbst auszuführen, was Löwiths Büchlein nur hatte andeuten können.

Warum aber sollte in diesem Fall die Regel seiner Arbeitspragmatik nicht gegolten haben, daß in dem jeweils gerade entstehenden Buch stehen würde, was er als Vorlesung vortrug? Hier galt nicht, daß ein veröffentlichtes Buch seinen Hörern vorgelesen worden war, bevor es erschien; da er aber selten Ungeschriebenes, meistens wenigstens Vorformuliertes in weitgehend freier Diktion vortrug, darf man vermuten, daß das Buch, das es nicht geben sollte, wenigstens *geschrieben* worden ist.

Warum dann nicht auch veröffentlicht?

Bei einem derart ›totalen‹ Autor, wie Blumenberg einer war, ist es nicht angemessen, dafür äußere Umstände als Grund zu vermuten. Er tat nichts unbedacht. Und zu seiner Person äußerte er sich nie, mit einigen ganz wenigen Ausnahmen. Was könnte für einen totalen Autor persönlicher sein, als die Ankündigung eines Buches über einen ihm wichtigen Gegenstand? Sich dazu hinreißen gelassen zu haben, es anzukündigen, hätte eher zu einem zusätzlichen Motor zu seinem Abschluß werden müssen. Oder zu endgültiger Blockade. Aber dazu war er zu souverän.

Es muß etwas für diesen Autor Wesentliches gewesen sein, das ihn in diesem Fall von seiner Autorschaft Abstand nehmen ließ.

Was aber kann einen Autor davon abhalten, Geschriebenes zu dem beabsichtigten Buch zu machen?

Nur, was darin zu stehen hätte.

In jenem letzten Aufsatz über ihn den *einen Satz* zitierend, *der am genauesten sein Verfahren angibt*, verrät Blumenberg, der Phänomenologe, was ihn an Valérys Denken am meisten beeindruckte: *Es genügt hinzusehen, um zu begreifen.*

Aber wäre es auch ausreichend, um genügend zu begreifen?

Wie sehr er schließlich daran zu zweifeln begonnen haben muß, belegt der nachfolgend angeführte Satz aus Valérys Leonardo-Essay: *Ein Kunstwerk sollte immer darauf hinweisen, daß wir noch nicht gesehen haben, was wir sahen.* Jene andere der nur äußerst zurückhaltend gegebenen Antworten auf die Frage des F.A.Z.-Fragebogens nach seinem größten Fehler deutet darauf, wie übermächtig der Zweifel schließlich geworden sein mag: *Nicht genau genug sagen zu können, was ich sehe.*

Was anderes konnte das heißen, als das Buch über den, der ihn genau daran immer wieder erinnert haben mußte, ungeschrieben, und wenn nicht ungeschrieben, dann unveröffentlicht lassen zu sollen?

Ein Buch, das dem Gedanken gewidmet gewesen wäre, der nahelegen mußte, es nicht mehr zu schreiben, fehlt doppelt. Mehr als über Valéry hätte Blumenbergs Buch über diesen über ihn selbst ausgesagt.

Das aber ging zu weit. Es wäre zu viel der Indiskretion gewesen für einen, dem Diskretion über alles ging, die er nur in dem einen Fall der letzten Worte Heideggers, hätte er sie gekannt, zu brechen bereit gewesen wäre. Was er von anderen erwartete und gegen sie übte, brauchte er sich selbst nicht versagen.

Zu Lebzeiten werden die großen Geister dafür gehaßt, daß sie anderen so weniges an der gemeinsamen Sache zu tun übriglassen; sind sie verstummt und hat ihre Sache zu verblassen begonnen, wird der eine oder andere entdecken, wieviel sie noch zu tun hinterließen.

Was wäre der Verehrung mehr – und leichter – wert, als nicht überflüssig gemacht worden zu sein?

(2005)

Ausgerechnet Löwen

Eine Kunst der Fabel

Ob der Baron auch wirklich todt ist?

So fragten sich manche, als Adolph Freiherr Knigge im Mai 1796 gestorben war, nach einem ebenso kurzen wie intensiven Leben als einer der ersten freien Schriftsteller in Deutschland. Seine Zeitgenossen hatte er mit seinen Schriften ganz neuer Art, in denen er ein persönliches Nachdenken über das, was alle angeht, öffentlich machte, erschreckt und begeistert. Man mochte es zuerst nicht glauben, daß er nun verstummt sein sollte, fürchtete oder hoffte, bei der Nachricht von seinem Tod handele es sich um eine politisch motivierte Falschmeldung.

Als Hans Blumenberg 1996 starb, konnte man hören, sein Übermaß an Diskretion werde es wohl verhindern, daß es Veröffentlichungen aus seinem Nachlaß gebe, den man sich kaum umfangreich genug vorstellen mochte. Seitdem sind in ebenso rascher Folge wie zu seinen späteren Lebzeiten so viele Schriften erschienen, daß man sich erstaunt fragen mag, ob er wirklich gestorben sei, oder nicht vielleicht seinem Drang nach Verborgenheit durch die lancierte Fehlmeldung seines Todes selbst die letzte Steigerung gegeben habe, um in vollkommener Ungestörtheit weiter an seinem philosophischen Gewebe spinnen zu können.

Seit im ersten Heft des 28. Jahrgangs der *Akzente* im Februar 1981 sein Essay »Eine imaginäre Universalbibliothek« als Vorabdruck aus seinem erfolgreichsten Buch *Die Lesbarkeit der Welt* erschien, hatte der Philosoph Blumenberg nicht mehr nur ›rezipierende‹

Kollegen vom Fach, sondern von da an auch außerakademische Leser.

Kurz darauf konnte man dort im August-Heft die ersten jener Glossen und Kurzessays lesen, die Blumenberg in der Folge von einer wachsenden Öffentlichkeit als Schriftsteller eigener Prägung entdeckt werden ließen.

Eine lautete »Zweimal ein Löwe«, und gab eine äußerst verknappte rhetorische Beobachtung. Eine Miszelle aus dem Umkreis von Blumenbergs umfangreichen Studien zur Metaphorik der europäischen Welt- und Denkbilder.

Das Erscheinen des nunmehr siebten Nachlaß-Bandes bereitet die Überraschung, daß *Löwen*, so sein lapidarer Titel, selbst eines seiner ›Lebensthemen‹ gewesen sind.

Ausgerechnet Löwen. Von dem Jongleur der Überlieferungen hätte man sich ein Buch über Elefanten vorstellen können, und auch wüschen mögen, die Gedächtniskünstler unter den Tieren.

Die Logik dieser 33 Glossen ist die der Fabel. Wie in ihr geht es auch in diesen Stücken einer heiteren Deutungsvirtuosität diesseits der ›großen‹ philosophischen Obligationen nicht um das Besprochene, sondern um das, was sich anhand von ihm zeigen, oder entdecken läßt. Die Leichtigkeit, mit der dabei auch so Schwerstkalibriges wie das Theodizeeproblem erörtert wird, hat nichts von Leichtfertigkeit, und ist unendlich weit entfernt von Argumentationsnachlässigkeit, wie sie philosophischer Akademismus am Schriftsteller Blumenberg beargwöhnt. Daß man derartiges mit Vergnügen lesen kann und dennoch nicht unbelehrt bleibt, sollte endlich als ein Zeichen höchster Qualität gelten.

Auch dieses Bändchen weist verschiedene Überschneidungen mit anderen Nachlaßveröffentlichungen auf. Was bei anderen Autoren als ärgerliche editorische Nachlässigkeit stören mag, gehört bei diesem indes zur intellektuellen Signatur: wollte man es so nennen, so besteht seine ›Methode‹ eben darin, bei seinen Gängen durch die europäische Geistesgeschichte Zeugnisse immer wieder noch einmal, in den unterschiedlichsten Konstellationen und Perspektiven zu bedenken. So besagt dieselbe Anekdote etwas anderes, je nachdem sie im Kontext der ›Astronoetik‹, der ›Verführbarkeit des Philosophen‹ oder des ›gerade noch Klassiker‹ gewordenen Fontane erscheint.

Die Kontextwanderung macht weitere Regionen des Netzes von Bedeutungen sichtbar, denen Blumenberg zeit seines Lebens in seiner Ikonologie des europäischen Diskurses nachgespürt hat, indem er dem Denken in Relationen eine eigene spekulative Prägung gab. Im Nachdenken der Anekdoten und Fundstücke wird bei minimalen Bedeutungsverschiebungen der Funke eines übersehenen Sinnes geschlagen.

So, wenn er die Erstaunlichkeit bedenkt, daß Löwen und Elefanten, die in keinem Zoologischen Garten fehlen dürfen, dort scheinbar in Eintracht miteinander leben, obwohl von den beiden Tieren *das eine sehr fleischeslustig, das andere sehr fleischhaltig ist.* Das hat einen Grund, der die Fabel aktiviert: *Sie interessieren sich nicht füreinander. Das ist die solideste Grundlage fürs Überleben der einen mit den anderen. Verglichen damit wäre jede Art von ›Liebe‹ gefährlich. Etwas zum Nachdenken für die, denen es immer nicht genügen will, daß nur ›nichts passiert‹. Sicherer als die Phrase, daß nichts passieren darf, ist die, daß nichts passieren kann. Und die sicherste Bedingung dafür ist wiederum, wie es zwischen dem Elefanten und dem Löwen steht: Der eine ist für den anderen abwesend.*

Warum diese Art der Aufmerksamkeit nicht nur eine Sache individuellen Autortemperamentes ist, sondern zugleich elementaren philosophischen Anforderungen gerecht wird, verdeutlicht ein kurzer Satz im letzten Stück: *Menschen sehen nie dasselbe*, selbst dann nicht, wenn sie das gleiche anschauen. Deshalb kann nichts nicht oft und verschieden genug angesehen werden.

Für kaum einen Bereich menschlicher Existenz dürfte das von solcher Bedeutung sein wie die Politik. Hier bietet die kleine Sammlung ein Glanzstück an philosophischer Geschichtsschreibung. Der Text über »Das Abwesende am Seelöwen« erörtert anhand der unter dem Decknamen ›Seelöwe‹ vorbereiteten Invasion Englands eine Frage, die zu den immer noch nicht ganz geklärten der Zeitgeschichtsforschung gehört: *Wie führte der Führer?*

Auf viereinhalb Seiten wird so stringent erschlossen, wie der ›schwache Diktator‹ Hitler der unangefochtene ›Führer‹ bleiben konnte, daß man sich den Text in jedes zeithistorische Seminar wünscht, in dem die inzwischen klassische Kontroverse zwischen den Verfechtern eines ›monolithischen Führerstaats‹ und denen einer ›polykratischen Kompetenzanarchie‹ behandelt wird: *Das Verfahren läßt sich auf eine Formel bringen: Es war für die, mit denen Hitler sich selektiv umgeben hatte, noch wichtiger, den Willen des Führers zu kennen, als ihn auszuführen. Und den Willen Hitlers zu kennen hieß, jederzeit sicher zu sein, was er wollen würde, ohne es schon gewollt zu haben.* Das ist Analyse der modernen Tyrannis in zwei Sätzen.

Bedenken, wie sie sich gegen eine so breite Nachlaßverwertung richten mögen, wie sie im Falle Blumenbergs geschieht, gibt dieses Bändchen kaum Nahrung. Es handelt sich bei ihm um keinerlei Neben- oder Nachverwertung, zeigt den Autor vielmehr auf der Höhe seiner Kunst der philosophischen Fabel. Es ist ein ebenso kurzweiliger wie erkenntnisstiftender Beleg dafür, daß es sich bei der von diesem Autor lebenslang geübten Kunst der Glosse um keine schnurrigen Beiläufigkeiten eines Philosophen handelt, dessen Skriptomanie ihn selbst Entspannung von den Hauptarbeiten der ›großen‹ Theorie noch im Formulieren von literarischen Kleinigkeiten hätte suchen lassen.

Es zeigt sich, wie sehr der Autor die in der *Verführbarkeit des Philosophen* lapidar aufgestellte Forderung, *Philosophie darf nicht schwer sein*, auch an sich selbst richtete. Denn: *Sonst ist etwas faul bei dem, der sie vertritt – und natürlich ist bei jedem, der etwas vertritt, auch etwas faul.*

(2001)

Unterwegs mit einem Löwen

Wohin immer Hans Blumenberg fuhr, begleitete ihn ein Löwe – dessen Emblem nämlich zierte den Kühlergrill seines Peugeot 504. In überraschender Übereinstimmung mit dem Klischee des distinguierten deutschen Intellektuellen, war sein Auto kein deutsches, sondern ein französisches Fabrikat.

Für den subtilen Erforscher der Bedeutungen und ihrer Beziehungsgeflechte bedeutete es auch etwas, welche Zeichen seine Lebenswelt ausstatteten.

Löwen sind nicht Teil lebensweltlicher Unmittelbarkeiten, außer bei einem Zoobesuch. So wenig, daß man sie anwesend machen muß, wenn es einem etwas bedeutet, daß es sie gibt. Das Abwesende anwesend aber macht nur die Imagination, und sein Bild.

Die Aufmerksamkeit des Phänomenologen kann nur beanspruchen, was sich als Anschauung im Denken realisieren läßt. Der lebenspraktische Zwang, möglichst genau zu sehen, um Gefahren zu vermeiden, legitimiert auch die philosophische Haltung.

Das, was der Welt am fernsten ist, kann eine der Unmittelbarkeiten des Lebens wie die Notwendigkeit, Entfernungen zu überbrücken, und vom Wohnort Altenberge zum Arbeitsort Münster zu fahren, nicht symbolisieren. Die ihn auszeichnende Konzentration der Aufmerksamkeit auf das Nächstliegende, das er vor dem inneren Auge hat, ist vom Autofahrer als angespannter Blick auf das äußere Geschehen, in dem er sich bewegt, besonders verlangt. Dem Nächstliegenden gebührt ganze Aufmerksamkeit.

Was aber wäre für die Ansichtigkeit ferner, als Sterne? Das macht einen wenig tauglich zum Symbol lebensweltlicher Tüchtigkeit. Nun hat der Phänomenologe sich auch beim Autokauf zu bewähren, nach Husserls eisernem Gebot, einer könne man nur ausnahmslos jederzeit und überall sein. Da kann die bevorzugte Marke deutscher Autobegeisterung für ihn unter den phänomenologischen Regeln, die auch für seine lebensweltlichen Ausstattungen gelten, nicht in Frage kommen.

Dem Philosophen in seiner automobilen Bewegung voranschwebend, signalisierte das Bild des Löwen am Kühlergrill, daß er sogar das Abwesende so fest in seinem auf die Straße gerichteten Blick hatte, daß von ihm keine der Gefahren drohe, die abgelenkte Aufmerksamkeit stiftet.

So macht die Reduktion der Welt auf ihre reine Anschauung im Denken auch tüchtig für das Leben in ihr.

Fataler Besuchsversuch

Ein Löwe zuviel

> *Man denkt nur in Bildern. Willst du Philosoph sein, schreib Romane.*

Albert Camus, *Tagebücher*, Januar 1936

Im Fall dieser Maxime hat sich ein Philosoph einmal an die eigene gehalten, wie auch Jean-Paul Sartre, Camus' Kontrahent um den Existentialismus. Und sich nicht auf die Auskunft Max Schelers zurückgezogen, der, befragt, warum er seine Lebensführung nicht nach seiner Ethik richte, befand, ein Wegweiser gehe auch nicht den Weg, den er zeige. Worin Adorno einen Gipfel ›geistiger Vulgarität‹ sah.

Von ihm, dessen Verehrung für Thomas Mann im Kreis Kritischer Theoretiker für Befremden oder Belustigung sorgte, wurde kolportiert, er habe einen parodistischen Roman in dessen Stil verfaßt. Aufgetaucht ist er nicht. Er gehört zu den Büchern, die fehlen, weil man sie gerne gelesen hätte.

Daß er nicht zu lesen ist, obwohl es ihn vielleicht sogar gibt, liegt auch daran, daß der Philosoph kein Literat mehr sein darf, seit er Professor wurde. Und damit an die Literaten abtreten mußte, woraus Philosophie hervorgegangen war. Seitdem der Professor ihre Geschichte verwaltet, wurde der Philosoph wieder zu der literarischen Figur, als welcher er entstand, als der Tragödiendichter Platon seinen Sokrates erfand, um von diesem aussprechen zu lassen, was er, als Wahrheitssucher angewidert von der Lügenhaftigkeit der Kunst, nicht mehr als Drama gestalten wollte, dessen Form des Dialoges er gleichwohl übernahm. Der Professor verurteilte den Philosophen dazu, eine Figur zu werden. Außerhalb der Universität begegnet er nun als Romangestalt, bevorzugt im humoristischen Genre.

Wenn ein Philosoph selbst keinen Roman schreibt – was er, nach Camus, sollte, um einer zu sein, oder, genauer: wieder einer zu werden –, dann kann es für die, deren Metier es ist, zur Herausforderung werden, einen Roman über ihn zu verfassen.

Über Hans Blumenberg hat Sybille Lewitscharoff ihn geschrieben.

Das war geradezu zwingend. Ein Professor der Philosophie, der dennoch ein Philosoph ist, und als dieser ein Literat, muß als skurrile Ausgeburt romanesker Phantasie erscheinen. Aber es hat ihn in dieser verbotenen Kombination gegeben. Als wirkliche Person. So unbezweifelbar, daß seine Wirklichkeit zur Herausforderung der literarischen Vorstellungskraft werden mußte. Umso mehr, als die Wirklichkeiten seiner Person fast unbekannt blieben. Der ästhetischen Bestimmung entsprechend, daß Phantasie nicht das Vermögen ist, sich Unwirkliches, sondern das Wirkliche vorzustellen.

Von Balzac ist überliefert, ihm sei es zugestoßen, auf der Straße seinen Romanfiguren zu begegnen, als gäbe es sie wirklich. Nicht überliefert ist, ob sie seinen freundlichen Gruß erwiderten, oder sich nicht lieber bei ihrem Schöpfer über das ihnen zugedachte Schicksal beklagten.

Da war ein Gedanke nach außen in die Wirklichkeit getreten, die ihn geweckt hatte. Vielleicht aber war es auch nur ein Angsttraum des stets in Furcht und Fluchtbereitschaft lebenden Autors, den zeitlebens Geldnöte und Gläubiger bedrängten.

Lewitscharoff kehrt das Verhältnis um, indem sie dem wirklichen Philosophen einen seiner Gedanken erscheinen läßt, in Gestalt des Tieres, dem er zeitlebens einiges von seiner Leseraufmerksamkeit schenkte.

Anders als von Adorno, der seine Träume notierte, ist von Blumenberg nicht bekannt, ob und was er träumte; ob er ihm nicht auch Schriftform gab. Daß er nichts daraus gemacht haben sollte, ist wenig wahrscheinlich bei einem Skriptomanen, den Freuds Theorie spät, aber intensiv beschäftigte, ohne sich von ihr überzeugen zu lassen. Auch dazu mag der Nachlaß noch Überraschendes bergen.

Da man es – noch – nicht wissen kann, muß man es sich erfinden, wenn man es für interessant hält. Warum ihm also nicht im Gehäus seines nächtlichen Denkgeschäftes eines jener Tiere zu Füßen legen, über das er so viel nachgedacht hat, daß es am Ende ein zwar schmales, doch ein ganzes Buch füllen konnte? Dem, dem sich zwischen Wachen und Einschlafen Denken und Träumen vermischen mochten, nicht einen seiner Löwen erscheinen lassen?

Die daraus entwickelte Erzählung liest sich zunächst amüsant. Sie enthält einige bis dahin unbekannte Details aus dem Leben des verborgenen Philosophen, der davon nur spärlich preisgegeben hatte, was zu seiner öffentlichen Stellung gehörte, die man aufgrund des Dankes der Autorin an die über das Erbe wachende Tochter für verbürgt halten darf, und allen, die davon überzeugt sind, nur Kenntnis seiner biographischen Hintergründe lasse ein Denken ganz erschließen, wertvolle Hinweise geben. Und mancher authentische Gedanke des wirklichen Philosophen wird eingewoben.

Bis der Roman eine Wendung in immer märchenhaften Mystizismus nimmt, um sich zur unterschwelligen Dämonisierung seiner Hauptfigur zu steigern –: die sich unter seinem Personal häufenden grausamen Todesfälle wollen als Folge eines Banns erscheinen, den ihre Nähe zu ihr über sie übt. In grellem Gegensatz zur hieronymitischen Löwen-Idylle im nächtlichen Arbeitszimmer des Denkers steht das gewalttätige Leben seiner unglücklichen Schüler. Des Lesers wachsendes Unbehagen mündet in ratlose Befremdung.

Während nicht glücklich wird, wer ihm begegnet, findet er sein Glück in dem, was niemandem begegnet? Soll dies die Lehre der abstrusen Fabel sein?

Nun muß man wissen, daß Blumenbergs Lieblingstier der Elefant war, nicht der Löwe. Dieser war sein Lieblings*fabel*tier. Eine literarische Liebe also. Was zusätzlich dazu herausfordert, es zum Gegenstand einer literarischen Phantasterei um den Philosophen zu machen.

Für die Beurteilung des Romans ist das nicht gleichgültig. Denn es bedeutet, daß der Löwe, auf den er seinen Titelhelden treffen läßt, keine Verwirklichung eines vorgestellten Tieres ist, sondern die Vorstellung einer leibhaftigen Begegnung des Denkers mit einer der von ihm bevorzugten Formen des Denkens. Der Löwe der Fabel steht für die Kunst der indirekten Mitteilung von Erkenntnis. Nur auf Umwegen, war er überzeugt, läßt sie sich erlangen. Die Imagination des von einem Gegenstand seines Nachdenkens besuchten Philosophen ist die einer Begegnung mit seinem Denken. Als träte von außen an ihn heran, was sich in seinem Inneren abspielt, wie an den spazierengehenden Balzac eine seiner Romanfiguren. Dieser Löwe ist das Bild des Wunsches nach einer anderen Form von Realisierung des Denkens als der ausschließlichen des Buches, die diesem Philosophen möglich war.

Aber die Autorin läßt die damit bereitstehende Allegorie eines sich realisierenden Denkens, das phänomenologisch auf der Anschauung seiner Gegenstände beruht, ungenutzt. Was hätte sich aus diesem Bild, daß dem Philosophen realiter erscheint, was er als Erscheinung in seinem Bewußtsein betrachtet, nicht an Kritik der Phänomenologie entwickeln lassen. Stattdessen wird alles auf die Todesmetapher gesetzt, die den Roman durchherrscht. Als König der Wüste steht der Löwe für die Leere vor der Schöpfung. Das macht ihn zum Symbol des Todes als Rückfall des Lebens in die Leere des Nicht. Mit dem Tod endet auch alles Denken. Bis am Ende so etwas wie Genugtuung darüber aufscheint, daß mit dem, der ihn denkt, auch der Gedanke endet, über das Ende des Lebens hinaus lasse sich nichts denken.

Denn dem ungläubigen Katholiken Blumenberg fehlte der Trost eines Jenseits des Todes. Das weiß die Autorin: *– es war ihm nicht möglich, frei heraus zu glauben, daß man nicht einfach nur tot sei, wenn man tot ist*. Sie kennt auch die Resignationsanfechtungen seiner letzten Lebensjahre, die sie eindringlich zu schildern weiß (200; 201). Mit seinem Werk vertraut, ist ihr bekannt, daß für ihn der Löwe als Realsymbol der Weltordnung eine der wenigen realen Tröstungen war, derer es bedarf, um es in der Welt als dem einzigen Ort von Leben auszuhalten: *Auch ohne naturschützerische Gebärde muß gesagt werden, daß eine Welt ohne Löwen trostlos wäre* (Blumenberg, *Löwen*, 78).

Den vorgestellten Philosophen im Schlußsatz des Romans nun ausgerechnet von einem als Todesboten aus dem Leben nehmen zu lassen: *Da hieb ihm der*

Löwe die Pranke vor die Brust und riß ihn in eine andere Welt, muß als anmaßende Pietätlosigkeit erscheinen, umso mehr, wenn man berücksichtigt, es bei der Autorin mit einer glaubensfesten Katholikin zu tun zu haben. An den Gehalt der letzten Worte des Romans: *eine andere Welt*, zu glauben, war eben das, wozu der leibhaftige Blumenberg ganz unfähig war. Angesichts der Trostfähigkeit für die einzige Welt, die er dem Löwen zutraute, wäre eine andere Geste als der brutale Prankenhieb als letzter Auftritt angemessen gewesen, eine der Besänftigung über das unvermeidlich nun Eintretende. So aber wird der Philosoph in seinem letzten Augenblick schonungsloser Desillusionierung unterworfen. Dieser imaginäre Tod beendet nicht nur ein Leben; er bestreitet den Sinn des wirklichen, dem er angedichtet wird.

Die hintergründige – wenn nicht: hinterhältige – Pointe des Romans ist abgründig verstörend, weil sie nicht weniger als die Verwerfung ausgerechnet eines Trostes ist, zu dessen Wirksamkeit Blumenberg sich nachdrücklich bekannte. Gäbe es so etwas wie theologische Häme, wäre dies einer ihrer Musterfälle. Den Löwen als Symbol des Sterbens auftreten zu lassen, widerruft die Zuversicht, die sein literarischer Liebhaber in ihn als Symbol der Tröstbarkeit eines Lebens ohne Jenseits setzen konnte.

Das alles macht die Erzählung in ihrer Konstruktion ebenso wie in ihrem gedanklichen Untergrund zu einer einzigen großen inquisitorischen Szene, nach einem Widerruf verlangend, indem sie unterstellt, er müsse in der verschlossenen Kammer der Philosophenseele angesichts des Letzten stattgefunden haben. *Kann es irgend als angemessen, als glaubwürdig gelten, dass ein solcher kompromissloser Alleszermalmer wie der Antitheologe Blumenberg sich durch die Schi-*

ckung eines ›Maskottchens‹, wie es in der Erzählung mit Blick auf den Löwen ausdrücklich heißt, von der destruktiven Eigendynamik seiner detektivischen Spekulationen abbringen und sich mit Gott und aller Welt versöhnen ließe? Im Leben nicht (Recki, »*Blumenberg* oder Die Chance der Literatur«, 328). Am allerwenigsten aber im Tod, zu dessen Feier das Ganze mißrät, weil sie nur suggeriert, aber nicht ausgesprochen wird. Als geschähe die Verwandlung seines Trösters in seinen Töter dem unbelehrbaren Ketzer nur recht.

Indem der Roman die Not des Philosophen, sein Leben könne gescheitert sein, zur Gewißheit erklärt, scheitert er. Triumphierend beugt eine Glaubens-Fratze sich über den, den sie in der Vorstellung seines letzten Moments seines schönsten Trostes beraubt.

Hans Blumenberg, *Löwen*, Frankfurt a. M. 2001
Sybille Lewitscharoff, *Blumenberg*. Roman, Berlin 2011
Birgit Recki, »*Blumenberg* oder Die Chance der Literatur«, in: *MERKUR*, Heft 4, 66. Jahrgang, April 2012, 322–328

Ein-Satz-Theorie des Romans

Und deren Einlösung durch Georges Perec

Als seine Stoffe mit Überlegung, technischer Raffinesse und schriftstellerischer Lust komponierender Autor, der zeitlebens ein leidenschaftlicher Leser auch belletristischer Prosa war, vorausgesetzt, sie war wahrnehmungsreich und handlungsarm genug, sich von ihr auf die Ideen bringen zu lassen, die in ihr geborgen liegen, wußte Blumenberg so gut, wie Romane ›gemacht‹ werden, daß man sich fragen könnte, warum er selbst keinen geschrieben hat. Er beließ es lieber beim Genuß des Lesers.

Und bei der Theorie literarischer Ästhetik.

In deren Zusammenhang hat er über die Möglichkeit des Romans nachgedacht, auf dem ersten Kolloquium der von ihm, Clemens Heselhaus, Wolfgang Iser und Hans Robert Jauß initiierten und geleiteten, schnell legendär gewordenen Forschungsgruppe ›Poetik und Hermeneutik‹, das im Juni 1963 in Gießen *Nachahmung und Illusion* gewidmet war.

In der letzten der acht Sitzungen, die dank des Selbstbewußtseins eines auf Solidität gegründeten Akademismus' protokolliert, transkribiert, von den Autoren überarbeitet und mitveröffentlicht wurden, so daß sie heute als eine Fundgrube verborgener Anregungen in den Universitätsbibliotheken einer immer unwahrscheinlicher werdenden Wiederentdeckung entgegendämmern, diskutierte man über Jauß' Beitrag über Diderot.

Auch anspruchsvolle Gespräche neigen, je länger sie dauern, schließlich zur Zerfahrenheit. Das Ende dieses Gespräches im Blick, lenkt der darüber unwillig werdende Hans Blumenberg die Aufmerksamkeit seiner Mitdiskutanten mit der raschen Geste einer autoritären Verbindlichkeit auf ihren Gegenstand zurück – *Ich möchte daran erinnern, daß wir über den Roman sprechen* –, und pointiert als vorweggenommene Zusammenfassung noch einmal seine ontologische Theorie des Romans, die er in seinem Eröffnungsvortrag ausgeführt hatte.

Der Roman beansprucht Ungeheuerliches: die Vergegenwärtigung von Realität, ja einer Totalität von Realitäten, ohne Inanspruchnahme der Sinnlichkeit und mit Mitteln, die weniger dazu geeignet sind als die anderer Künste, nämlich mit bloßen Bedeutungs- und Zeichenmitteln. Der Roman ist eine Gebrauchsanweisung für die Setzung von Wirklichkeit, die dem Leser zugemutet wird und seinem ästhetischen Bedürfnis entspricht. Der Autor verweist nur auf die Realität, zu deren Konstitution er die Anweisungen gibt; aber er bürgt auch für das, worauf er die Anweisung (im Sinne von Schatzanweisung) ausstellt. Dazu verhilft ihm das Detail; denn nicht der Erzähler bürgt als Erzähler, mit seiner Person oder Glaubwürdigkeit – dann gehörte der Roman zum Wirklichkeitsbegriff der cartesischen ›Garantie‹ –, sondern die Funktion des Details selbst ist verbürgend, aber eben nur innerhalb eines Kontext-Begriffes von Wirklichkeit: weil es, unterstellt als bloße Fiktion, im Kontext unwahrscheinlich erscheint, macht es die Nicht-Fiktion seiner selbst und – durch die Kontextur des Ganzen, in dem es ›vorkommt‹ – des Ganzen wahrscheinlicher.

Dennoch, oder gerade deshalb, ist jeder Realismus des Romans enttäuschend. Er gibt immer zu wenig von der uns auf die Haut rückenden Wirklichkeit. Der Roman ist in die Problematik seiner Realisierung so eingespannt, daß sein Gehalt an Realitäten gegenüber der

Evokation der Realität dieser Realitäten sekundär bleibt, sowohl in der Anstrengung des Autors wie in der des Lesers (Nachahmung und Illusion, 244).

Beachteten Romanciers, was Literaturwissenschaftler und Philosophen über ihr Treiben herausfinden, lohnte es sich für sie, hier hellhörig zu werden.

Die Theorie des Romans in einem Satz: *Der Roman ist eine Gebrauchsanweisung für die Setzung von Wirklichkeit, die dem Leser zugemutet wird und seinem ästhetischen Bedürfnis entspricht*, ist nicht nur die Anregung zu einem Roman, der zu zeigen hätte, wie diese erwünschte Zumutung des Romans funktioniert; sie enthält auch dessen möglichen Titel.

Der ebenso unabdingbare wie unmögliche Realismus des Romans ist kein Selbstzweck. Er unterliegt der umfassenderen Erwartung, die sich alles unterwirft, was immer den Bedingungen eines erforderlichen Realismus' unterworfen sein kann: es ist das Leben selbst, zu dessen Verständnis und Erträglichkeit beizutragen, allen Künsten das Maß, wenn auch nicht unbedingt des Realismus', so doch der Realitätsverträglichkeit auferlegt. Kein Kunstwerk darf so ›unrealistisch‹ sein, daß einer, der sich mit ihm abgibt, sich und sein Leben in ihm nicht wiederfinden könnte. Deswegen ist die höchste Kunst des Romans, von dem zu handeln, was alle kennen, ohne trivial zu sein; deswegen auch ist die verbreitetste Romankunst die Ausbreitung von Trivialitäten.

Derart ›rezeptionsästhetisch‹ erweitert, ergibt Blumenbergs Ein-Satz-Theorie des Romans einen Maßstab, dem alle Versuche in der Kunst des Romans unterliegen, die nicht darauf angelegt sind, beim Publikum keinen Erfolg zu haben: so beschaffen sein zu müssen, daß sie als eine ›Gebrauchsanweisung‹ für das Leben ihrer Leser fungieren können. Das macht ihren Realismus aus. Genügen sie ihm, können ihre Inhalte so unrealistisch-phantastisch sein, wie sie wollen.

Gelesen als mögliche Aufgabe für einen Romancier, weckt Blumenbergs Ein-Satz-Theorie des Romans das Verlangen nach dem Roman über den Roman.

Der Romancier, der es sich, angeregt durch sie, einfallen ließe, ihn schreiben zu wollen, erlebte damit, was jeder, der einen Einfall hat, erleben muß, festzustellen, daß er nicht der erste ist, ihn zu haben. Es gibt ihn, natürlich.

Es ist nicht Thomas Manns Appendix eitler Selbstbespiegelung zu seinem *Doktor Faustus*, dem er den hübschen Teetischtitel *Roman eines Romans* gab; es ist André Gides 1925 erschienenes Meisterstück *Die Falschmünzer*. In ihm ist die retrospektive Anweisung der späteren Theorie, die Blumenbergs Satz verdichtet, in Vollendung erfüllt.

In einer als Modell philosophischer Literaturkritik bis heute unübertroffenen Analyse hat Ferdinand Lion 1932 dessen Leistung pointiert. *Es handelt sich nur noch um den Roman eines möglichen Romans, also im höheren Sinn auch um eine Falschmünzerei, denn wir werden um den Roman, der versprochen wird, fortwährend betrogen. Indem er vor unseren Augen entsteht, ist er, wie alles Entstehende, kaum noch faß- und greifbar* (Geheimnis des Kunstwerks, 61 f.).

Ohne den direkten Bezug gelesen, klingt diese Charakterisierung wie die Anweisung zum Verfassen von Italo Calvinos Verwirrspiel *Wenn ein Reisender in einer Winternacht* von 1979, das den Realismus des Potentiellen, auf den der Roman verpflichtet ist, auf die Spitze treibt, indem er den Leser zum Verfasser des Romans werden läßt, den es nicht gibt.

Calvino gehörte zu Raymond Queneaus Pariser ›L'Oulipo‹-Kreis, der ›Werkstatt für potentielle Literatur‹, wie sein Freund Georges Perec. Dieser hatte vier Jahr zuvor, 1975, das bedeutendste Meisterstück, das diese Werkstatt je verließ, veröffentlicht.

Das Buch, das sein Leben als Autor vollendete, indem es das der Person verzehrte, trägt den Titel, der in Blumenbergs Ein-Satz-Theorie des Romans zum Greifen nahe liegt: *La vie. Mode d' emploi. Romans – Das Leben. Gebrauchsanweisung. Romane.*

Das aus Jules Vernes *Michel Strogoff* genommene Motto zu dieser Verwirklichung einer Immanenz eines Satzes eines Philosophen könnte dessen eigenem Lebenswerk voranstehen: *Schau mit beiden Augen, schau.*

Daß beide voneinander so gewußt haben sollten, daß in klassisch geistesgeschichtlicher Manier irgendein noch so geringer ›Einfluß‹ angenommen werden könnte, ist sehr unwahrscheinlich. Denkbar am ehesten noch, daß der Philosoph den Roman kannte; nicht, daß der Romancier von dessen Theorie wußte. Aber ›dekonstruktivistisch‹ belehrt, macht man sich keiner unverzeihlichen Abwegigkeit mehr schuldig, Bezüge auch dort zu sehen, wo es Beziehungen nicht gibt. Das Leben des Geistes bedarf zwar derer, die ihn betreiben, vollzieht sich aber auch über deren Köpfe hinweg, und um sie herum.

Keine Äußerung bleibt folgenlos. Den Mechanismus von Ursache und Wirkung, den unser Realismus uns als zweite Natur eingeprägt hat, braucht es dazu gar nicht. Wirkungen ohne Ursache treten als Konstellation hervor.

Einer Fabel darf eine Moral nicht fehlen. Sieht man diese Konstellation als eine an, läßt sich ihr eine das Ethos des Theoretikers betreffende ablesen: Sage nichts so, daß du mit der Einlösung der potentiellen Anweisung, die alles, was du sagst, auch enthält, nicht einverstanden sein könntest.

(1993/2005)

Ferdinand Lion, *Geheimnis des Kunstwerks*, Stuttgart-Berlin 1932
Nachahmung und Illusion, Poetik und Hermeneutik I, hg. von Hans Robert Jauß, München 1969

Der unendliche Autor

Wir werden den von Hans Blumenberg ursprünglich ins Auge gefaßten Schluß seines Werkes nicht kennenlernen. Er hat den Weg dorthin vor Jahren schon versperrt.

Das Resumé, mit dem Henning Ritter seinen Nachruf in der F.A.Z. am 4. April 1996 schloß, ist nicht das Schlußwort zu Autor und Werk geblieben. Wie wenig man dieses selbst als vollständiger Leser des von ihm Veröffentlichten kannte, sollte die spät, dann umso intensiver einsetzende Erschließung seines Nachlasses in der Fülle posthumer Veröffentlichungen ebenso verblüffend wie bestürzend demonstrieren. Ein Ende des posthumen Werkes ist noch nicht in Sicht. So wenig, daß seinen Lebensleser die Angst beschleicht, am Ende nicht genügend eigene Lebenszeit zu haben, um noch aufzunehmen, was alles noch erscheinen mag.

Genau darin sah Blumenberg eine unzulässige Zumutung weniger der Herausgeber, als der Autoren dessen, was Gesamtausgaben versammeln, denen auch Unveröffentlichtes aus Nachlässen einverleibt wird.

Ausgesprochen hat er es im Blick auf Fontane, einen der Autoren, denen sein lebenslanges Interesse als Leser so sehr galt, daß es eigene Texte zeitigte.

Der Autor muß an den Leser denken, den er zur Resignation angesichts der Quantität seiner Reifungen treiben könnte, an den Entmutigten, der wünschen mag, soviel Lesezeit zu haben für seinen treu im Vollzug gehaltenen Autor, aber die ›Überforderung‹ seiner Zeitressourcen nicht verzeiht. Schließlich möchte er selber leben und erleben, nicht nur leben lassen (»Eine Mine im Nachlaß«, 22).

Dies zu vermeiden, konnte er für sich selbst nicht sicherstellen. Wenn auch nicht in Gestalt einer Gesamtausgabe, so doch in der Serie von Nachlaßveröffentlichungen, die in immer kürzeren Abständen erscheinen. Als gelte es, zwei Jahrzehnte nach seinem Tod das Interesse seiner Leserschaft durch massives Angebot vor dessen zu befürchtendem Erlahmen zu bewahren. Selbst auf die Gefahr hin, dieses damit durch Überforderung zu beschleunigen.

Seine themengebundenen Rezipienten mag das unberührt lassen; seine Leser muß es dauerhaft beunruhigen. Denn seine Schriften haben die Potenz, einen, der sich einmal auf sie eingelassen hat und von ihnen ergriffen wurde, zum totalen Leser werden zu lassen. Man legt sie nach einigen Seiten beiseite, oder wird süchtig nach mehr, wenn die letzte Seite eines Buches umgeschlagen ist. Es braucht Disziplin, die Zeit geduldig abzuwarten, die verstreicht, bis die angekündigte nächste Veröffentlichung erschienen sein wird. Wie das Internet süchtig machen kann, so bedient es die Sucht des totalen Blumenberg-Lesers, der immer wieder auf den Ankündigungsseiten seines Verlages nachsieht, wann mit Nachschub seines Stoffes zu rechnen ist.

Glücklicher Autor, dessen Schreibsucht ihr genaues Gegenstück in der Lesesucht eines Lesers findet.

Hans Blumenberg, »Eine Mine im Nachlaß«, in: *Gerade noch Klassiker. Glossen zu Fontane*, München-Wien 1998

Eine beiläufige Promotion

Hitlers Ideen

Hitlers Stärke war, darauf zu bauen, nicht ernst genommen zu werden. Tue das Unwahrscheinliche, und du mußt Erfolg haben. Diese Maxime, die ihm sein Danziger Statthalter Hermann Rauschning in seinen fiktiven *Gesprächen* mit ihm treffend unterstellte (*Gespräche mit Hitler*, 13), entspricht in genauer Umkehrung der Strategie der ›offenen Verschwörung‹, die Herbert George Wells für eine weltumspannende humanistische Politik des Fortschritts entworfen hatte (H.G. Wells, *Arbeit*, 474–481).

So konnte das Offenbare übersehen werden, wie später die Folgen dessen, was man nicht gesehen haben wollte.

Es war ein schreckliches Erwachen, und wir durften uns wohl alle nicht ganz davon freisprechen, daß wir es an staatsbürgerlicher Aktivität vorher hatten fehlen lassen. Wir hatten Hitler und die Seinen unterschätzt und folgten darin freilich der liberalen Presse. Keiner von uns hatte Mein Kampf *gelesen, wohl aber hatte ich mir Alfred Rosenbergs Der Mythus des 20. Jahrhunderts, lt. Frankfurter Zeitung die philosophische Darstellung des Ideengutes des Nationalsozialismus, zu Gemüte geführt, und daß ich in diesem verblasenen Zeug keine Gefahr sah, ist wohl zu verstehen. Es war die allgemeine Überzeugung in intellektuellen Kreisen, daß der zur Macht gekommene Hitler den vielen Unsinn, den er als »der Trommler« von sich gegeben hatte, nun abbauen würde, und wir rechneten den Antisemitismus ebenfalls dazu. Wir sollten es anders lernen* (Gadamer, *Philosophische Lehrjahre*, 51).

Es war nicht nur ›staatsbürgerliche‹ Nachlässigkeit. Der Kastenhochmut der ›gebildeten Gesellschaft‹ übersah nicht nur, sondern hielt für ausgeschlossen, daß hinter der braunen Herrschaft ein Denken stand. Auch der ›Ungeist‹, als das es galt, ist eine Gestalt des ›Geistes‹. *Auch der Unmensch bleibt insofern noch Mensch, als er nicht ohne Theorie sein schreckliches Werk vollbringt* (Sternberger, »Intellektuell«, 57). So schwer es einem auch fallen muß, das hinzunehmen. Es nur hinzunehmen, aber reicht nicht. Es muß im Denken auch ernstgenommen werden.

Auch im nachhinein läßt die beispiellose Brutalität, mit der die Machthaber des Dritten Reiches ihre Politik betreiben, den Anteil von Gedanken daran übersehen. Aber es stimmt nicht, daß sie sich auf Propaganda beschränkt, und der geistigen Dimension ihres Vorhabens keine Bedeutung beigemessen hätten. Der unbürgerliche Heidegger hatte dafür ein so genaues Gespür, daß die Eile, mit der er sich dem Regime andiente, kein bloßer Opportunismus war, wie er schnell allerorten aufblühte. Tatsächlich waren sie darauf bedacht, ihr ›Gedankengut‹ in den wissenschaftlichen und kulturellen Institutionen durchzusetzen. Deren ›Gleichschaltung‹ wurde unter großem Aufwand an Geld und Personal vom ersten Tag an betrieben. Dabei war ihnen wie in allen übrigen gesellschaftlichen Einrichtungen ein Heer junger, tüchtiger und ehrgeiziger Mitarbeiter bereitwillig ohne jeden Zwang zu Diensten.

Zur geistespolitischen Aufrüstung auch der Philosophie gehörte die Definition eines ›deutschen‹ Denkens, an der Gelehrte wie Erich Rothacker, Alfred Bäumler, Arnold Gehlen, Joachim Ritter mitwirkten, deren geisteswissenschaftlicher Rang unbestreitbar war, und geblieben ist.

Vorbereitet war sie durch Unternehmungen wie die Wilhelm Wundts, der 1916, mitten im Weltkrieg, eine kurze Geschichte der europäischen Philosophie veröffentlichte, die ihren Gang durch die Eigenheiten eines Nationalgeistes der Völker geprägt sah, die ihre Epochen bestimmten. Wundt läßt ihn münden in den deutschen Idealismus, und dessen gerade stattfindende Wiederentdeckung. *Der deutsche Idealismus ist wiedererstanden, auch bei solchen, denen er in einer langen Friedenszeit verlorengegangen war. Er regt sich als der Idealismus der Tat in der Seele des gemeinen Mannes, der nichts von Philosophie weiß, wie in der des Gebildeten, der sich vielleicht in allen Systemen umgesehen und von keinem befriedigt gefunden hat. Die Tat ist hier mehr wert als alle Philosophie* (Wundt, *Die Nationen*, 123).

Das ist das genaue Echo der Reden Fichtes an die deutsche Nation in der Mobilisierung gegen Napoleon, die auf seiner Idee der ›Tathandlung‹ ebenso beruhten, wie seine Wissenschaftslehre vom Bewußtsein, das die Wirklichkeit, die es erkennt, selbst erst ›setzt‹, und erinnert an die Gänsehaut, die Heine mit seiner prophetischen Vision künftiger deutscher Soldaten als bewaffneten Fichteanern wecken konnte.

In seiner Schrift *Descartes und der französische Geist*, die der Felix Meiner Verlag in Leipzig 1937 als Band 6 seiner Reihe »Wissenschaft und Zeitgeist« zur Dreihundertjahrfeier des *Discours de la Méthode* herausbrachte, vermeidet der Romanist Hugo Friedrich strikt jeden Anklang an den Zungenschlag der Zeit, und kann sich doch nicht ganz von dem zeitgeistnotorischen Nationalgeistchauvinismus freihalten, wenn er feststellt: *Denn der Franzose liebt die einfache Formel, auch die psychologische seiner Nation.* Daß er Paul Valéry dazu als Zeugen anführt, enthebt ihn jeden

Verdachtes (60 f.). Dazu paßt mein Exemplar aus dem Nachlaß des Holzschneiders Willi Dirx. Das einfache Schwarz-Weiß war die dürftige Palette des Zeitgeistes, der Geist nur noch als Auslöser von Taten gelten lassen wollte.

Daß die dritte Reihe nun die ersten Posten und Leitungsfunktionen besetzte – *was sich plötzlich als Nationalsozialist entpuppte, war früher so gut wie unbemerkt geblieben* (Gadamer, a.a.O.) –, hat diese Bezüglichkeiten im Rückblick der verspäteten ›Aufarbeitung‹ leicht noch einmal verkennen lassen.

In der Philosophie gab es nun nicht nur – und nicht *nur* als ›Sklavensprache‹ – Anpassungen an die Sprachregelungen der nazistischen Ideologie. Auch der Nazismus hatte seine Philosophie. Und nicht alles daran war indiskutabel, wie Hans Heyses *Idee und Existenz* (1935), oder Franz Böhms *Anti-Cartesianismus* (1938). Die Philosophie des Handelns, die der junge Arnold Gehlen, der seine Karriere gerade mit Lehrstuhlvertretungen für entlassene jüdische Professoren begann, aus seiner Fichte-Interpretation bezog, war akademisch unangreifbar. Und rechtfertigte das Handeln des Regimes, auch ohne es eigens aussprechen zu müssen (vgl. Steffens, *Wiederkehr*, 136). Die offene Huldigung dann in *Der Mensch* von 1941 wäre gar nicht nötig gewesen.

Das alles im Hinterkopf, liest man es anders, wenn Hans Blumenberg im Titelstück seiner Überlegungen zur *Verführbarkeit des Philosophen* schreibt: *1936, im Jahr der Berliner Olympiade und einer gewissen damit verbundenen Zurücknahme der braunen Rigidität, war Löwith schon auf der ersten Station seiner Schicksale als Emigrant, in Rom, im zwar faschistischen, aber von Hitlers Ideen noch nicht überwältigten Italien* (102).

Daß Ideen ›überwältigen‹ können, und nicht nur Besatzungstruppen und Einsatzgruppen, entspricht jenem Idealismus, der die Idee der Tat vorausgehen sieht, wie Heine den Blitz dem Donner in seiner Fichte-Kritik. Sollte der bedächtige Virtuose der Nachdenklichkeit hier einmal unbedacht formuliert haben?

Den Begriff der ›Idee‹, der für sein Metier der wichtigste überhaupt ist, verwendet ein Philosoph nicht bedenkenlos. Der Kontext, in dem hier von den Ideen Hitlers gesprochen wird – Heideggers Bekenntnis zum Nationalsozialismus gegenüber seinem jüdischen Schüler Karl Löwith bei ihrer Begegnung in Rom –, erlaubt keinen Zweifel daran, daß es in der Überzeugung geschieht, sie müßten *als* Ideen philosophisch so ernstgenommen werden, wie der Diktator selbst es todernst tat, der in seinen *Tischgesprächen* gerne von sich sagte, hätte er nicht Politiker werden müssen, wäre er Künstler oder Philosoph geworden. Nicht sie allein setzten seine Truppen in Gang; aber, *daß* er sie mobilisierte. Mehr noch: daß sie sich auch in Bewegung setzen *ließen*. Wenn auch, anders als im August 1914, ohne Begeisterung. Keine Macht ist so mächtig, Millionen Soldaten über Europa herfallen zu lassen, ohne daß sie vom Sinn dieses Krieges, wie sehr auch widerstrebend, und seiner Notwendigkeit überzeugt gewesen wären.

Der Denker Heidegger nahm die Ideen dahinter ernst. Nicht, um sich in die Politik des ›Führers‹ verstricken zu lassen, sondern um von sich aus in sie hineinzustreben, weil er sein Denken in ihr wiederfand. Er hatte beim Wort genommen, was das akademische Milieu, in dem er zwar widerwillig, aber vollständig lebte, so lange voller Verachtung belächelt, wenn überhaupt beachtet hatte.

Daß der Diktator seine Herrschaft auf Ideen gründete, hatte er nicht nur mit seiner eigenen Autorschaft ihres Programms beansprucht. Wie ernst er sie nahm, zeigte sich in seiner doppelten Schirmherrschaft über Wagners Bayreuth und das von Nietzsches Schwester Elisabeth geleitete Weimarer Nietzsche-Archiv. Die legitimierenden Referenzen konnten nicht anspruchsvoll genug sein. Es war nicht nur *Mussolinis Leidenschaft für Nietzsche, die den eher distanzierten Hitler seine Gunst den Projekten der bald neunzigjährigen Elisabeth zuwenden ließ, ihre Bedenkenlosigkeit in Bündnissen zu der Auffütterung seiner Ideen nutzend, die aus ihnen stets vergeblich eine ›Weltanschauung‹ werden lassen sollte* (Blumenberg, *Höhlenausgänge*, 636). Dazu gehörte, in das Fundament des Ehrenmals der Schlacht von Tannenberg, die den Ostfeldzug im Ersten Weltkrieg siegreich entschied, neben Hitlers eigenem *Mein Kampf* und Alfred Rosenbergs *Mythus des XX. Jahrhunderts* auch Nietzsches *Zarathustra* einzulassen. Hitlers zahlreiche Besuche in Weimar waren nicht nur propagandistischer Natur. Mit ihnen stattete er auch der Schwester, der größten Last in Nietzsches Leben, seinen Dank ab. Indem sie ihrer aller Philologie spottenden Fälschung seines aus Nachlaßschriften willkürlich zusammenkompilierten angeblichen Hauptwerkes den Titel *Der Wille zur Macht* gab, lieferte sie Hitler die ideelle Parole seiner Politik.

Es sollte dem französischen Juden und Heideggerianer der ersten Stunde Emmanuel Lévinas vorbehalten sein, den Nazismus nicht nur philosophisch, sondern *als* eine Philosophie ernst zu nehmen. Im Novemberheft der Zeitschrift *Esprit* veröffentlichte er 1934 »Einige Überlegungen zur Philosophie des Hitlerismus«. Sich über deren *Phrasenhaftigkeit* nicht täuschend, findet er in *Hitlers Philosophie* das *Heimweh zum Be-*

wusstsein kommen, *das tief in der deutschen Seele schlummert. Der Hitlerismus ist mehr als eine Seuche oder eine Verwirrtheit des Geistes; er ist das Erwachen elementarer Gefühle. Und genau deshalb wird er als philosophisches Phänomen interessant – und schrecklich gefährlich. Denn in diesen elementaren Gefühlen verbirgt sich tatsächlich eine Philosophie. In ihnen nämlich drückt sich die Grundhaltung der Seele dem Ganzen der Wirklichkeit wie dem eigenen Schicksal gegenüber aus. Sie legen die Richtung der abenteuerlichen Reise, die die Seele in der Welt zu bestehen hat, fest oder lassen sie zumindest erahnen* (Lévinas, »Überlegungen«, 23–34).

Man muß kein Experte der Gnosis sein, um bei der Formulierung von der ›Reise, die die Seele in der Welt zu bestehen hat‹, aufzuhorchen. Worauf hier nur angespielt wird, erweist den Nationalsozialismus in eingehenderer Geneaologie als eine ›gnostische Revolte‹ (vgl. Steffens, *Wiederkehr*, 147–154).

Blumenberg wußte genau, was Gnosis ist. Die Beiläufigkeit, mit der er seinerseits Hitlers ›Ideen‹ ernst zu nehmen zu erkennen gab, gibt einen subtilen Hinweis auf das verborgene Hauptmotiv seiner Geschichtsphilosophie der Neuzeit. Deren Bestimmung als zweiten Versuch nach dem ersten der christlichen Dogmatik zur Überwindung der Gnosis mag nicht ihren Ursprung in seiner persönlichen Erfahrung des Nationalsozialismus gehabt haben; wäre ohne sie aber nicht möglich gewesen, oder anders ausgefallen.

Das Scheitern dieses zweiten Versuches, den Verdacht der Weltlosigkeit aus dem europäischen Denken zu verbannen, ließ den Nationalsozialismus zum politischen Rezidiv der Gnosis und ihrer extremsten Konsequenz werden, der Menschenungemäßheit der Welt als Folge einer bösartigen Schöpfung nur durch Übersteigerung des Bösen begegnen zu können. Das Böse, dem der Mensch sich überantwortet, kann nicht verwerflich sein, wenn die Welt, die ihn zu dem machte, was er ist, selbst böse *ist*.

Hans Blumenberg, *Die Verführbarkeit des Philosophen*, Frankfurt a. M. 2000
Hans Blumenberg, *Höhlenausgänge*, Frankfurt a. M. 1989
Hugo Friedrich, *Descartes und der französische Geist*, »Wissenschaft und Zeitgeist« Band 6, Leipzig 1937
Hans Georg Gadamer, *Philosophische Lehrjahre*, Frankfurt a. M. 1977
Emmanuel Lévinas, »Einige Überlegungen zur Philosophie des Hitlerismus« (1934), in: ders., *Die Unvorhersehbarkeiten der Geschichte*, Freiburg/München 2006, 23–34
Hermann Rauschning, *Gespräche mit Hitler*, Zürich/Wien/New York 1940
Andreas Steffens, *Philosophie des 20. Jahrhunderts oder Die Wiederkehr des Menschen*, Leipzig 1999
Dolf Sternberger, »Intellektuell«, in: Sternberger/Storz/Süskind, *Aus dem Wörterbuch des Unmenschen*, Hamburg 1957, 54–57
Herbert George Wells, *Arbeit, Wohlstand und das Glück der Menschheit*, Berlin/Wien/Leipzig 1932, Bd. II
Wilhelm Wundt, *Die Nationen und ihre Philosophie. Ein Kapitel zum Weltkrieg*, Leipzig 1916

Auschwitz am Himmel

Mit seinem ersten Auftritt als Philosoph hat der junge Adorno eines der Leitmotive seines Lebenswerks gesetzt. Mit schneidender Selbstgewißheit präsentiert der jugendliche Privatdozent am 15. Juli 1932 in der Frankfurter Kant-Gesellschaft seine Idee der ›Naturgeschichte‹.

Der tiefste Punkt, in dem Geschichte und Natur konvergieren, ist eben in jenem Moment der Vergänglichkeit gelegen. – Natur selbst ist vergänglich. So hat sie aber das Moment der Geschichte in sich. Wann immer Geschichtliches auftritt, weist das Geschichtliche zurück auf das Natürliche, das in ihm vergeht. – Es ist in Wahrheit die zweite Natur die erste (»Die Idee der Naturgeschichte«, *Schriften* 1, 357 f.; 359; 365).

In der *Negativen Dialektik*, der Summe seines Philosophierens, bestimmt sie 1966 deren Bilanz.

Die Objektivität des geschichtlichen Lebens ist die von Naturgeschichte. – Die Behauptung eines in der Geschichte sich manifestierenden und sie zusammenfassenden Weltplans zum Besseren wäre nach den Katastrophen und im Angesicht der künftigen zynisch. Nicht aber ist darum die Einheit zu verleugnen, welche die diskontinuierlichen, chaotisch zersplitterten Momente und Phasen der Geschichte zusammenschweißt, die von Naturbeherrschung, fortschreitend in die Herrschaft über Menschen und schließlich die über inwendige Natur. Keine Universalgeschichte führt vom Wilden zur Humanität, sehr wohl eine von der Steinschleuder zur Megabombe. – Zu definieren wäre der Weltgeist, würdiger Gegenstand von Definition, als permanente Katastrophe (*Schriften* 6, 347; 314).

Aus einer ontologischen Idee wurde die Essenz der Erfahrung der Geschichte. Am Ende des Jahrhunderts erweist der an seinem Beginn gefaßte Gedanke sich als eines seiner Vermächtnisse an eine Nachwelt, die verstehen will, was sie zu dem machte, als was sie sich erfahren muß, wenn sie es noch wollen wird –: daß die Geschichte, die die Menschen ›machen‹, Teil der Welt als Natur ist, gegen die sie sich mit allem, was sie machen, zu behaupten suchen.

Besonders an der frühen Nachkriegs-Prosa Hans-Erich Nossacks hat W.G. Sebald gezeigt, wie die Literatur die Symptome dafür kenntlich macht, *daß die kollektive Katastrophe den Punkt markiert, auf dem Geschichte in Naturgeschichte zurückzufallen droht. Inmitten der ruinierten Zivilisation versammelt sich das übriggebliebene Leben, um in einer anderen Zeit wieder von vorne zu beginnen* (W.G. Sebald, »Zwischen Geschichte und Naturgeschichte«, 85).

So spärlich die biographischen Informationen auch sind, reichen sie doch aus, um zu begreifen, wie sehr die frühe Erfahrung der Todesbedrohung durch die Rassenpolitik des Regimes das Denken Hans Blumenbergs bestimmte. Für seine Philosophie gilt jene Maxime, die sich der französische Nationalismus für die Revanche des Verlustes von Elsaß-Lothringen im Krieg von 1870/71 auferlegte: immer daran denken, nie davon reden. Ausgesetzt hat er sie nur in einigen seiner kleineren Essays, die nicht deshalb weniger bedeutend sind, weil sie sich als Früchte permanenter Lektüre systematischer Erörterung enthalten.

Ein einziges Mal hat er von Auschwitz gesprochen. Und auch da, ohne es zu nennen. In der ihm gemäßesten Weise: auf einem Umweg.

Ihn wies eine Episode aus dem Unsinns-Programm einer ›deutschen Physik‹, von der erwartet wurde, die

›jüdische‹ Relativitätstheorie zu widerlegen. Im Dezember 1943 sah sich die Sternwarte in Berlin-Treptow genötigt, eine Meldung zu dementieren, die die *Deutsche Allgemeine Zeitung* in ihrer Ausgabe vom 16. November verbreitet hatte: zwischen dem Merkur und der Sonne sei ein Stern von der Größe der Erde entdeckt worden, der in die Garantin des Lebens auf ihr zu stürzen drohe. Hätte dies gestimmt, wäre das nicht nur eine Sensation gewesen, sondern die Ankündigung einer kosmischen Vernichtung, die alles Geschehen auf der Erde durch ihre katastrophalen Folgen für sie vollständig entwertet hätte. Was hätte der gerade mit Stalingrad wahrscheinlich gewordene Verlust des totalen Krieges, den man gegen die Welt führte, noch bedeutet, wenn für diese eine totale kosmische Bedrohung zu befürchten war?

Das Ergebnis *einer etwas größeren Anstrengung der Kunst der Vermutung*, die Hans Blumenberg diesem Stück theorieverbrämter Kriegshysterie widmet, läßt erahnen, wie total der Weltanspruch des Nationalsozialismus tatsächlich gewesen ist, dessen Vernichtungspraxis er selbst in der in Rede stehenden Zeit ausgesetzt war.

Ein Planet innerhalb der Bahn des Merkur mußte der Astronomie in Deutschland erwünschter sein als irgendwo sonst. Er hätte die Störung in der periodischen Wanderung des sonnennächsten Punktes der Merkurbahn erklären können, auf die sich die Relativitätstheorie als eines der erst durch sie erklärten Folgedaten berufen hatte. Zum Verständnis bedarf es eines kurzen astrophysischen Exkurses. *Zum längst volkstümlich gewordenen Erfahrungsschatz der klassischen Planetentheorie hatte gehört, daß jede an der Bahn eines Planeten auftretende Abweichung von den nach Newton zu erwartenden Werten auf einen noch unbekannten Himmelskörper schließen ließ, für den aus solchen Irregularitäten sogar die Bahndaten vor jeder Beobachtung hatten errechnet werden können. So war am äußersten Rand des Sonnensystems der Neptun und schließlich Pluto gefunden worden. Nun wäre, wer die Anstößigkeit der Perihel des Merkur durch Entdeckung eines weiteren Planeten hätte erklären können, zum theoretischen Helden des herrschenden Systems und der von ihm begünstigten ›Deutschen Physik‹ geworden.*

Mit der Fehlmeldung einer astronomischen Entdeckung, die ein bevorstehendes ungeheures Vernichtungsgeschehen im Nahraum des Universums angekündigt hätte, erhebt die nationalsozialistische ›Weltanschauung‹ sich selbst in dem historischen Moment zu kosmischem Rang, in dem das Scheitern ihrer irdischen Ambitionen absehbar wird. Es ist eine letzte der Gesten ihrer Zurücknahme der Aufklärung, die sich an der astronomischen Entlarvung des apokalyptischen Kometenaberglaubens bewährt hatte, in den Himmel zu verlegen, was auf der Erde angestrebt, aber nicht erreichbar war. Entgöttert, wird der Himmel zur Projektionsfläche des heraufdämmernden geschichtlichen Untergangs als Naturgeschehen, als welches er zurückstrahlt, was ihn herbeigeführt hat, und legitimiert, die Vernichtung als Mittel der Weltordnung. Nur *als* Katastrophe kann geschichtliches Handeln ein Naturgeschehen sein.

Neben dem realen Morden war der Sinn für symbolische Tötungen noch nicht vergangen: An Einsteins Theorie wäre vollstreckt worden, was an ihm selbst nicht zu vollstrecken war. Die Erfindung einer astronomischen Entdeckung, die die ›jüdische‹ Theorie widerlegt hätte, war die Beanspruchung kosmischer Legitimität für die Vernichtung alles Jüdischen, die das

Regime betrieb. Es war ein Akt zynischer Umkehrung, der alle Theorie bedeutungslos machte: mochte diese auch stimmen, und alles, was ihr widersprach unrealistisch sein, so war doch die Macht zu wirklicher Vernichtung nicht bestreitbar. Deren Realität ist unabhängig von jeder Wahrheit.

Der falsche neue Stern war wohl der Versuch zu etwas ganz anderem von monströserer Grausigkeit: Er war zum Zeichen am Himmel bestimmt für eine nun auch in der Theorie zu markierende Endlösung, wie sie auf Erden gerade den Höhepunkt ihrer Bestialität erreicht hatte (Blumenberg, »Am Himmel wie auf Erden«).

Das Weltgeschehen in kosmische Perspektive zu rücken, versetzt den Gedanken einer Äquivalenz von Geschichte und Naturgeschichte in die umfassendste Dimension. Die Selbstverneinung des Menschen in seinen Akten der Unmenschlichkeit korrespondiert der Vernichtung als kosmischem Geschehen. Was auf Erden als Skandal der Ausnahme wahrgenommen wird, und doch das Dauerhafteste in der menschlichen Daseinsführung ist, zeigt sich in den Himmeln als das Normale. Die astronomische Lüge von der Entdeckung eines auf die Sonne zustürzenden Sterns war eine äußerste symbolische Verdichtung der Essenz des Nationalsozialismus', und seiner Repräsentanz für Geschichte: des totalen Willens zur Vernichtung. In sie mündet ein Wille, der so grenzenlos zu sein beansprucht wie das Weltall.

Daß wir uns mit unserer Sehnsucht nach ›Humanität‹ verbieten, was im Universum die Regel ist, erweist uns am überzeugendsten als dessen wunderlichste Ausnahme. Daß wir es dennoch immer wieder tun, und unsere Möglichkeiten gegenseitiger Vernichtung unentwegt erweitern, zeigt, wie sehr wir sein Erzeugnis sind. Unsere Natürlichkeit manifestieren wir in unseren Auslöschungen.

Theodor W. Adorno, »Die Idee der Naturgeschichte«, in: *Gesammelte Schriften* 1, Frankfurt a. M. 1973, 345–365
Theodor W. Adorno, *Negative Dialektik* (1966), in: *Gesammelte Schriften* 6, Frankfurt a. M. 1973
Hans Blumenberg, »Am Himmel wie auf Erden«, in: *Die Vollzähligkeit der Sterne*, Frankfurt a. M. 1997, 191–194
W.G. Sebald, »Zwischen Geschichte und Naturgeschichte. Über die literarische Beschreibung totaler Zerstörung«, in: ders., *Campo Santo*, München-Wien 2003, 69–100

Ein akkurater Fehler

Bei einer Internetrecherche im Zentralverzeichnis Antiquarischer Bücher (ZVAB) stieß ich bei dem »ACADEMIA Antiquariat an der Universität« in Freiburg als Nummer 193 seines Angebotes auf einen Titel von Hans Blumenberg: *Die Verfügbarkeit des Philosophen*.
Wer die Eile antiquarischen Bibliographierens kennt – die Bücherberge stapeln sich neben dem Arbeitsplatz, und schon türmen sich neue Kisten mit weiteren Einkäufen, die möglichst schnell erfaßt sein müssen –, der weiß, wie leicht solche Fehler unterlaufen. Schnell sind da die Buchstaben ›g‹ und ›h‹, die auf der Tastatur direkt nebeneinander liegen, verwechselt, und wird das ›r‹ vergessen.

Aber die Verschreibung hat es in sich. Sie enthält geradezu die Essenz, die Blumenberg im Titel-Stück seines Buches anhand der NS-Verstrickung Heideggers als ›Verführbarkeit‹ des Philosophen dingfest macht, wie es korrekt heißen muß. Gegenüber seinem ehemaligen Schüler Karl Löwith hatte Heidegger bei ihrem Treffen in dessen römischem Exil dessen Vermutung, sein Einsatz für das Regime stamme aus seiner Philosophie, nicht nur ohne Ausflüchte, sondern mit gelassener Selbstgewißheit bestätigt.

So verschwurbelt und ungenießbar in ihrer Anbiederung an den NS-Jargon sie war, das hatte seine Rektorats-Rede als Bewerbung für höhere Verwendung in der neuen Ordnung deutlich genug zu erkennen gegeben. Da sprach keiner der nun eilfertig tätig werdenden Opportunisten, sondern ein Überzeugter. Kein ›Märzgefallener‹, sondern ein sich zugehörig Fühlender. Einer, der nicht mittun wollte, weil er etwas werden wollte, sondern weil er war, der er war. Kurzum: Heidegger hatte dem Regime seine Verfügbarkeit signalisiert.

Genau das macht die Verführbarkeit des Philosophen, des ›Liebhabers der Weisheit‹, aus: sich zu mehr berufen zu fühlen, als zu deren Wahrung in den Anstrengungen zu ihrer Erkenntnis. Nichts aber ist ihr so feindlich wie die Macht, gleich welche. Der Philosoph, der sich mit ihr einläßt, hört auf, einer zu sein. Man mußte kein Platonist sein, um darüber durch Platons Abenteuer mit dem Syrakuser Tyrannen belehrt zu sein.

Wolfgang Schadewaldt hielt es Heidegger süffisant unter die Nase, als er ihn in Freiburg nach dem Scheitern von dessen politischen Ambitionen, die auf nicht weniger aus gewesen waren, als den ›Führer‹ geistig zu führen – kein Geringerer als Karl Jaspers hat es bezeugt –, auf der Straße traf: *Na, zurück aus Syrakus?*

Ein Rest dieses genius loci muß dem Freiburger Antiquar die Hand geführt haben, als er sich verschrieb. Hier hatte eine Fehlleistung nicht nur ihren Sinn. Sie bezeichnete zusätzlich zu dem des Buches noch die Dringlichkeit seiner Verbreitung, indem es so eilig zum Kauf angeboten wurde, daß sein Titel dabei akkurat verdarb.

Fast möchte ich darauf wetten, daß dieses Exemplar aus der Bibliothek eines Heideggerianers stammte.

(14. August 2013)

Hintersinn

Die zentrale Kategorie nicht seiner Philosophie, die er nicht hatte, aber seines Philosophierens, ist die der ›Selbstbehauptung‹. Diese ist mehr als das Überleben, in dessen Gelingen sie sich bewährt. So sehr ein Leben seinen Sinn schon im Faktum seiner Existenz besitzt, so sehr kann es ihn beglaubigen, seine bloße Dauer nicht um jeden Preis zu verteidigen. Es kann ein Akt der Selbstbehauptung sein, es aufzugeben.

Wer genau hinhört, nicht nur hinsieht, bemerkt, daß das Selbst der Selbstbehauptung eine Behauptung ist. Ein Selbst nicht nur zu haben, sondern zu sein, läßt sich jenseits persönlicher Selbstgewißheit nur behaupten.

Jede Behauptung aber weckt den Verdacht der Anmaßung, und läßt nach Beweisen verlangen. Was könnte ein Beweis des Selbst-Besitzes sein? Nicht die Selbstgewißheit dessen, der es von sich behauptet. Nur die Anerkennung durch andere. Am gewissesten zeigt sie sich darin, daß einem der Beweis nicht abverlangt wird: daß für die anderen ebenso selbstverständlich ist wie für einen selbst, zu sein, dessen man gewiß ist.

Übertroffen werden kann dieser Beweis nur davon, daß es gar nicht erst dazu kommt, nach einem zu verlangen: indem einer die Behauptung seines Selbst nicht aufstellen muß.

Vollendete Selbstbehauptung ist unauffällig. Sie wird von niemandem bemerkt. Daß es Selbstbehauptung gibt, wird nur dann auffällig, wenn sich zeigt, daß einer an ihr scheitert, indem er an sich selbst versagt. Erst die Not, sein Selbst nicht zu bewähren, es durch die anderen nicht bestätigt zu erhalten, verleitet zu Äußerungen, die ihnen das Entbehrte als Anerkennung abverlangen. Es ist der Selbstzweifel am Selbst, der dessen unübersehbare Behauptung unvermeidlich macht. Die Akte, mit denen es dann danach verlangt, sind so anstößig, daß die Abwehr, die sie wecken, bestätigt, nach dessen Widerlegung sie streben.

Selbstbehauptung wird nur dem zuteil, der sein Selbst nicht behaupten muß.

Fragwürdigkeit des Aphorismus'

Ankunft ohne Reise
oder
Rigorismus im Konjunktiv

Riskanter als das grundsätzliche Denken ist nur eines nach Grundsätzen. Während jenes Gewißheiten erschüttert, setzt dieses welche voraus, die noch gar nicht erwiesen sind.

Das Maximenartige des Aphorismus' verleitet dazu, ihn zu nehmen, als wäre er ein Grundsatz, eine Anweisung, wie zu denken sei, während er als Endpunkt einer aufwendigen Denkbewegung, die auch dann stattfindet, wenn seine Formulierung als ›Geistesblitz‹ ihr vorausgeht, nicht mehr ist als die Darbietung eines möglichen Gedankens. Der jedoch wirkt, als wäre er notwendig und unbezweifelbar.

Seine Wahrheit ist, so endgültig deren sprachliche Fassung in ihrer Verknappung auch auftritt, immer vorläufig. Ein Aphorismus ist kein Lehrsatz. Mag der Begriff auch abstammen vom ersten Handbuch der Medizin, dem Lehrbuch des Hippokrates. Die Dynamik der spielerischen Gedankenbildung, die in ihn mündete, drängt über ihn hinaus, und kann in einer nächsten Wendung einen Gedanken hervorbringen, der ihrem vorhergehenden widerspricht, und seinerseits als unwiderleglich wirkt. Deshalb treten viele in Gestalt des Paradoxons auf. Aphoristik ist eine Sprachgestalt der Leidenschaft, das Denkbare zu erproben. Die Endgültigkeit ihrer Aussprachen ist das Gegenteil der Behauptung letzter, oder überhaupt einer, Wahrheit.

Der Aphorismus beendet das Denken nicht, sondern stachelt es in seiner scheinbaren Endgültigkeit in der Genauigkeit seiner Aussprache zur Fortsetzung an. Formal dogmatischen Letztverbindlichkeitsansprüchen gleichend, verwirft er sie mit der Schutzlosigkeit seines Verzichts auf argumentative Bewehrung seiner Einsicht. Die Absolutheit seiner Form bedeckt das freie Wagnis, mit dem er eine mögliche Wahrheit erprobt, als besäße sie unbestreitbare Geltung.

Wie sehr darin geradezu ein Angebot für intellektuelle Unlauterkeit bereit liegen kann, hat Hans Blumenberg in einem Kurzessay über »Denkerposen« beschrieben.

Länger als dreißig Jahre lebt kein Buch. Wehe dem, der dann nicht rechtzeitig zitiert worden ist. An solcher Furcht mag es liegen, daß einige ihre Prosa schon hart am Rand der Reihung von Aphorismen erzeugt haben. Dieser Typ des Schreibers ist entschlossen, nicht alles selbst zu tun, um von der Nachwelt williger aufgenommen zu werden, die beschäftigt sein will, gleichgültig womit: mit Widerlegung, Auslegung, Polemik, sogar mit den Entschlüssen zum verächtlichen Nichtmehrlesen. Zwischen dem zufälligen und dem präparierten Fragment steht also die Wahl offen, und es mag nur der von ihr unberührt bleiben, dem die Gabe zur schlagfertigen wie schlagfesten Kurzformel versagt geblieben ist (*Verführbarkeit*, 150).

Täuscht man sich, darin einen Anflug von Selbstzweifel mitschwingen zu hören? Als wäre der barocke Erzähler der Ideenschicksale und Gedankenabenteuer sich seiner eigenen Fähigkeit zur Prägnanz nicht ganz sicher gewesen, die er nicht nur mit der ›Formel‹ von der Neuzeit als dem Zeitalter der ›Selbstbehauptung‹ gegen den doppelten ›Absolutismus‹ der Theologie und der Wirklichkeit bewährte, die nicht nur seiner *Legitimität der Neuzeit* von 1966 weit mehr Lebenszeit als die dreißig Jahre bescherte, die er Büchern zutrauen zu können überzeugt war. Ein Zweifel, der die unerschöpfliche Fülle seiner eigenen, die zu erscheinen auch zwanzig Jahre nach seinem Tod nicht aufhören, mit erklären mag.

Der Mechanismus, den Blumenberg in dem für ihn ungewöhnlichsten Unterton bitterer Ironie beschreibt, ist ein Fall rhetorischen Mißbrauchs, keiner authentischer Anwendung von Aphoristik. Eine Strategie im Kampf um Wahrnehmung und deren Überdauern. Ein Zinkertrick zur Erzwingung von Wahrnehmung durch Aufnahmeerleichterung. Daß solche Selbstdidaktisierung ihren ›Stoff‹ leicht bis zur Bedeutungslosigkeit verdünnt, die wieder aufhebt, was sie bezweckt, kann nicht ausbleiben.

Aphoristik ist immer bereit, das Risiko einzugehen, einem Gedanken durch rigorose Kürze gerade die Überzeugungskraft ausgebreiteter Überlegung zu verweigern. Sie gibt das Resultat eines Denkens: nicht dessen Verlauf. Das macht sie einer Gestalt von Philosophie verwandt, die *wesentlich nicht referierbar* ist, sondern sich als *Gewebe* ihrer Denkbewegung bildet (Adorno, *Negative Dialektik*, 44). Ein Aphorismus ist ein Knotenpunkt im Geflecht des Denkens. Er überrumpelt den des Mitdenkens Willigen, statt ihn behutsam mit auf den Weg zum Ziel einer Einsicht zu nehmen. Wem der Weg dorthin gezeigt, statt vorenthalten wurde, mag die Neigung leichter entwickeln, ihn seinerseits zurückzulegen.

Das aber ist nichts anderes, als die Aufforderung, sich seines Verstandes selbst ohne die Leitung eines anderen zu bedienen, und bestünde diese auch nur in der Didaktik auf Überzeugung angelegter Argumentation. Das macht verständlich, warum für Aufklärer wie Lichtenberg oder Seume der Aphorismus eine bevorzugte Form der Mitteilung ist.

Der Aphorismus ist die Zumutung an den Leser, sich gerade von seiner verwirrenden Prägnanz dazu anregen zu lassen, den Weg des Denkens, der in ihn mündete, selbst ausfindig zu machen, und noch einmal abzuschreiten. Auf die Gefahr hin, daß er dabei ein ganz anderes, ihm lohnenderes Ziel für sich entdeckt. Aber das kann keinen Denkenden stören. Einen Dogmatiker umso stärker.

Wer einen Aphorismus liest, oder hört, mag sich fühlen wie einer, der sich auf einem fremden Bahnsteig wiederfindet, ohne sich zu erinnern, überhaupt gereist zu sein. So schön die Aussicht in die Landschaft, in die er sich versetzt findet, auch sei, die Plötzlichkeit seiner Ankunft an einem Ort, zu dem er gar nicht unterwegs war, muß ihn verwirren. Der Aphorismus macht das Bewußtsein, das ihn aufnimmt, zum schlaflosen Träumer, der den Ort bestaunt, an den er es versetzt hat. Und erstaunt entdeckt, wie sehr es ihm dort gefällt.

Oder überhaupt nicht. Einem Aphorismus läßt sich nur mit Zustimmung oder Ablehnung begegnen. Spontan und vorbehaltlos in beiden Fällen – es genau so, oder ganz anders zu finden.

Dazwischen findet das Denken statt. Es kommt nicht zur Ruhe, weil jeder Gewißheit ein Zweifelsrest anhaftet. Die Geste der Abgeschlossenheit einer Denkbewegung macht den Aphorismus zur Aufforderung, noch genauer nachzudenken.

Theodor W. Adorno, *Negative Dialektik*, in: Gesammelte Schriften 6, Frankfurt a. M. 1973
Hans Blumenberg, *Die Verführbarkeit des Philosophen*, Frankfurt a. M. 2000

Gefahr der Kürze

Anders als die meisten Autoren, war Hans Blumenberg auch ein Leser der Organe, in denen er veröffentlichte.

Zu den Autoren, denen er Achtung durch Widerspruch erwies, gehörte Emil Michel Cioran. Beide trugen 1982 zum ersten Heft der *Akzente* mit Aufzeichnungen bei. Cioran über »Das verfluchte Ich«, Blumenberg über »Momente Goethes«.

Was ihm an einer der Aufzeichnungen des rumänischen Spätnihilisten aufstößt, bezeichnet die Falle, die sich jedem stellt, der sich im Aphorismus äußert.

Bitterkeit ist oft das Aroma des bedeutenden Stilisten. Sie zwingt zur Kürze aus Überdruß. Aber Kürze ist gefährlich; sie verrät jede Ungleichgewichtigkeit im Bau des Gedankens (Blumenberg, »Sonnen. Ohne mich«, 430).

So wäre der Aphorismus Zeugnis des Unwillens, eigentlich gar nicht mehr denken zu wollen, es aber nicht lassen zu können. Versteckspiel eines Denkens, das beinahe stattgefunden hätte, und das Ungeschehene in der Kurzform eines Als-Ob nur vortäuscht.

Aber jeder Aphoristiker weiß, daß es die Lust am Denken und seiner Unablässigkeit ist, die die Sprachgestalt eines Gedankens hervorbringt. Dem Gedanken der gefährlichen Kürze, die Überdruß am Denken verrate, liegt die Verwechslung der Kürze des Ausdrucks mit einem Stilmittel zugrunde. Jeder Aphoristiker ist ein Stilist. Aber die Verknappung seiner Aussagen steht in deren Dienst. Sie ist kein rhetorischer Kunstgriff. Sie zielt nicht auf Wirkung des Gesagten, sondern auf Genauigkeit seines Sachgehalts. Es ließe sich auch anders sagen; aber nur so läßt sich sagen, warum es gesagt sein will.

Das tritt hervor, wenn man sich für einige Momente der metaphorischen Suggestionsfülle der ›Kürze‹ überläßt.

Wer sich im Gebirge verstiegen hat, kann leicht abstürzen, wenn er zu weit tritt. Da wird das Kurztreten zum Garanten des Überlebens. Ein Aphorismus rettet einen Gedanken vor dem Absturz in die Untiefen der Bedeutungsfüllen.

Wer hoch hinaus wollte, und sich dabei überschätzte, wird sich am Ende dabei finden, kürzer treten zu müssen. Der kleine Schritt wird zur erzwungenen Buße für Großspurigkeit.

Dem, der nie nach den Sternen greift, gereicht das Kurztreten dagegen zur Anerkennung als Bescheidenheit. Bis es als Leisetreterei verächtlich wird. Oder sich als Versteck der Armut erweist, die dazu zwingt, auf Üppigkeit zu verzichten, deren Unerreichbarkeit Selbstachtung zu verbergen gebietet.

Die kürzeste Form gestalteter Aussage eines Gedankens begegnet paradoxerweise dem umgekehrten Verdacht: ihre Kürze wird als Ausdruck eines Hochmuts beargwöhnt, der Nachlässigkeit in den Anstrengungen des Nachdenkens in der Strenge eines Gedankens versteckt.

Aber der Aphorismus tritt mit seiner Kürze nicht kurz. Hinter ihr verbirgt sich keine Gedankenarmut, sondern Reichtum an Gedankenarbeit. Es bedarf langer und vielfältiger Überlegung, um schließlich mit wenigsten Worten zu sagen, was sie erbrachte.

Man muß viel gedacht haben, um wenig sagen zu können. Kein Überdruß verhilft dazu. Am wenigsten der Leerlauf manischer Virtuosität in Ciorans Exerzitien zur Benennung des Unzumutbaren. Die Gefahr, in die ein Gedanke sich mit der Kürze seiner Aussprache begibt, ist die Blöße, der die Anstrengung, ihn zu finden, nicht mehr anzumerken ist. Die Moral harter Arbeit läßt der Leichtigkeit des kurzen Satzes mißtrauen, als wäre sie die Leichtfertigkeit, die Anstrengung zu vermeiden. Sie übersieht, wieviel von ihr in ihm tatsächlich steckt.

Zum Aphorismus braucht es den Mut, das Labyrinth der Nachdenklichkeit zu verschweigen, aus dem er in die Sprache der Einsicht glücklich heimgebracht wurde. Er ist der Stoßseufzer der Erleichterung nach einem überstandenen Denkabenteuer.

Der Lohn, sich der Gefahr der Kürze auszusetzen, ist der kurze Blick ins glückliche Jenseits der Angst, zu kurz zu treten.

Hans Blumenberg, »Sonnen. Ohne mich«, in: *Die Vollzähligkeit der Sterne*, Frankfurt a. M. 1997

Sprachlosigkeit
einer Akademie für Sprache und Dichtung

Zu loben, ist nicht einfach. Besonders schwierig ist es, ist man darauf bedacht, ein Lob nicht zu indirekter Selbstaussage geraten zu lassen. Die Tendenz dazu ist unvermeidlich, gerade, wenn man sie selbst nicht als Neigung spürt. Dem Lob geht Bewunderung, wenigstens Beeindruckung voraus, und verlangt nach deren Anerkennung, wobei es auf Neidlosigkeit gar nicht ankommt. Das Besondere, das einen beeindrucken kann, ist immer eine Leistung, wie oder worin man sie selbst gerne erbrächte, oder erbracht hätte. Wer lobt, gewährt Vortritt: jener hat schon, was man selbst gerne vorzuweisen hätte.

Eine Akademie, die Preise regelmäßig vergibt, muß loben. So, wie sie es in jedem einzelnen Fall eines ausgezeichneten Preisträgers tut, muß dabei sichtbar werden, für welche Prinzipien und Ansprüche sie selbst steht. Ein Preisträger ist ein Muster für deren Erfüllung. Sein Preis hebt ihn als Modell heraus: Seht, so geht's.

Die Deutsche Akademie für Sprache und Dichtung verleiht den Sigmund-Freud-Preis für wissenschaftliche Prosa 1980 Hans Blumenberg. Er hat in der Tiefe unserer geistigen Überlieferungen mythische und metaphorische Motive aufgespürt und seine originalen Ausdeutungen in klarer und dichter Sprache vorgetragen (Jahrbuch 1980, 106).

Man stutzt; und liest noch einmal, verwundert ob der Kargheit dieser Begründung.

Eine ›klare und dichte Sprache‹ also ist der Kern dieser Auszeichnung dieser Akademie. Bei *diesem*

Preisträger ist das nichts als Ärmlichkeit. Über dessen Sprache wäre nicht mehr zu sagen gewesen? Selbst unter dem Gebot der Kürze, das für eine Verleihungsurkunde gelten muß? Über ihre Eleganz bei aller Präzision? Die Lust des Denkenden an ihr? Nichts über den Eros, der die Sprache selbst zur Quelle der Erkenntnis macht, statt sie als Mittel zu benutzen, sie auszusprechen?

Nach diesem Maßstab wäre jede lesbare Gebrauchsanweisung für ein Haushaltsgerät preiswürdig, und einer, dem es gelänge, die Aufbauanleitung für eines der Produkte eines schwedischen Möbelkonzerns so zu formulieren, daß es ihren Käufern gelänge, sie zusammenzubauen, ein Kandidat.

Die Dürftigkeit der Sprache, in der die Akademie für Sprache und Dichtung begründet, daß sie den bedeutendsten Prosaisten der Philosophie des Jahrhunderts erkannte, und ihn als diesen der wissenschaftlichen Welt zu erkennen geben will, indem sie ihn auszeichnet, muß verstören. Als hätte man sich nur unwillig entschlossen, einer lästigen Pflicht zu genügen. Sprachunlust antwortet der Sprachlust des Geehrten.

Die Verlegenheit muß so groß gewesen sein, daß dem Schreiber der Urkunde die subtile Gehässigkeit unterlief, dem Ausgezeichneten in schönster Fehlleistung zu attestieren, seine Werke selbst verfaßt und nicht bei anderen zusammengestohlen zu haben, indem er sie als ›originär‹ bezeichnet – statt als ›originell‹, wie es hätte heißen müssen, um ihre schöpferische Leistung hervorzuheben.

Es ist nicht einfach, zu loben. Am schwierigsten, wenn es geboten ist.

Deutsche Akademie für Sprache und Dichtung, *Jahrbuch 1980*, II. Lieferung, Heidelberg 1981

Keine Frage

Nicht jede Frage ist eine.

Wozu Philosophie? gehört in die Kategorie der Scheinfragen, die ein vorgefaßtes Urteil in vorgetäuschtem Interesse verstecken.

Die Frage ist doppelt bedeutungslos: für den, an den sie gerichtet wird, ebenso, wie für den, der sie ihm stellt. Denn dieser erwartet von jenem gar keine Antwort. Er hat sein Urteil längst selbstgewiß und unumstößlich gefällt, und äußert es auf dem Umweg seiner Frage. Tatsächlich bekundet sie die Überzeugung von der Wertlosigkeit dessen, wonach zum Schein gefragt ist.

Wozu-Fragen werden nicht mit der Absicht gestellt, scharf- oder tiefsinnige Antworten zu erhalten, als vielmehr dazu, den Adressaten der Frage in Verlegenheit zu versetzen. Bietet nicht einer das Bild der Erbarmungswürdigkeit, der eine Sache mit Hingabe und gar professionell betreibt und nicht einmal sagen kann Wozu? (Blumenberg, »Wozu gefragt«, 13).

Die bösartige Spekulation aber geht nicht auf. Die Herausforderung, in einen Wettstreit um die Unerschütterlichkeit dessen einzutreten, was man ist, muß im Fall des Philosophen für den Fragesteller enttäuschend ausgehen. Der, an den er seine Frage so hinterhältig richtet, ist von der Bedeutung dessen, was er treibt, so durchdrungen, andernfalls er sich damit nicht abgäbe, daß ihm das schon feststehende Urteil des Fragestellers vollkommen gleichgültig ist. Sie geht ihn nichts an. Wer sein Metier für unbedeutend hält, kennt es nicht. Nichts kann ihn also dazu berechtigen, diesem irgendetwas abzuverlangen, am wenigsten den Nachweis seiner Berechtigung.

Die Frage des Scheininteresses ist ein exhibitionistischer Akt der Ignoranz. Gestellt wird sie vom hochmütigen Stolz der Tüchtigkeit, die ihre Stärke aus der Vermeidung jeder Bedenklichkeit bezieht. Für den Nachdenklichen ist sie so ärgerlich, weil sie auf der bedenkenlosen Voraussetzung jener Art von Ökonomie beruht, zu der ihn erst Überlegung führt: nicht alles wissen zu müssen, um etwas verstehen zu können. Das Wesentliche einer Sache nämlich ist nie die Summe aller ihrer Eigenschaften, sondern die Dominanz einiger weniger. Um diese aber entdecken zu können, muß mehr an ihr wahrgenommen werden, als sich dann als ihre Bestimmung erweisen wird. Der Tüchtige ist immer schon klug, ohne es geworden zu sein. Er läßt die Anstrengung aus. Er vertraut seiner Intuition, die sich gleich und unmittelbar an die Zeichen der Bestimmtheit hält. Er läßt den Umweg der Erkenntnis aus. Er weiß ohne Verständnis. Das macht seinen Erfolg aus.

Weil er aber immer nur auf diesen aus ist, irritiert ihn, daß es Leute gibt, die sich mit derselben Leidenschaft dem hingeben, was er für Unsinn hält, wie er sich seinen Geschäften. Ihn quält der Verdacht, daß am Ende darin doch etwas stecken könnte, aus dem sich etwas machen ließe. Daß ihm etwas entgehen könnte, was ihm nützlich wäre, könnte auch er darüber verfügen. So greift er auch einmal zu den Ratgebern vom Typus ›Platon für Manager‹. Um beim Durchblättern erleichtert festzustellen, daß er nichts versäumt hat, da er zwar nicht wußte, was ihm da mitgeteilt wird, sich aber immer schon daran gehalten hat.

Nur ein Philosoph *dürfte* die Frage stellen. Aber ihm stellt sie sich nicht. *Die Antworten auf die Frage ›Wozu Philosophie?‹ haben mich nie interessiert* (a.a.O., 14). So wenig, daß sie keine sein kann.

Der Philosoph ist die Provokation, sein Leben mit etwas zuzubringen, das zum Leben nicht unbedingt erforderlich ist. *Es läßt sich auch ohne Philosophie leben. Der Mensch ist nahezu dadurch definitionsfähig, daß er ohne das meiste leben kann* (a.a.O.). Und nahezu alle es tun. Da der Tüchtige sein Leben ausschließlich nach dessen Notwendigkeiten einrichtet, spürt er das genau, und fühlt sich brüskiert.

Die Nichtnotwendigeit der Philosophie fürs Leben – die mit Lebensunbedeutsamkeit nicht gleichzusetzen ist –, an der auch keine Lebens(kunst)philosophie etwas hat ändern können, qualifiziert sie als eine der schlichten Tatsachen des Lebens, die hinzunehmen sind, einfach, weil es sie gibt. Wer sich darauf einläßt, wird Seines darin finden. Oder auch nicht. Einer Tatsache aber ist keine Rechtfertigung abzuverlangen. Nur Handlungen.

Legitim ist die Unfrage nur an die zu richten, dann aber zwingend, die es mit ihrem Denken darauf anlegen, Handlungen anderer zu bewirken.

Hans Blumenberg, »Wozu gefragt«, in: *Zu den Sachen und zurück*, o.O. 2002

Ein Motto für philosophische Selbstbehauptung

Philosophie ist nur dann ein zum Scheitern neigendes Wagnis, wenn man in ihr nichts wagt. Denn es gibt für sie keinen Maßstab des Gelingens, außer den nicht objektivierbaren, daß es mit ihr mehr mögliches Verständnis dessen gibt, was für das Menschenleben wichtig ist, als ohne sie.

Theoretische Bescheidenheit hat sich noch nie ausgezahlt (Blumenberg, *Zu den Sachen*, 345).

Den Beweis für dieses Motto aller Wagnisse, mit denen philosophisches Denken ›aufs Ganze geht‹, liefert Blumenbergs eigene Philosophie der Selbstbehauptung. Sie leistet die Selbstbehauptung der Philosophie, indem sie darlegen kann, warum es die Wissenschaften geben muß, die sie ihr umso schwerer machen, je erfolgreicher sie im Dienst der Zivilisation des Überlebens werden, der ihnen selbst so verborgen bleibt, wie er für sie selbstverständlich ist. Bemerkbar macht sie nur der Blick, den ein Bewußtsein der Lebensnotwendigkeiten von außen auf sie richtet.

Das läßt Philosophie nicht zum Partner in der Erfüllung ihrer Aufgabe werden, hält aber bei denen, deren Leben ihre Erträge bestimmen, das Bewußtsein aufrecht, daß dessen erreichte Güte auf ihrer Leistungsfähigkeit beruht.

Die Philosophie hütet den Sinn des Wissens. Das macht sie unentbehrlich für eine Lebensform, die auf der Autonomie ihrer Selbstbestimmung beruht.

Hans Blumenberg, *Zu den Sachen und zurück*, o.O. 2002

Letzte Worte,

nacherfunden und vorhergesagt

Er war ein passionierter Sammler. Folgerichtig, daß sein erfolgreichster Schüler Manfred Sommer, der die beginnende Erschließung des Nachlasses mit editorischer Umsicht begleiten sollte, eine Philosophie des Sammelns schrieb.

Teil seiner eigenen zahlreichen Sammlungen wird eine letzter Worte gewesen sein, als deren *Liebhaber* er sich bekannte (Blumenberg, *Verführbarkeit*, 108). Das Interesse an ihnen gehört zu den Wirkungen, die es hat, Philosophen die Einheit von Werk und Leben abzuverlangen. Als den Experten fürs Bedeutende richtet sich an ihre letzten Worte die besondere Erwartung, sie mögen mit ihnen für die Nachwelt noch einmal prägnant zusammenfassen, was sie zu sagen hatten. Als einprägsame Kurzform dessen, was von ihnen des Erinnerns künftig wert sei. Danach hätten etwa die Epikurs lauten müssen: Endlich schmerzfrei.

Dem folgt Blumenbergs Spekulation über die Heideggers. Sie aus keiner Indiskretion Nahestehender wissend, stellt er sich vor, welche es unter dieser Erwartung gewesen sein könnten, nach Maßgabe seiner Philosophie gewesen sein müßten.

Was kann einer, den die Existentialanalytik ebenso getroffen hatte wie die Frage nach dem ›Wesen des Grundes‹, zum Schluß noch gesagt haben? Im günstigsten Fall von Evidenz: Was muß er gesagt haben? Etwa:

»*Kein Grund mehr zur Sorge*« (a.a.O., 222).

Dem aufmerksamen Leser fällt auf, daß dieser letzte Satz des letzten Textes von *Die Sorge geht über den Fluß* aus dem Satzspiegel in die nächste Zeile verrutscht zu sein scheint. Doch diese typografische Anordnung ist kein Versehen des Setzers, sondern eine Aussage des Autors. Daß er sein Buch aus Reflexionen über die Leistungsfähigkeit der Philosophie mit dem imaginären Zitat schließt, ihm dessen letzten Satz einräumt, der dem vollständigen Leser länger als alle anderen in Erinnerung bleiben wird, ist eine ebenso subtile wie boshafte abschließende Kritik an Heidegger, der es abgelehnt hatte, der Philosophie abzuverlangen, mit dem fertig zu werden, was er in seiner eigenen als ›Sorge‹ zur Bestimmung des Menschseins erklärt hatte.

Das vorgestellte letzte Wort, welches das des Denkers der Sorge hätte sein müssen, wird damit zum indirekten Bescheid darüber, was sagen zu können die Aufgabe der Philosophie sein sollte: das Leben durch Bedenken weniger belastet zu machen.

Aber Heidegger hat es nicht gesagt, wie dessen Erfinder bald darauf erfahren sollte. Es so zu erfinden, war die Verwerfung seiner gesamten Philosophie, die gar keine mehr hatte sein wollen: er konnte es nicht gesagt haben, weil er sich geweigert hatte, das zu denken. Was er dachte, beruhte darauf, daß es kein Hinauskommen über die Sorge gab. Es mußte sie geben, damit es sein Denken der ›Seinsverfehlung‹ als letzte Gestalt ›des‹ Denkens geben konnte. Die einzige Sorge der Philosophie hatte für ihn die um das ›An-Denken‹ des ›Seyns‹ zu sein.

Gäbe es den *Wettbewerb* um Heideggers letzte Worte, *der Vorschläge an die Tradition weiterzureichen hätte*, den Blumenberg ausdrücklich für *unbedenklich* hielt, könnte einer mit Aussicht auf größte Annäherung lauten: Seyn in Sicht. Oder: Da ist es. Oder auch, noch genauer: Es ist da.

Am Geburtstag Diltheys – und zufällig meinem dreißigsten –, der die Philosophie als erster auf das Denken der Geschichte eingeschworen hatte, wenn auch noch nicht auf die des Seins, sondern des Menschen, erfolgt das Dementi.

Die Druckerfarbe war noch nicht trocken – wenn diese Redensart zu brauchen noch zulässig ist –, als ich einen Brief von Walter Bröcker, dem Fünfundachtzigjährigen, aus Kiel erhielt, worin er mir ohne Groll mitteilte, man könne sehr wohl wissen, was sein Lehrer Heidegger als letztes gesagt habe. Denn Frau Elfriede habe es genau gehört und in ihrem Herzen bewahrt, so daß er, von ihr ins altbewährte Vertrauen gezogen, sagen könne: »Heideggers letztes Wort ist mir bekannt«. Eines Morgens, der Alte war nicht krank aber geschwächt, habe er nur gesagt: »Ich bleibe noch liegen«. Sei wieder eingeschlafen und im Schlaf gestorben (Verführbarkeit, 107).

Aber was ist eine gute Erfindung gegen eine schlechte Tatsache? Es muß schwerfallen, die Banalität dieser letzten Worte, die die für dieses Genre der Überlieferungen kennzeichnende Erwartung an *Wahrheit und Weisheit* (Karl S. Guthke, *Letzte Worte.* 12) auf geradezu beleidigende Weise verfehlt, auf sich beruhen zu lassen.

Für den Liebhaber ›Letzter Worte‹, der einmal in Ermangelung des faktischen das angemessene hatte erfinden wollen, war es eine Enttäuschung, und es gibt wenig Trost, daß Bröcker in seinem Brief an mich (19.11.87) hinzufügt: »Wortlaut vielleicht ungenau«. Aber doch kaum ungenau genug? Trotzdem bin ich zuversichtlich, daß meine Fiktion – weil Fiktionen doch immer stärker sind als Fakten – überleben wird (a.a.O., 108).

Der Fall stützt die nur allzu naheliegende Vermutung, daß alle letzten Worte, die dem an sie gerichteten Wunsch nach besonderer Bedeutungsfülle entsprechen, allesamt ebenso erfunden sind von denen, die sich um den Nachruhm der Verstorbenen sorgten.

Im Denken ist er Heidegger nicht gefolgt. Im Sterben hat er es ihm gleichgetan: auch Hans Blumenberg starb im Schlaf. Was *seine* Frau Wißbegierigen mag mitgeteilt haben können, was ihr Mann ihr als letztes sagte, hat noch keine Indiskretion zutage gefördert. Die Neugier darauf kann nicht groß sein, was sonst als eine ebensolche Trivialität aus häuslicher Lebensgemeinschaft mag es schon gewesen sein?

Da muß die Verlockung größer sein, sich auch für ihn etwas auszudenken, das traditionsfähig wäre.

Welche könnten nach dem Maßstab bedeutungsgesättigter Einheit von Werk und Leben *seine* eigenen letzten Worte gewesen sein?

Man muß sie aber gar nicht erfinden. Er selbst hat dazu geeignete gesprochen, lange, bevor es dazu kam, welche unwiderruflich zu äußern.

Es sind ganze drei – die, mit denen er am 16. Oktober 1980 im Staatstheater Darmstadt seine Dankesrede zum Sigmund-Freud-Preis der Deutschen Akademie für Sprache und Dichtung beendete: *Das ist alles*.

Was bliebe nach solchem Beschluß noch zu sagen?

Sie scheinen ganz von der Art der *allzu einfachen Formeln* zu sein, die *das philosophische Gemüt scheut* (Blumenberg, *Sorge*, 133). Für einen, der so viel zu sagen gehabt hatte, ein doch wohl zu lakonisches Fazit? Für den subtilen Meister der Differenzierungen und Anreicherungen des Bedeutsamen allzu knapp? Und sprach sich da in so wenig Aussprache nicht gar Unwille zu ihr überhaupt aus? Immerhin beendeten diese Worte eine Apologie seines Metiers, wie er es betrieb, und betrieben sehen wollte.

Nicht, wenn man bedenkt, daß es ihm nicht auf das Viele ankam, sondern auf das Wenige, das sich davon, mehr aber noch dadurch verstehen lasse. Das Wenige, das lange Gedankengänge heimbringen, ist nicht das Geringfüge. Man muß viel gedacht haben, um einiges zu verstehen. Noch mehr, es trotzdem zu schätzen.

Dann gilt umgekehrte Proportionalität von Umfang und Ertrag eines Denkens, dessen selbstgewählter Sinn die Stärkung der Nachdenklichkeit als Aufgabe des Philosophierens war. Man muß viele Worte machen, um die wenigen zu finden, die sagen, was sie an Erkenntnis bilden.

Hans Blumenberg, *Die Sorge geht über den Fluß*, Frankfurt a. M. 1987

Hans Blumenberg, *Die Verführbarkeit des Philosophen*, Frankfurt a. M. 2000

Karl S. Guthke, *Letzte Worte. Variationen über ein Thema der Kulturgeschichte des Westens*, München 1990

In anderem Namen

Philosophen verwenden keine Pseudonyme. Jedenfalls nicht mehr, seit keine Zensur mehr darüber wacht, nicht gegen die Interessen der Macht und ihnen dienende Kirchendogmatik zu verstoßen. Niemand muß sich mehr verbergen, um sich äußern zu können.

Keiner muß sich mit nichts mehr verstecken, seit endlich auch Pornographie sich überall und auf allen Bildschirmen ungestraft zeigen kann.

Sollte man meinen.

Es wäre denn, man wollte sich auf eine Art äußern, die nicht als metiergerecht gilt. In Deutschland ist der wissenschaftliche Geist unbelehrbar nicht nur un-, sondern antiliterarisch. Vom Dozenten ermahnt, in der Philosophie komme es auch auf die Sprache an, weshalb man als Philosoph zur Schulung seiner Ausdrucksfähigkeit auch Literatur lesen solle, etwa Thomas Mann, machte ich mich als Student an die Seminararbeit. Es war mir sehr recht, schließlich hatte für mich alles mit dem *Zauberberg* und dem *Doktor Faustus* begonnen. Der Dämpfer blieb nicht aus, und folgte bald. Daß ich meine Arbeit als Essay vorlegte, brachte eine Herabsetzung der Note ein, trotz Fußnotenfülle und sehr guter Bewertung des Inhalts.

Die Idealisten haben den Geist verhimmelt, aber wehe, wenn einer ihn hatte, lautet der so grimmig bittere, wie zeitlos gültige Befund (Adorno, *Negative Dialektik*, 382).

Wer es nicht lassen kann, und trotz akademischer Stellung Philosophie auch als Literatur betreiben will, Albert Camus' Diktum eingedenk, wer Philosoph sein wolle, solle Romane schreiben, tut gut daran, sich einem Pseudonym anzuvertrauen. Als heraus war, wer sich hinter ›Pascal Mercier‹ als Verfasser einer Reihe erzählerisch ebenso wie gedanklich brillanter Romane verbarg, war es um die akademische Reputation Peter Bieris geschehen. Der kollegialen Anfeindungen endlich müde, gab er seine Professur vorzeitig auf, und ganz der Romankunst hin, nun mit offenem Visier, und anhaltendem Erfolg.

Nur Peter Sloterdijk gelang bisher als einzigem das Kunststück, den Weg umgekehrt und ohne Namensverleugnung zurückzulegen, vom gefeierten Zeitgeistessayisten über den Romancier zum schließlich auch akademisch beglaubigten repräsentativen Philosophen, dem selbst Medienvirtuosentum nicht schaden konnte.

Durch sein Schicksal während des Dritten Reiches mit wacher Witterung gegenüber Gefahren aller Art ausgestattet, stellte Hans Blumenberg sein Literatentum sofort unter den Schutz eines Pseudonyms, als er am zähen Beginn seiner Universitätskarriere das Budget seiner jungen Familie als Feuilletonautor bei einigen der anspruchsvolleren Tages- und Wochenzeitungen der frühen Bundesrepublik aufbesserte. Nicht, ohne diese Tätigkeit auch philosophisch uneingeschränkt ernst zu nehmen. Für ihn war es nichts anderes, sondern dasselbe, anders.

Seine Feuilletons sind erste Ausprägungen eines Genres philosophischer Zeitkritik, die ein Jahrzehnt später Adorno unter dem Titel der *Eingriffe* zum einflußreichsten Kritiker machen sollte. Da hatte Blumenberg es wieder aufgegeben. Daß er der Vorläufer war, wurde erst Jahrzehnte später sichtbar, als ausgreifender Eifer in der Erschließung seines Nachlasses seine früheste Autorschaft zutage förderte.

Doch es half nichts. Sein frühes Literatentum war zwar unentdeckt geblieben. Aber was er darin schon glänzend bewährte, trat mit der *Arbeit am Mythos* und ihrer Wahrnehmung durch eine breitere Öffentlichkeit ungeschützt, nun als Beitrag zum philosophischen Diskurs unübersehbar hervor. Zuviel des Guten. Das Übliche blieb nicht aus, und im Literatentum des Philosophen fand der Akademismus der Kollegenschaft seine Vorbehalte gegen seine Philosophie bestätigt. Im ›falschen‹ Genre das Richtige zu sagen, läßt selbst Wahrheit falsch aussehen.

So legte er die großen Studien zur Phänomenologie beiseite, und veröffentlichte nur noch, was die Abneigung des Gewerbes nur bestätigen konnte. Mit der Folge, daß sie, aus dem Nachlaß verspätet veröffentlicht, dem akademischen Diskurs nicht mehr zugutekamen. Es bleibt philologischer und philosophiehistoriographischer Ausdauer überlassen, in ihnen die Vorbereitung dessen zu finden, was er mit den *Höhlenausgängen* als seiner letzten eigenen Veröffentlichung abschließend zu sagen gehabt hatte.

Theodor W. Adorno, *Negative Dialektik*, Gesammelte Schriften 6, Frankfurt a. M. 1973
Hans Blumenberg, *alias Axel Colly, Frühe Feuilletons (1952–1955)*, *Neue Rundschau*, 129. Jahrgang 2018, Heft 4

Philosophenhunde

> *... denn ein lebendiger Hund ist besser als ein toter Löwe.*

Prediger Salomo, 9.4

Zur Emblematik der Philosophen gehören als deren seltsamster Zug tierische Wahlverwandtschaften.

Als erster wählte der Kyniker Diogenes von Sinope in einem Akt philosophischen Totemismus' den Hund als Stellvertreter.

Machthaber aller Art können sich von der Neugier für berühmte Geistesgrößen nicht freihalten, deren Wirkung sie doch fürchten und gewöhnlich bekämpfen. Wenn sie nicht, was selten vorkommt, so klug sind, sich mit ihnen zu schmücken.

Das mochte der Weltherrscher erwägen, als er den Philosophen bei seiner Tonne zum Gipfeltreffen aufsuchte: *Ich bin Alexander, der große König. Und ich bin Diogenes, der Hund.* Das war kein Angebot zu Unterwerfung und Gefolgschaft. Da wurde das Angebot eines Mächtigen auf Gleichrangigkeit ausgeschlagen, es ins Gegenteil verkehrend: mir gleich, wärest du so gering wie ich, der ich so niedrig bin wie ein Hund.

Als souveräne Kritik der Macht ist das überzeugend; nicht in der Wahl des Emblems. Zur Allegorie äußerster Genügsamkeit als höchster Philosophentugend taugt der Hund nur wenig, so hemmungslos gefräßig, wie er ist; umso mehr als Muster schamlos öffentlicher Verrichtung der Bedürfnisse, zu welcher der in freiwilliger Obdachlosigkeit auf dem Markt lebende Philosoph gezwungen war.

Dennoch bleibt er ein bevorzugtes Objekt philosophischer Wahlverwandtschaft. *Unter den Requisiten, die vor der Dürerschen Melancholie sich drängen, ist der Hund. Nicht zufällig will eine Schilderung des Aegidius Albertinus von dem Gemütszustand des Melancholikers an die Tollwut gemahnen. Nach alter Überlieferung »beherrscht die Milz den Organismus des Hundes.« Er hat dies mit dem Melancholiker gemein. Entartet jenes, als besonders zart beschriebene Organ, so soll der Hund die Munterkeit verlieren und der Tollwut anheimfallen. Soweit versinnbildlicht er den finsteren Aspekt der Komplexion. Andererseits hielt man sich an den Spürsinn und die Ausdauer des Tieres, um in ihm das Bild des unermüdlichen Forschers und Grüblers besitzen zu dürfen* (Benjamin, *Ursprung*, 166).

Findet der Melancholiker sich in seiner Wesensart wieder, dient der Hund dem Misanthropen als Referenz seiner Bitterkeit gegenüber seinen Gattungsgenossen. Stets entschlossen, von Menschen nur das Schlechteste zu erwarten, beschimpfte Arthur Schopenhauer seinen Pudel, dessen Gesellschaft er jeder menschlichen vorzog, auf ihren Frankfurter Spaziergängen als ›Mensch‹, wenn dessen Benehmen ihn ärgerte, und seiner Schätzung als des besseren Lebewesens widersprach.

In politischer Naivität, die Freund Horkheimer ihm mühsam ausreden mußte, war Adorno, ehe auch er sich endlich zur Emigration bereitfand, bei ›Ausbruch‹ des Dritten Reiches noch entschlossen, bis zu dessen Kollaps, den er schon bald erwartete, in Deutschland zu ›überwintern‹, und wählte, das drohende Publikationsverbot vorauseilend umgehend, als Pseudonym für seine musiktheoretischen Veröffentlichungen eines, das dem martialischen Zeitgeist vollkommen entsprach, und nannte sich ›Hektor Rottweiler‹. Wer würde hinter einem Namen, in dem sich antikes Kriegertum und zitternde Gewalttätigkeit des aggressivsten Hundes vereinten, schon einen Nichtarier vermuten.

Als Glaubensdenker und philosophischer Dichter versammelt Elazar Benyoëtz eine seiner Gedanken-Sammlungen im Zeichen von Kohelets Hund. Alle Weisheit gibt es nur in der Anerkennung der Vergeblichkeit von allem, lautet Salomos Lehre. *Kohelet macht seine täglichen Gedankengänge durch den Wald, in Begleitung seines Hundes Vanitas*. Zu leben, ist Dasein genug. *Auch ein hündisches Leben ist noch ein Triumph* (Benyoëtz, *Die Eselin Bileams*, 21; 20).

Bei aller allegorischen Hundewahl kann man sich Philosophen jedoch wenig als Hundehalter vorstellen. Eher als Katzenfreunde, in guter Übereinstimmung mit deren Eigensinn. Am wenigsten Hans Blumenberg. Auf stete, ungestörte Arbeitsfähigkeit bedacht, wäre ein seinen Auslauf mehrmals täglich laut einfordernder Hund, der seine Leine ins Arbeitszimmer apportiert, und sich jaulend zu Füßen legt, einen sich gerade in eine lange Periode verschachtelnden Gedankengang unterbrechend, kein zumutbarer Hausgenosse gewesen.

Aber die Kinder. Dann vielleicht also doch?

Dafür könnte sprechen, daß die Wahl des Pseudonyms, unter dem der junge Gelehrte und Familienvater seine frühen Feuilletons zu veröffentlichen begann, eine hündische war. Was durchaus erstaunen kann, waren seine Lieblingstiere doch der Löwe und der Elefant.

Wie bei einem Philosophen nicht anders denkbar, muß auch dabei gründliche Überlegung den Ausschlag gegeben haben. Die Namenswahl ›Axel Colly‹ war eine Reverenz an die beliebteste Hunderasse der Zeit.

Bis zum Ersten Weltkrieg als Sanitäts- und Meldehund in militärischen Diensten, war der ebenso schöne, wie sanfte und verläßliche, vor allem aber kinderliebe Vierbeiner zu Zeiten des Extremnationalismus' als schottischer und damit britischer Hirtenhund, aus der Mode gekommen, bis er den Deutschen Schäferhund, der zum treuesten Begleiter des Herrenmenschen geworden war, wieder ablöste, dem er an Verträglichkeit und Intelligenz weit überlegen war, wie die US-Fernsehserie *Lassie* zwischen 1954 und 1973 auch in deutschen Wohnzimmern allen Kinder- und Elternherzen unwiderstehlich zeigte.

Den Herrenmenschen und ihrer ›rassischen‹ Menschheitsbereinigung als ›Halbjude‹ gerade noch entgangen, blieb Hans Blumenberg ein vorsichtiger Mensch. Die Verfolgung hatte zu drastisch darüber belehrt, daß zur Kunst des Überlebens unabdingbar gehörte, sich den anderen jederzeit zumutbar zu machen, wenn schon nicht angenehm. Kritiker aber, gleich an wem oder was, werden leicht als unverträglich wahrgenommen. Gesellschaft will die Behaglichkeit der Übereinstimmung. Da sind Abweichler, auch nur in einer Meinung, leicht Kandidaten für Feindschaft, deren totale Bestimmung von Politik und ›Volksgemeinschaft‹ gerade einmal sieben Jahre zurücklag, als er begann, sich öffentlich zu den öffentlichen Dingen zu äußern. Da konnte, was in diesem Autornamen an Assoziationen mitschwang, Wohlwollen und Akzeptanzbereitschaft wohl förderlich sein: die harmlose Freundlichkeit eines ›Axel‹, der seine Herkunft aus dem herrschaftlichen ›Alexander‹ abgelegt hatte, die anschmiegsame Zutraulichkeit eines neuen Hundelieblings der Deutschen.

Mit der Wahl dieses Pseudonyms gelang eine Verbindung von Psychologie und Rhetorik, die das Zeug hatte, die Zumutbarkeit des Kritikers für sein Publikum, das sich an Kritik gerade erst wieder zu gewöhnen begann, zu fördern. Überzeugung wird durch Appell an das erreicht, wovon man schon überzeugt ist. Was man vermitteln will, muß als Teil des bereits Anerkannten erwiesen werden. Oder wenigstens auftreten.

Ihren Hunden lassen die Deutschen alles durchgehen. Sogar Verstöße gegen die Ordnung, die unbedingt zu halten, zu ihren Lieblingstugenden gehört. Da wird die beiklingende Ansprache ihrer Tierliebe durch den Namen eines Kritikers für das, was er ihnen zu sagen hat, zu dem, was in dem gerade seiner Eskalation entgegenstrebenden Kalten Krieg zur wichtigsten Aufgabe der Politik werden sollte: zur vertrauensbildenden Maßnahme. Einem Colly würde man am Ende sogar eine Nestbeschmutzung verzeihen. Die bei ihm aber gar nicht vorkommt.

Die Vereinigung beider Elemente jener antiken Konstellation im Zusammentreffen von Herrscher und Philosoph, von Alexander und Hund, in diesem Namen, zeigt den Philosophen, der ihn als Hort unangreifbarer Verborgenheit unter dem Schutz der Anonymität wählte, auf der Höhe seiner Souveränität. Daß dies ganz öffentlich, und doch ganz im Verborgenen geschah, gehört zur Daseinsgestik dieses Philosophen.

Diese Wahl aber war nicht nur ein symbolischer Akt. Sie war Ausdruck der Subtilität eines Realismus', zu der das Überleben zwingt. Der Hund, mit dem Blumenberg sich in der Wahl seines Autorheteronyms identifizierte, war nämlich keine Erfindung seiner Einbildungskraft. Beglaubigt durch Tochter Bettina, gab Sibylle Lewitscharoff 2011 in ihrem Roman über den Philosophen als ein weiteres der wenigen Details, die aus seinem Leben bekannt wurden, preis, daß im Hause Blumenberg entgegen der naheliegenden Vermutung ein Hund tatsächlich existierte. Es war – ein Collie; er hörte auf den Namen – Axel.

Mit seinem geliebten Axel zu sprechen, dem weißhaarigen Collie, war Blumenberg immer leichtgefallen. Axel war ihm auf Schritt und Tritt überall hin gefolgt, ihm in sein fülliges Brustfell zu fahren und ihm den Hals zu kraulen war für Blumenberg ein Vergnügen gewesen, während dessen er ganz ungezwungen, fast wie ein kindlicher Liebhaber, wie narrisch mit dem Hund gesprochen hatte, wenn auch – gemessen an anderen Hundeliebhabern – bemerkenswert korrekt (Lewitscharoff, 11).

Oder sollte dies reine Erfindung der Romancière sein, paßgenau gefügt, bekannt mit Familieninterna, wie sie gewesen sein mag? Durch Zugang zum Nachlaß bereits eingeweiht in das Geheimnis des Pseudonyms, das dem außenstehenden Leser erst die Herausgeber der 2015 erschienenen *Schriften zur Technik* lüfteten, in die sie einige der unter seinem Schutz veröffentlichten frühen Feuilletons aufnahmen?

Erfunden oder nicht, sich als *Axel Colly* mit dem lebendigen Gegenbild des Schäferhundes, des Totems der Herrenmenschen, zu identifizieren, um publizistisch jene Verborgenheit zu wahren, in die sie ihn gezwungen hatten, ist ein Akt stillen Triumphes und heiter überlegenen Lebensgenusses dessen, der dank ihrer überleben konnte, was sie ihm zugedacht hatten. Alexander ist Diogenes unterlegen.

Was der Romanleser erst vermuten konnte, hat Uwe Wolff drei Jahre später in seiner bewegenden Miniaturbiografie Hans Blumenbergs als authentisch beglaubigt. Es gab den Hund. Es war ein Collie, und er hörte auf den Namen, den der junge Feuilletonist sich als Pseudonym gab (Wolff, 191).

Walter Benjamin, *Ursprung des deutschen Trauerspiels* (1928), Frankfurt a. M. 1963

Hans Blumenberg, *Schriften zur Technik*, hg. von Alexander Schmitz und Bernd Stiegler, Berlin 2015

Elazar Benyoëtz, *Die Eselin Bileams und Kohelets Hund*, München 2007

Sibylle Lewitscharoff, *Blumenberg*. Roman, Berlin 2011

Uwe Wolff, »›Den Mann, den alle schlagen, diesen schlägst du nicht‹. Hans Blumenbergs katholische Wurzeln«, in: *Communio*, 43. Jahrgang, 2014, 182–198

Der wirkliche Buber

Husserls gelebte Epoché

Während einer Zusammenkunft in Stuttgart anläßlich des 80. Geburtstages von Hermann Hesse, den Martin Buber mit einer Rede geehrt hatte, ließ der ebenfalls anwesende Albrecht Goes sich dazu hinreißen, im nachmittäglichen Geplauder diesen seinerseits als personifizierten Beleg dafür zu preisen, daß die *Gottesgeschichte* sich fortsetze. Aus ihm spreche *die Geschichte von Abraham und Jesaja; die ewige Stimme schweigt nicht.*

Diskret überspielt der Angesprochene die Verlegenheit, die Goes sogleich nach diesem übermütigen *Schritt von der Vertraulichkeit zur Zudringlichkeit* erfaßte, indem er die Preisung halb ernst, halb scherzhaft nimmt, und die überschwängliche Bemerkung selbstironisch zuspitzt: *»Das wäre dann also eine Art Dasein als Legende?«* Daraufhin ich, nun mutiger geworden: *»Ja, wenn Sie gelten lassen, daß Legende etwas eminent Wirkliches ist«.*

Wie treffsicher Goes parierte, bekräftigt Bubers daran anschließende Erzählung, wie er vor dreißig Jahren Edmund Husserl kennenlernte.

Ich kam in den Saal; irgend jemand von der Philosophischen Gesellschaft erkannte mich, und sogleich wurde ich an eine Art von Vorstandstisch beordert. Als Husserl erschien, begrüßte er uns rasch noch, ehe er aufs Pult ging. Ich sagte: »Buber«. Er stutzte einen Augenblick und fragte zurück: »Der wirkliche Buber?« Ich zögerte mit einer weiteren Erklärung. Darauf Husserl: »Aber das gibt es doch gar nicht! Aber Buber – das ist doch eine Legende.«

Das war kein Versuch, eine Überraschung mit einem Scherz zu überspielen. Husserl war Ironie vollkommen fremd. Entsprechend streng verfuhr er mit seinen Schülern in allen Lebenslagen. Für ihn hatte ein Philosoph immer und unter allen Umständen einer zu sein, und nichts sonst. Stets aufs ›Wesentliche‹ bedacht, duldete er keine Zweideutigkeiten.

Wie bizarr sich das im Umgang mit ihm in der ›Lebenswelt‹ gestalten konnte, hat Günther Anders überliefert. Als er, nach *fünfundfünfzig Jahren, zum ersten Male, wieder voll Bewunderung, in Husserls 5. logischer Untersuchung gelesen* hatte, erinnert er sich eines Gesprächs, das er 1924, ein Jahr nach seiner Promotion bei ihm, mit ihm führte. Als ein *Herumflicken an seinem Netz* störte ihn die Unendlichkeit im Bemühen um die immer wieder neu ansetzende Begründung der Phänomenologie. Übermütig, *naseweis*, fragt er, *ob er sich nicht vielleicht ein Seil über dieses Netz spannen oder gar auf diesem Seil dann tanzen wolle, da hat er mich zuerst fassungslos unter seinen Brillengläsern angeblickt*. Seine verständnislose Reaktion offenbart eine für den Denker der Anschauung erstaunliche Metaphernschwäche. *»I c h tanzen?«, fragte er, als wäre das das Unmoralischste, was man einem wohlbestallten, ordinierten Philosophen unterstellen konnte*.

Husserls Humorlosigkeit hatte Anders bereits früher kennengelernt. *In der Tat hat er mich, seinen Doktoranden, als ihm »zu Ohren gekommen war, daß ich eine Faschingsnacht kostümiert durchgetanzt hatte«, zu sich bestellt, um mir fürs Leben mitzugeben: »Ein Phänomenologe tanzt nicht und zu allerletzt kostümiert!« Als ich ihm antwortete, ich hätte nicht als Phänomenologe getanzt und mich nicht als solcher kostümiert, fragte er – und das meinte er – zurück: »Sondern als was?«* (Anders, *Ketzereien*, 242).

Was Husserl sagte, war immer ganz so ernst zu nehmen, wie er alles nur nehmen konnte. Unfähig, auch nur für einen Moment etwas anderes zu sein als der Denker, verbrachte er selbst seine Sommerfrischen damit, seine Überlegungen ungestört in Echtzeit in einer von ihm dafür noch vereinfachten Stenogrammschrift zu protokollieren, deren Entzifferung derartige Schwierigkeiten bereitet, daß die Erschließung seines gewaltigen Nachlasses zu der unendlichen Aufgabe wurde, als welche er die Arbeit des Phänomenologen verstand.

In der Person, die sich ihm bei jenem Zusammentreffen als ›Buber‹ vorstellte, war Husserl plötzlich aus dem Nichts der Wirklichkeit, die es für den Phänomenologen nur im Zustand der ›Epoché‹ geben soll, als lebendige Verkörperung die Herausforderung jener ›Intersubjektivität‹ entgegen getreten, die ihm schließlich zum Garanten für das Sein dessen wurde, was sich im Bewußtsein zeigt, und ihm im lebendigen Umgang mit anderen ›Subjekten‹ so weltfremd schwerfiel, wie es der methodischen ›Weltvernichtung‹ als Bedingung jeder ›Wesensschau‹ entsprach. Nur, was sich als von anderen als dasselbe gedacht erweisen ließe, konnte als wirklich gelten. Daran muß sich das ›transzendentale Bewußtsein‹ als Bewußtsein überhaupt als wirklichkeitskonform bewähren. Wie schwer das wirklich fallen muß, zeigt Husserls spontane Unfähigkeit, den leibhaftigen Buber als wirklich wahrzunehmen, der in seinem Bewußtsein doch nur als ›Legende‹ vorhanden war.

Leider schweigt Bubers Anekdote darüber, ob es nach Husserls Vortrag zu einer weiteren Begegnung kam. Es gab wohl keine, andernfalls hätte Goes es wenigstens erwähnt, vorausgesetzt, daß sein Stilempfinden ihn nicht bewog, es zur Wirkungssteigerung ihrer Pointe zu opfern.

Wenn es sie aber gab, wie mag Husserl sich dem nun ›wirklichen‹ Buber gegenüber verhalten haben? Stets sein Denken lebend, hätte er eine Weile beobachten müssen, wie die anderen Anwesenden mit ihm umgingen, bevor er hätte bereit und fähig sein können, ihm nun seinerseits als einer Wirklichkeit, statt als einem seiner abgespeicherten Bewußtseinsinhalte zu begegnen. Erst, zu sehen, wie die anderen ihn behandelten, konnte ihm seinen legendären in den wirklichen Buber verwandeln.

Wahrscheinlich jedoch ist, daß es zu keinem Gespräch mit dem Denker der Wesensschau kam. In jeder Lebenslage ganz Phänomenologe, wird er ihm, sollte Buber eines gesucht haben, ausgewichen sein. Denn der *Phänomenologe, dessen tägliche Arbeit in der Protokollierung seines Selbstverständnisses von Bewußtsein besteht, ist ein eminent undialogischer Philosoph, weil er nicht argumentiert oder jedenfalls nicht zu argumentieren beabsichtigt.* Das war ihm so selbstverständlich, daß es zu keinem Moment seiner unablässigen Selbstreflexion der Phänomenologie wurde. *Nur ein einziges Mal und zaghaft mit Bleistift hat er über eins seiner Protokolle das geschrieben, was deren wahre Natur ausmacht:* »*Selbstgespräch 1904 Große Ferien*« (Blumenberg, *Phänomenologische Schriften*, 171).

Darin schwingt mehr mit, als nur die Beinaheeinsicht, um was es sich in letzter Konsequenz der Methodik seiner Denkform handelte: Phänomenologie zu betreiben, das sind die ›Großen Ferien‹ von den Lebenslasten des Realismus.

Als empirisches Subjekt kann der andere den, der es zu denken unternimmt, nur stören, da sein Denken auf der Ausschaltung seiner Wirklichkeit aus seiner Denkarbeit besteht. Wirklich ist nur das Denkbare. *Dasein und Wesen verhielten sich derart zueinander, daß das eine vom anderen nicht nur in der realen Operation, die man als Zerstörung oder Tötung eines Gegenstandes ansehen kann, sondern auch in der methodischen Operation getrennt werden könnte, die eben als phänomenologische Reduktion auftritt und vom Philosophen die Fähigkeit verlangt, seinen Gegenstand unabhängig von dessen Existenz in einer Natur, in der Welt, in der Zeit, zu betrachten. Wesen ist immer, was bleibt, wenn Dasein von einer Sache abgezogen worden ist* (116).

Das Auftauchen des ›wirklichen‹ Buber konnte den Phänomenologen gar nichts angehen, der ihn seinem Bewußtsein längst als ›Legende‹ eingemeindet hatte. Dafür war es nicht erforderlich, zu wissen, ob er noch lebte, oder längst tot war. Schärfer noch: Ob es einen wirklichen Buber überhaupt gab, war vollkommen gleichgültig, da einer als Bewußtseinsinhalt existierte. Der Phänomenologe Husserl brauchte Buber nicht, um ihn als einen solchen gedacht zu haben. Schließlich kam es nur darauf an.

Dazu mußte mit der Person dieses Namens nicht geredet werden.

Günther Anders, *Ketzereien*, München 1982; 1991
Hans Blumenberg, *Phänomenologische Schriften 1981–1988*, Berlin 2018
Albrecht Goes, »Erinnerungen an Martin Buber«, in: ders., *Tagwerk. Prosa und Verse*, Frankfurt a. M. 1976, 215–231

Ein Schnittmuster für Husserls Ideenkleid

Vorläufer Fontane

Was hat er nicht gelesen? Was alles vollständig? Jedenfalls Fontane.

Bei allem Bedenkenswerten, das Blumenberg bei ihm fand, das schließlich ein ganzes Buch füllte, dessen Titel *Gerade noch Klassiker* Fontanes Stellung in der deutschen Literatur-, mehr noch Lesegeschichte, in drei Worten genau bestimmt, hat er manches auch ausgelassen, was nach einer phänomenologischen Glosse geradezu verlangte. Zum nachholbaren Vergnügen eines schreibenden Lesers.

Philosophien einer Zeit finden auch ohne Absicht Eingang in ihre Literatur. Ungewöhnlich ist, und desto bedenkenswerter, daß eine Literatur auf eine Philosophie ihr schon entsprechend vorausweist, die es zu ihrer Zeit noch gar nicht gab. Dann wird erahnbar, daß vieles an deren Entstehung mitgewirkt haben muß, auch ohne, daß es dabei schon auf sie abgesehen sein konnte. Dazu gehörte Absicht, die es nicht geben kann, wenn noch nicht existiert, worauf sie es absehen könnte. Was später als Vorläuferschaft erscheint, war keine Vorbereitung. Gehört aber zu den Faktoren, an denen greifbar wird, was es gegeben haben muß, damit sie möglich wurde.

Den ›Klassiker‹ macht, an ihm in der Rückschau vor allem seine Vorzeitigkeit auffällig zu finden: ›schon‹ gesagt zu haben, was erst später ganz ausdrücklich wurde. Von aller abstrakten Reflexion so weit entfernt, wie ein Erzähler nur sein kann, bietet Fontane den seltensten Fall, ein theoretisches Bedürfnis schon genau beschrieben zu haben, bevor es im philosophischen Denken so regsam wurde, wahrgenommen zu werden und seine begriffliche Befriedigung zu erwirken. Er hat beinahe bereits betrieben, was eine Generation später ›Phänomenologie‹ geworden sein wird. Der Schlußstein zu seinem Werk gehört zu deren ›Möglichkeitshorizont‹.

In seinem Requiem auf seine verstorbene Frau zitiert Gerhard Meier aus einem Brief Fontanes über seinen *Stechlin*, den er im Sommer 1897 Paul von Szczepanski schrieb, in der dessen Erzähltechnik als Modell dieser Verlaufsform von Geistesgeschichte aufscheint.

Der Stoff, soweit von einem solchen die Rede sein kann – denn es ist eigentlich bloß eine Idee, die sich einkleidet –, dieser Stoff wird sehr wahrscheinlich mit einer Art Sicherheit Ihre Zustimmung erfahren. Aber die Geschichte, das, was erzählt wird. Die Mache! Zum Schluß stirbt ein Alter, und zwei Junge heiraten sich; – das ist so ziemlich alles, was auf 500 Seiten geschieht. Von Verwicklungen und Lösungen, von Herzenskonflikten oder Konflikten überhaupt, von Spannungen und Überraschungen findet sich nichts! (Meier, *Granatbäume*, 31 f.).

Die selbstironische Leichtigkeit, mit der Fontane die Summe seines Autorlebens als ein belletristisches Unding beschreibt, ist der genaueste Kommentar zur Realität des Stoffes, von dem sein Roman erfüllt ist, ohne nach den Regeln dieser Kunst ausgebreitet zu werden. Die Lebensform des märkischen Adels, der Fontanes unerwiderte Zuneigung galt, war von prinzipienfester Genügsamkeit. Als Gutsherren stets am Rand des ökonomischen Ruins, und seinen Stolz als Staatsdiener erwerbend, hatte man mit wenigem auszukommen. Und war stolz darauf, daß man es konnte.

Auch im Denken. Der *Stechlin* ist die stille Feier einer bescheidenen Klugheit aus langer Lebenserfahrung, die sich von Generation zu Generation forttägt, die auf nichts als Lebenserfahrung beruht. Das Geplauder seines Personals macht es zu Figuranten einer bedenkenlosen Lebensweisheit, der die Wortkargheit eines Dieners als Ausweis eines ›Philosophen‹ erscheint. Nur ein Philosoph, der die Philosophie nicht zu ernst nimmt, kann Gefallen daran finden.

Aus diesem ›Stoff‹ des wahren Preußentums schneidert Fontane die ›Idee‹, die seine Erzählung ›einkleidet‹.

Im § 9, der von der Mathematisierung der Natur durch Galilei handelt, findet Husserl 1936 in seiner *Krisis der europäischen Wissenschaften*, mit der er seinen letzten Anlauf zur Begründung der Phänomenologie unternimmt, zu seiner letzten Begriffsprägung: dem ›Ideenkleid‹. Es in seinem Funktionieren zu verstehen, begründet, warum es eine Analyse der ›Lebenswelt‹ geben muß, um die Aufgabe der Phänomenologie zu begreifen und zu erfüllen.

In der geometrischen und naturwissenschaftlichen Mathematisierung messen wir so der Lebenswelt – der in unserem konkreten Welterleben uns ständig als wirklich gegebenen Welt – in der offenen Unendlichkeit möglicher Erfahrungen ein wohlpassendes I d e e n k l e i d an, das der sogenannte objektivwissenschaftlichen Wahrheiten, d.i. wir konstruieren in einer (wie wir hoffen) wirklich und bis ins einzelne durchzuführenden und sich ständig bewährenden Methode zunächst bestimmte Zahlen-Indizierungen für die wirklichen und möglichen sinnlichen Füllen der konkretanschaulichen Gestalten der Lebenswelt.

Husserl war kein Leser. Unwahrscheinlich, daß er Fontane kannte. Wäre er einer gewesen, hätte er nicht nur in jenem Brief seinen Begriff vorgeprägt finden können – vorausgesetzt, er wäre zu seinen Lebzeiten bereits veröffentlicht worden –, sondern dazu im *Stechlin* die denkbar genaue Beschreibung einer ›Lebenswelt‹. Die ›Idee‹, die Fontane in seine Erzählung ›kleidet‹, ist die Essenz eines von ihm literarisch stilisierten Preußentums: die Würde eines einfachen, nicht gegen die natürliche Erhabenheit der Vergänglichkeit von allem, sondern im Einverständnis mit ihr geführten Lebens – *es ist nicht nötig, daß die Stechline weiterleben, aber es lebe der Stechlin*. Die Beständigkeit der Welt verleiht dem Menschen die Würde der Episode seiner Anwesenheit in ihr.

Wie vorausweisend nah Fontane der Haltung im Denken kam, die Husserl mit seiner Phänomenologie zur Methode des Denkens ausprägen sollte, tritt im zwölften Kapitel seiner Kindheitserinnerungen »Was wir in der Welt erlebten« zutage. Vorausgesetzt, man verschmäht es nicht, auch Anmerkungen zu lesen. Die einzige dieses Kapitels handelt von der *Macht der rein äußerlichen Erscheinung*. Erläutert wird sie anhand einer Anekdote aus Preußens Einigungskrieg gegen Frankreich. *Friedrich Wilhelm III., als es sich um den Einzug in Paris handelte, wollte von der Heranziehung des Yorckschen Korps, das doch die Hauptsache getan hatte, zu diesem Einzugszwecke nichts wissen, weil die Hosen der Landwehrleute zu sehr zerrissen waren. Manche hatten gar keine Hosen mehr und deckten ihre Blöße nur noch mit ihrem Mantel. Der König ist oft dafür getadelt worden, ich meinerseits aber habe mich immer auf seine Seite gestellt. Das Ä s t h e t i s c h e hat eben auch sein Recht, mitunter sogar ein weit- und tiefgehendes, trotzdem ich nicht verkenne, daß dabei schließlich ein Dorfspitz herauskommen kann, der wohlgekleidete Lumpen passieren läßt und ehrliche*

Leute, die gerad um ihrer Tugenden willen in Lumpen gehen, anbellt.

Das ist nicht nur ein frühes Stück einer künftigen Ästhetik der Macht. Es weist auch voraus auf die bedeutendste Rolle, die Ästhetik im Wortsinn der Wahrnehmung in der Philosophie spielen würde. *Bedarf das der Abstellung*, schließt Fontane seine so bedeutende wie beiläufige Überlegung, *muß das aus unserer Seele heraus, so müssen wir nach ganz anderen, von der Erscheinung absehenden Prinzipien erzogen werden und es lernen, unter allen Umständen immer nur das Eigentliche, den Kern der Sache zu befragen. Davon sind wir aber vorläufig noch weit ab.*

Nicht ganz so weit, wie der Skeptiker annahm. Kaum eine Generation später sollte Husserl *das Eigentliche, den Kern der Sache*, als ihr ›Wesen‹ bestimmen, und zu dessen Erkenntnis das Verfahren der genauesten Analyse ihrer ›Erscheinung‹ im Bewußtsein begründen. Was etwas ist, zeigt sich nur daran, wie es erscheint. Daraus folgt als praktische Regel zur Selbstbehauptung in der Lebenswelt, daß sein Erscheinen in ihr nicht dem widersprechen darf, was etwas sein soll. Weshalb die zwar siegreichen, aber abgerissenen Soldaten vom Triumphzug nach Paris auszuschließen waren.

Kunst geht immer voran. Sie bildet vor, woran ein Zeitgeist zu seinem Selbstverständnis, und Erkenntnis ihre Begriffe finden kann.

Gerhard Meier, *Ob die Granatbäume blühen*, Frankfurt a. M. 2005

Ein Stattdessen, das gar keines ist

Erotik noch im Denken

Wann hat er nicht gedacht?

Angesichts der Massivität seines Werkes schon dem bloßen Umfang nach, kann man sich kaum vorstellen, Hans Blumenberg habe sein Leben anders als in einem nur von den Alltagsverrichtungen elementarster Lebensnotwendigkeiten wie Essen und Schlafen unterbrochenen Zustand einer unausgesetzten Nachdenklichkeit geführt. Dafür spricht, daß er strikt dafür sorgte, von seinem Leben nichts außer den Werken bekannt werden zu lassen, die er schuf, und selbst von ihnen nur einige. Erst lange nach seinem Tod wurde ihr ganzer Umfang nach und nach bekannt.

Wie mag er dabei noch ein Familienleben als Ehemann und Vater geführt, Beziehungen als Freund unterhalten, sich an gesellschaftlichem Leben beteiligt, Ferien gemacht haben? Dafür, daß es auch das alles gab, bürgen Anspielungen, die sich in seine Schriften eingestreut finden.

Umso erstaunlicher, daß er gegen Husserl, der bekannte, ohne Philosophie nicht leben zu können, darauf bestand, ein Philosoph dürfe ihr sein Leben nicht ausschließlich widmen. Philosophie gehört zu den Zugaben des Lebens, *die sich das nicht definierte Säugetier durch das Kunststück seines evolutionären Überlebens eingebrockt hat* (»Ohne Philosophie nicht leben können«, 134). Die Vernunft, die seit langem tüchtiger ist, als sie als Lebenswerkzeug sein muß, stellt sich Aufgaben, die sich aus ihrer Unlösbarkeit unentwegt erneuern, deren Anstrengungen Teil der Lebensüberschüsse sind. Sie sind *mehr Lust als Not* (133). *Doch gehört es zur Lust, daß sie sich ihrer schämt und sich als Not verkleidet. Was der sich nicht eingesteht, der mit schöner Rhetorik vor sich und gegen sich erklärt, er könne ohne Philosophie nicht leben* (134 f.). Da nicht mehr gedacht werden muß, um leben zu können, kann gelebt werden, um denken zu können. Nur deshalb kann Philosophie nicht nur Lebensaufgabe, sondern Lebensform sein. Gerade deshalb aber gilt für ein Philosophenleben die Ausschließlichkeit des Denkens nicht. Das sichere Leben verlangt nach anderen Verpflichtungen als der, das wichtigste seiner Erhaltungswerkzeuge zu pflegen.

Worum sonst sollte einer sich also in, wenn nicht mit seinem Leben stattdessen bemühen? Wenigstens gelegentlich? Jedenfalls um alles, dem niemand sich in seinem Leben entziehen kann, weil es in ihm wirkt, ob er will, oder nicht.

Also auch die für alle, die die Leidenschaft für Fußball teilen, zweitschönste, und für alle anderen wichtigste Nebensache der Welt. In einer der in seinen Vorlesungen extemporierten Passagen mit einem Anflug spitzbübischen Lächelns genannten möglichen Alternativen zum eifrigen Studium in der Bibliothek gehörte denn auch die, *die Erotik zu üben*.

Der Kommentar, der meiner beklemmend attraktiven Banknachbarin mit dem kurzen spitzen Auflachen einer erfahrenen Praktikerin entfuhr, *Üben ist gut!*, übersah in seiner amüsierten Spontaneität den Doppelsinn von ›üben‹ und ›ausüben‹. Gerade in der Erotik gilt, daß erprobt werden muß, was sein muß, um es zu können. Sexualität ist etwas für Junge, Erotik für Ältere; die Jungen müssen üben, die Älteren üben aus. Die Jungen, die ihre Sexualität ausüben, müssen die Erotik noch üben. Dazu bedarf es sexueller Diätetik. Zuviel Sex macht genauso unerotisch wie keiner.

Dahinter steht die von Georg Simmel an Goethe demonstrierte Unterscheidung der sexuellen von der erotischen Natur. Der Erotiker nimmt alles, was ihm begegnet, aus der Geschlechterspannung wahr, ohne sie gleich sexuell lösen zu müssen. Der Sexuelle betreibt die Befriedigung des Begehrens ohne Verzug und Umweg.

So kann es dazu gehören, die Erotik zu üben, in der Bibliothek zu lesen, statt Sex zu haben. Dabei muß es sich bei der Lektüre um keinen Roman handeln, in dem er sich beschrieben findet, es kann auch ein metaphysisches Traktat sein. Denn auch dabei ist dem Geschlecht nicht zu entkommen. *Man muß an Frauen denken, wenn man denkt und nicht verleugnen, dass ein Teil unserer Hoffnung und unserer Neugier, die sich den Worten anvertrauen, zwischen den Beinen sitzt, dann entdeckt man die Angel, in der sich die Tür dreht, das Gelenk zwischen Leben und Denken* (Bense, *bestandteile*, 72).

In der Geschichte der Sprache war der Doppelsinn als wechselseitiger Hintersinn von Lust und Denken lange bewahrt.

Das heute gebräuchlichste ordinäre Wort für die Ausübung des Geschlechtsverkehrs ist uns in diesem Zusammenhang so normal geworden – inklusive seiner nach wie vor strikten Ablehnung, wenn es darum geht, den guten Ton zu wahren –, dass man die Normalität des Ursprungs vergessen hat. Eine ganze Clique verwandter Begriffe schart sich um den furchtbarsten von ihnen: fick, fack, fickfacken, fokken, foppen, fuchsen – und alle meinen seit althochdeutschen Zeiten ungefähr Ähnliches: hin- und herreiben, hinein- und hinausbewegen, necken, reizen, etwas im Kopf bewegen, ein Problem lösen, kurz: nachdenken. Die Trennung von Kopf und Bauch scheint also noch nicht allzu alt zu sein. Sagt jedoch heute eine wissenschaftliche Koryphäe vor Publikum, er hätte für seinen Vortrag die ganze Nacht gefickt, löste dieses Bekenntnis trotz aller Liberalität wahrscheinlich vehementes Erstaunen aus (Graeff, *Vokabeln*, 78 f.).

So bleibt ganz bei der Sache, wer sich statt dem Denken der Ausübung der Erotik widmet. Nicht jede Alternative ist eine. Wer sich vor dem Denken in die Lust flüchtet, entgeht ihm auch dort nicht. Und umgekehrt.

Das kleistische Zucken der Mundwinkel kann nicht nur eine Revolution auslösen. Auch einen Gedanken, wie Blumenbergs Lächeln bei der Erwähnung der Erotik als ein Stattdessen des Denkens.

Max Bense, *bestandteile des vorüber. dünnschliffe mischtexte montagen*, Köln/Berlin 1961

Hans Blumenberg, »Ohne Philosophie nicht leben können – eine Pathosformel«, in: *Lebensthemen. Aus dem Nachlaß*, Stuttgart 1998

Max Christian Graeff, *Vokabeln der Lust*, München 2001

Schwierigkeit der Philosophie

Je größer die Mühe, die man sich gibt, nicht schwer verständlich zu sein, desto prompter findet man sich mit dem Vorwurf konfrontiert. Man hat gehört, der Vortragende sei Philosoph; also hört man nicht, was er sagt, sondern darin, was man davon erwartet, und überhört, es gar nicht zu hören zu bekommen. Denn man kennt das ja.

So fand ich mich nach einem Vortrag, der außer den umgangssprachlich geläufigen nicht eines enthalten hatte, zuverlässig dem Vorwurf ausgesetzt, ich verwende zu viele Fremdwörter. Gegen die Harthörigkeit der Vorurteile hilft nichts. Wie die Psychologie des Rechtsstreits die Verteidigung als Selbstanklage wahrnehmen läßt, so wirkt jede Widerlegung als Bekräftigung.

Wie wohl tat da nach einem Konferenzbeitrag die Bemerkung des Physikers Hans-Peter Dürr, mit der er die anschließende Diskussion eröffnete, der Steffens sei ja gar kein echter Philosoph; ihn könne man ja verstehen.

Ohne etwas dazu getan zu haben, hatte ich einer der Maximen entsprochen, die Hans Blumenberg der Philosophie abverlangt: nicht zu sein, wofür sie gehalten wird. *Philosophie darf nicht schwer sein. Sonst ist etwas faul bei dem, der sie vertritt – und natürlich ist bei jedem, der etwas vertritt, auch etwas faul* (*Verführbarkeit*, 145). Etwas zu vertreten, kaschiert in seinen Gesten des Überzeugenwollens immer auch die Faulheit, seine Sache so überzeugend gemacht zu haben, daß sie der Werbung nicht mehr bedarf. Auf die Demonstration ihres Wertes kommt es an, nicht auf dessen Erklärung.

Philosophie darf nicht schwer sein, weil das Leben es ist. Noch weniger als schwer aber, darf Philosophie deshalb langweilig sein. Dazu ist das Leben, dem sie hilfreich sein will, zu kurz. Das Schwere, das sie bedenkt, darf auf sie nicht abfärben, sollen ihre Einsichten das Leben leichter machen können. Und bestünde diese Erleichterung nur darin, zu verstehen, warum das Leben schwer ist.

(2001)

Hans Blumenberg, *Die Verführbarkeit des Philosophen*, Frankfurt a. M. 2000

Zu wenig, zu viel

Der Umfang von Gesamtausgaben

Die Beziehung von Quantität und Qualität ist viel erörtert, aber nie geklärt worden. Von Marx aus Hegels Dialektik in die Politische Ökonomie, dann von Engels in den Historischen Materialismus übertragen, hat sie nicht weniger praktische Bedeutung gehabt, als über ihre theoretische nachgedacht wurde.

So unbestreitbar die Macht der Masse in jedem Verständnis ist, so unsicher bleibt, ob es sich bei ihren Wirkungen auch um einen Wert handelt, Quantität in Qualität ›umschlagen‹ kann. Er bleibt zweifelhaft. Die Skepsis umkehrend, beargwöhnen weniger erfolgreiche Autoren die neiderregenden Verkaufszahlen von Kollegen als Ausweis minderer Qualität ihrer Werke. Was nicht ganz falsch ist. Daß viele etwas lesen, oder auch nur kaufen, muß nicht heißen, sie täten es, weil sie alle dessen Qualität erkannt hätten. Noch weniger, daß es diese auch habe. Auch, was keine besitzt, kann zum Verkaufsschlager werden, und manches Produkt weckt den Argwohn, nur das. So wenig Qualität Erfolg verbürgt, der sich in Umsatzzahlen zeigt, so wenig zeugen diese für jene.

Das liegt an der immerwährenden und alles betreffenden Schwierigkeit, das rechte Maß zu finden. Nur dieses könnte das Verhältnis von Zahl und Wert eindeutig bestimmbar machen.

Sie betrifft ein Phänomen, das Autoren naturgemäß besonders interessiert, bei dem Quantität und Qualität einander bedingen, die von jedem ersehnte, und den meisten nur erträumte, Gesamtausgabe.

Gesamtausgaben zu Lebzeiten – das war eine Verlegergnade, die noch zur letzten Jahrhundertwende kaum einem Sterblichen zuteil wurde. Inzwischen dürfen immer Jüngere ihre Werke ›versammeln‹, wenn es nur zu mehr als einem Band ausreicht (Blumenberg, *Fontane*, 149). In welchem Alter, prä oder post mortem, wäre sie aber gerechtfertigt, die ›Verlegergnade‹, die noch mehr eine der Bibliothekare ist, aber selten von einer breiten Leserschaft beglaubigt wird? Als Monumente der Geistesgeschichte kommen sie auch ohne aus. Sie erfüllen ihre Aufgabe allein dadurch, daß es sie gibt.

Alles bemißt sich nach seinem Gegenteil. Ein ›genug‹ zeigt sich am ›zuviel‹. Der Umfang seiner Werke, der Fontane als einen erscheinen läßt, der zu Recht schon zu Lebzeiten mit einer Gesamtausgabe ausgezeichnet wurde, hat sein Gegenstück in dem Philosophenwerk, das als erstes die Grenzen des Lesbaren auch des passioniertesten Lesers sprengte, bevor es von seinem produktivsten Schüler Heidegger um mehr als das Doppelte übertroffen werden sollte.

Dabei wäre das *beinahe unendliche* Lebenswerk Husserls beinahe verloren gegangen. In den Wirren des Zweiten Weltkriegs *überstand es den Untergang, als es der mutige Franziskaner Leo van Breda nach Löwen transferierte und der nachrückende Sieger sich vor der Obhut frommer Kutten verzog.* Eine Rettung, die offenbar so sehr zum Teil eines holländischen National- und Kulturstolzes wurde, daß sie mir die einzige Erfahrung mit antideutschem Ressentiment eintragen konnte, die mir je begegnete. 1980 hatte ich in Leiden die *Husserliana* entdeckt. Die Miene des Antiquars, die er zog, als ich ihm Name und Anschrift nannte, mit der Bitte, mir das Angebot doch schriftlich zu geben, das er mir an Ort und Stelle nicht machen wollte, da sie noch nicht im Bestand erfaßt sei, bedeutete mir unmißverständlich, daß ich es nie erhalten werde. So war es dann auch.

Van Breda hat auch noch die nochmals beinahe unendliche Arbeit der Nachlaßedition organisiert, die mit seiner Préface 1950 zu erscheinen begann und fast ein halbes Jahrhundert später mit 26 Bänden noch nicht abgeschlossen ist. Nun hieß es abermals, daß diese Philosophie (beinahe) ein Leben beanspruche, sich auch nur in die Reduktion ›einzuleben‹. Muß das sein? (Lebensthemen, 135). Da war übertrieben worden, und zu viel getan. Die Ausarbeitung seiner Philosophie hatte Husserl nicht nach deren Methode der ›Reduktion‹ betreiben können.

Unverkennbar ist die Frage, so rhetorisch, wie sie ist, mit der Blumenberg seine Erörterung der Leichtfertigkeit Husserls, ohne Philosophie nicht leben zu können, schließt, eine Warnung vor Überforderung, und eine Zurückweisung ihrer Zumutung.

Bei einem, der zu den ganz wenigen gehört, die sich vom Umfang dieses Werkes nicht abschrecken ließen, und der sein eigenes unablässig bis zum letzten Lebenstag anreichern sollte, muß sie erstaunen. Ich weiß nicht, ob er die *Husserliana* besaß. Sollten sie jedoch vollständig Teil seiner Bibliothek gewesen sein, bin ich mir sicher, daß sich in jedem ihrer Bände Spuren seiner Lektüre finden. Blumenberg gehörte zu den wenigen Lebenslesern, die Husserl hatte. Es ist eher wahrscheinlich, daß er, wenn nicht alle, doch in allen las, so, wie er die Auszeichnung Fontanes durch eine Gesamtausgabe durch die komplette Lektüre seines Werkes beglaubigte. Für *ihn* ›mußte‹ es sein.

Warum dann der Zweifel der Frage? Aus Bescheidenheit, die eigenen Obsessionen nicht als Maß für andere und eine Nachwelt zu nehmen, deren Zeitgenosse er war, für deren Zukunft und Nachwelt sein eigenes Werk stetig wuchs?

Der Widerspruch, eine Zumutung festzustellen, die man für sich selbst gar nicht empfindet, ist nicht nur ein Zeichen des Objektivitätsbemühens der Nachdenklichkeit, für die die eigene Person zwar Ort ihres Geschehens, aber nicht Maß ihrer Wertungen ist. Er verweist auf die Unlösbarkeit des Problems, ein richtiges Verhältnis zwischen Quantität und Qualität festzulegen. Wie viele muß einer vorzuweisen haben, um seine Werke in einer Gesamtausgabe zu versammeln? Wie viele darf eine umfassen, um sie nicht um die Wirkung der Bedeutung zu bringen, die sie manifestiert? Wie viele sind zu wenige, wie viele zu viele? Hat eine großes Glück bei Lesern, wird hier und da in ihr gelesen; sie ganz aber nie.

Angesichts dieses Dilemmas will es als ein Glücksfall erscheinen, daß Blumenbergs Werk, das durch immer weitere Nachlaßveröffentlichungen nicht aufhört, zu wachsen, selbst nicht die Gestalt der Gesamtausgabe annahm. Zerstreut in einzelne Bücher, haben diese die Chance, von immer neuen Lesern auch gelesen zu werden.

Die ausgebliebene ›Verlegergnade‹ wird durch die Chance auf andauernde ›Lesergnade‹ ausgeglichen.

Hans Blumenberg, *Lebensthemen*, Stuttgart 1998
Hans Blumenberg, *Gerade noch Klassiker. Glossen zu Fontane*, München 1998

Nicht verschmäht

Alkohol und Nikotin

Nur wenige Philosophen führen das ihnen von ihren Verächtern gerne zugedachte Leben in Askese, wie Diogenes, Spinoza oder Nietzsche. Die Symposien der griechischen Akademien waren Gelage, mit allen sinnlichen Freuden. Und in Epikurs Garten ging es sinnenfroh zu, wenn auch nicht so hemmungslos, wie eine puritanisch prüde Nachwelt es sich gerne ausmalte.

Nicht alle treiben die Nichtenthaltsamkeit in den Lebensgenüssen bis zu einem exzessiven Doppelleben wie Max Scheler, das ihn wohl ums Leben brachte, als er gerade zur Vollendung seines Werkes ansetzte. Die Zeiten, in denen Doktorandenseminare als Trinkgelage und Raucherkabinette zelebriert wurden, sind vorbei.

Tabak und Alkohol gehören dennoch ganz natürlich zu den Stimulantien auch der Philosophen. Das verbindet sie mit allen anderen, denen sie gerne als grundverschieden erscheinen.

Daß auch Hans Blumenberg ihnen zugesprochen haben könnte, ließ sich nur vermuten. Bis Sibylle Lewitscharoff es in ihrem Roman über die Begegnung mit seinem ›Löwen‹ preisgab –: *Zeit, eine Flasche Bordeaux zu öffnen. Das Ereignis mußte gefeiert, auf das Erscheinen des Löwen Wein getrunken werden. Mit dem gefüllten Glas blieb Blumenberg allein, in seinem Arbeitszimmer hätte er vergeblich nach einem Gastglas gesucht. [...]. Draußen zündete er sich eine Zigarette an: auch gegen die Regel, denn für gewöhnlich legte er den Weg zum Briefkasten und wieder nach dem Haus im Sturmschritt zurück, Rauchen hätte da nur Zeit gekostet* (Blumenberg, 15 f.; 18). Vorausgesetzt, solche Details aus seinem persönlichen Leben dürfen dank des Dankes, den die Belletristin der Tochter Bettina als Wächterin seines Vermächtnisses abstattete, für authentisch gehalten werden.

Vermuten konnten es mit seiner Kunst der Andeutung vertraute Leser, die er in seinen Glossen übte, schon lange.

Daß er jedenfalls gegen Alkoholgenuß nichts einzuwenden hatte, zeigt der Leserbrief »Wie Hegel vom Schnupfer zum Trinker wurde« vom 24. Oktober 1985, den Manfred Sommer in seine Edition der *Verführbarkeit des Philosophen* aufnahm: *Der trinkende Hegel – ich hätte nichts dagegen einzuwenden* (49).

Anlaß gab, daß der ungenannte Rezensent der zweibändigen Brief-Ausgabe Ernst Blochs einen Bezug übersehen hatte, wodurch die Pointe der Mitteilung, die Bloch seinem Freund Georg Lukács am 20. Februar 1913 über seine Heirat mit Else von Stritzky machte, unbeachtet blieb. Als Andeutungsartisten entgeht er dem Leser Blumenberg nicht. Das Bier spiele nun bei ihm ebenso wie bei Hegel *in die Philosophie hinein*, schrieb der Hegelianer Bloch. Verstanden wurde die Bemerkung von jenem Rezensenten, als wäre nun auch Bloch zum Biertrinker geworden. Auch dem Herausgeberkommentar der Briefstelle, der nur vermerkt, in Hegels Briefen werde oft von Wein und Bier gesprochen, entgeht die eigentliche Information Blochs an Lukács. *Das schöne Zitat bekommt seinen Sinn allein dadurch*, trägt Blumenberg nach, *daß auch Hegels Frau Marie aus Brauersgeschlecht stammte; sie war aus Nürnberg und als Marie von Tucher geboren.* Nicht Trinkertum stellte Bloch mit Hegel auf eine Stufe, sondern der Umstand, daß er wie dieser die Tochter eines Brauers geheiratet hatte. Seine Frau Else *war die Tochter eines vermögenden Großbrauerei-*

besitzers aus Riga, vermerkt die Anmerkung 11 des Brief-Kommentars.

Man darf annehmen, daß im Austausch zweier Philosophen auch über Lebensprofanes mehr, und etwas von dem Bedeutungsvollen dahinter, steckt, das sie beschäftigt. Auch, wenn es gerade den Reiz ihrer Anekdoten ausmacht, sie als von den Banalitäten des Lebens so wenig wie jedermann ausgenommen zu sehen. Hegel wie Bloch tranken schon, bevor sie Brauertöchter heirateten. Aber *daß* sie dies taten, wäre mehr als Zufall, wenn sie es getan hätten, *weil* ihre Frauen dieser Herkunft waren: diese Wahl hätte sie aller Sorgen um Nachschub ihresStimulanz' enthoben. Solche Motivation angenommen, dürfte man auf eine Abhängigkeit von ihm schließen. Das aber hieße, sie wären Trinker als Philosophen. Der Philosoph, der trinkt, tut es, weil er einer ist.

So betrachtet, liest Blumenbergs Schlußwendung seines Leserbriefs sich nicht nur als Einverständnis mit diesem Umstand, sondern als versteckter Hinweis darauf, selbst davon nicht ausgenommen zu sein. Wenn auch er trank, dann nicht, obwohl, sondern weil er ein Philosoph war.

Wie wenig dies ›überinterpretiert‹ ist, dafür mag einer seiner bevorzugten Zeugen bürgen.

Im Heft K seiner *Sudelbücher* notiert Lichtenberg: *Wenn man manchen großen Taten und Gedanken bis zu ihrer Quelle nachspüren könnte, so würde man finden, daß sie öfters gar nicht in der Welt sein würden, wenn die Bouteille verkorkt geblieben wäre, aus der sie geholt wurden. Man glaubt nicht, wieviel aus jener Öffnung hervorkommt. Manche Köpfe tragen keine Früchte, wenn sie nicht wie Hyazinthenzwiebeln über Bouteillenhälsen stehen* (Nr. 127, *Schriften und Briefe*, II, 2, 421). Daß Lichtenberg dabei nicht auch an Philosophen gedacht hätte, ist kaum denkbar. Schließlich muß deren Affinität zum Wein schon darin begründet liegen, daß sich in ihm die Wahrheit finden lassen soll, deren nachforschender Freund sie sind.

Seine Sucht macht einen Trinker nicht zum Philosophen, mag sie ihm auch den einen oder anderen Geistesblitz eingeben, mit dem er, wieder nüchtern, nur wenig wird anfangen können; leicht aber einen Philosophen zum Trinker, der die Stimulation seiner Gedanken durch dieses Mittel erfuhr. Dann kommt alles auf die Disziplin des Maßhaltens an.

Blumenberg muß sie gehabt haben. Soviel, wie er gedacht und geschrieben hat, kann er seinen Wein nur mäßig getrunken haben. Wäre alles aus einer Bouteille entsprungen, der Alkoholismus hätte ihn verblöden lassen, lange, bevor auch nur ein Bruchteil seines bekannten Werkes hätte entstehen können.

Ernst Bloch trank nicht nur, er war auch starker Raucher. Wie Sigmund Freud, mit dessen Schriften Blumenberg sich zu der Zeit intensiv zu befassen begann, als er jenen Leserbrief schrieb. Ohne die Ersatzlust seiner exzessiven Nikotinsucht fühlte der Seelenzergliederer sich nicht arbeitsfähig. So wenig, daß das Phallisch-Orale seines Zigarrengenusses, der sein Werk mit entstehen ließ, dazu verleiten muß, den einen oder anderen Rückschluß auf dessen Gehalte zu ziehen. Genau das aber verbot Blumenberg nicht nur sich in seinen »Freud-Facetten«. *Wer Freuds Geschichte kennt, will um keinen Preis Psychologie treiben (es ist immer schäbig, das am Meister zu tun)* (*Verführbarkeit*, 163).

Die Mißbilligung des Unwiderstehlichen steht in der Freud-Glosse »Rauch und Rührung«, die von den drei Begegnungen zwischen Freud und Thomas Mann handelt, im Goethe-Jahr 1932 und kurz hintereinander im Mai und Juni 1936, als Mann dem Achtzigjährigen die Ehrung überbrachte, die die Geistesgrößen der Zeit ihm erwiesen. Bei seinem zweiten Besuch beim Jubilar am 14. Juni trug er ihm seinen Vortrag »Freud und die Zukunft« *privatim, im kleinen Freundeskreis* vor. Dessen Reaktion hielt er im Tagebuch lapidar fest: *Rührung des Alten und Replik über Napoleon.* Zu dem, was Mann ihm über ihn zu sagen hatte, hatte Freud nichts zu sagen gewußt.

Wovon die beiden Brüder im Geiste der Nikotinsucht stattdessen sprachen, belegt eine Äußerung der Haushälterin der Familie Freud, Paula Fichtl: *Aber unterhalten haben sich die Herren über die Hund' und ihre Zigarren.* Seinen Kommentar – *Das war auch gut so, denn das waren die wichtigsten – und schönsten – Gemeinsamkeiten* – erweitert Blumenberg um die Verteidigung der Beziehung, die Uwe Wolff zwischen der Rührung Freuds und dem Rauch, den bei ihren Begegnungen ihre Havannas verbreiteten, 1982 in seiner Dankesrede zum Förderpreis der Thomas-Mann-Gesellschaft herstellte: *Oder war es nur der Rauch guter cubanischer Zigarren, der die Augen übermäßig reizte und den Parasympathicus veranlaßte, die Absonderung von Tränenflüssigkeit zu bewirken?* Eine Vermutung, deren maliziöse Ironie dem Geist des Namensgebers des Preises wohl entsprach.

Die Befremdung darüber beim Lübecker Festpublikum läßt der Lübecker Blumenberg nicht gelten. *In Wolffs rhetorischer Schlußfrage ist eine Apostrophe aufs Gemeinsame von Freud und Mann versteckt – auf Freuds letzten Unglauben an die Seele und ihre vielleicht späte, aber doch ganz unbezweifelbare Auflösung in sekretorischen Chemismus und auf Thomas Manns nahezu jedes seiner Werke beherrschende Doppeldeutigkeit des Physiologischen und Spirituel-*

len, Pathologischen und Ästhetischen, von morbidezza und grandezza. Es machte sich eben, wenn des Dämons Gunst ins Spiel kam, gerade zurecht, daß Rauch und Rührung verwechselbar wurden – oder gar, nach William James' unverzeihlicher These, uns die Rührung befällt, wenn die Tränen fließen (Verführbarkeit, 175 f.).

Der Rauch als äußeres Zeichen der inneren Stimulation, die der Raucher für sein Denken erfährt, ist mit den Bedeutungen, die es erwägt und hervorbringt, auf jeden Fall verbunden. Mögen zwei Raucher, die Denker sind, es in ihren Begegnungen auch nicht schaffen, sich über ihr Denken auszutauschen. Der Rauch, der dabei aufsteigt, stellt die Verbindung realsymbolisch her.

Zu den hintergründigen Motiven der Psychoanalyse gehört nicht nur das Interesse des Psychologen, zu verstehen, was ›Seele‹ sein und wie sie funktionieren mag; auch das des Metapsychologen daran, wie Freiheit möglich sei, wenn ihre Ureinsicht gilt, daß man ›nicht Herr im eigenen Hause ist‹. Auch dabei spielt der Rauch seine Rolle. Daß zur Erlangung der Freiheit gehört, Verbotenes zu tun, liegt im Erfahrungsbereich des Rauchers. Als Arzt wußte Freud, wie sehr seine Nikotinsucht seine Gesundheit gefährdete, die fürs Leben als Bedingung des Werkes doch unerläßlich war. Ihre Folgen gehörten denn auch zu den schlimmen Beeinträchtigungen beider.

Der Assoziation von Rauchen und Freiheit hat Blumenberg eine weitere Raucherglosse gewidmet. *Zu den harmlosen Jugenderlebnissen früherer Generationen gehörte der physisch zumeist mißliche ›Genuß‹ ersten heimlichen, weil verbotenen Rauchens. Welcher Freiheitsrausch, wenn einem zugleich hundeelend wurde! Inzwischen hat die theoretisch induzierte Per-*

missivität der Erziehung diesen Genuß unmöglich gemacht (»Raucherlaubnis«, 140).

Der Zusammenhang vergeht nicht mit einer Jugend, die ihren Übermut auf diese Art erprobte. Eine letzte Befreiung, die die österreichische Regierung 1936 vollzog, bevor mit dem ›Anschluß‹ an das ›Reich‹ die Zeit der Unfreiheit begann, war die Erteilung der Raucherlaubnis für alle Gefängnisinsassen. In einem Artikel im *Prager Tagblatt* berichtete Alfred Polgar lobend darüber. Ihn nahm Karl Kraus zum Anlaß einer Eloge auf ihn, die als eine seiner letzten Schriften in der *Fackel* erschien.

Kommentierend, findet Blumenberg die im Ganzen des damaligen Weltgeschehens unbedeutende Angelegenheit nicht durch die Aufmerksamkeit überbewertet, die die beiden Kritiker ihrer Zeit ihr widmeten. *Alfred Polgar, der es herausgehoben hatte, und Karl Kraus, der ihn dafür ehrte, lassen uns etwas bemerken, was unter den großen Worten und ihren abstrakten Objekten leicht verschwindet: Da es nach Kants Einsicht keine ›Erfahrung‹ von Freiheit im objektiven Sinne geben kann, ist alles entweder erschlossen, was wir von ihr zu sagen haben, oder durch Symbole vertreten, was wir von ihr haben möchten. Deshalb ist es ganz recht, von ihrem okkasionellen ›Genuß‹ zu sprechen, obwohl dies von ihr zu tun ins Bodenlose führt. Der Vorteil des Symbolischen vor dem Objektiv-Reellen ist allemal, daß es auf die Gewichtigkeit des symbolisierenden Gegenstandes gar nicht ankommt.* Nichts ist zu geringfügig, um das Bedeutendste zu repräsentieren, wie die Zigarre, die der Gefangene rauchen darf, die Freiheit, die ihm genommen ist. *Es kann das Geringste sein* (»Raucherlaubnis«, 142. – Dort auch die übrigen Zitate.).

Wie der seinen Wein trinkende Philosoph der Wahrheit huldigt, so der rauchende der Freiheit. Was ließe sich Besseres zur Unentbehrlichkeit beider Stimulantien für das Denken vorbringen?

Hans Blumenberg, »Raucherlaubnis«, in: *Begriffe in Geschichten*, Frankfurt a. M. 1998, 140–142

Hans Blumenberg, »Wie Hegel vom Schnupfer zum Trinker wurde«, in: *Die Verführbarkeit des Philosophen*, Frankfurt a. M. 2000

Sibylle Lewitscharoff, *Blumenberg*. Roman, Berlin 2011

Georg Christoph Lichtenberg, *Sudelbücher*, in: *Schriften und Briefe*, hg. von Wolfgang Promies, München 1968, Band I und II

Worüber zu schweigen war

Bedeutende Förderung durch einen einzigen Satz

Nachdem alle Welt wußte, wer er war, mußte die Verurteilung allgemein sein. So allgemein, daß sie auf alles abfärbte, was Hitlers Herrschaft berührte, oder sich von ihr hatte berühren lassen. So total, daß sie zum Vorwand werden konnte, Mißliebiges ungewürdigt zu verwerfen, ließ es sich nur entfernt mit ihr in Verbindung bringen.

Als es erst einige wußten, fand einer die Haltung, die angesichts des Ungeheuerlichen, das er anrichtete, die am schwersten einzunehmende, doch die angemessenere gewesen wäre.

In seinem 1938 im Pariser Exil geschriebenen Roman *Der Augenzeuge*, der, lange verschollen, erst 1963 veröffentlicht werden konnte, läßt Ernst Weiß sie dessen Erzähler finden. Das Urteil des Arztes, der die angstneurotische Erblindung des Gefreiten Hitler infolge eines Gasangriffes während des Ersten Weltkrieges behandelt – was keine literarische Erfindung, sondern historische Tatsache ist – über seinen Patienten, der ihn als seltsamster Charakter, die ihm je begegnete, unheimlich berührt, verzichtet auf den letzten Schritt, zu dem es drängt. *Er war abstoßend, aber es war sein Recht, abstoßend zu sein. Für mich hieß es nicht, sich für oder gegen ihn zu entscheiden, ich hatte ihn nicht zu richten* (Weiß, *Augenzeuge*, 147).

In diesem Verzicht äußert sich nicht nur die Neutralität des Arztes, für den jeder Kranke als Patient nichts ist als dieser: ein Hilfsbedürftiger, dem nach besten Kräften zu helfen ist, gleich, was er sonst sein mag.

Der Satz: *Ich hatte ihn nicht zu richten*, ist der Grundsatz einer Ethik zwar nicht der Versöhnung, der Adorno lebenslang nachsann, aber der Vermeidung von allem, was Versöhnung erforderlich, und unmöglich macht.

Sie liegt jenseits von Nietzsches ›Jenseits von Gut und Böse‹, in dem der Einsame dem Recht des Stärkeren alle Berechtigung zuerkannte, das Hitler als absolutes für sich in Anspruch nahm. *Hilf dir selbst, so hilft dir Gott, war sein Wahlspruch, dem Stärkeren war alles erlaubt. Für den Gegner war auch die geringste Achtung zuviel* (147).

Darauf zu verzichten, die Stärke des Überlegenen auszuspielen – über die alle Urteilsfähigen ohne Verdienst verfügten, die sein welthistorisches Wüten überlebten –, gehört zu den kulturellen Spätwirkungen nicht der Dogmatik und Sittenlehre des Christentums, doch seines Mythos'. Als Geschöpf gehört der Mensch nicht sich, sondern seinem Schöpfer. Was immer er mit und in seinem Leben anstellt, ihm selbst steht es nicht zu, darüber aburteilend zu rechten. Allein seinem Schöpfer steht es zu, über ihn zu verfügen. Der Mensch besitzt sich; aber er ist Eigentum Gottes. Deshalb darf er nicht Hand an sein Leben als dessen Geschenk legen.

Man muß daran nicht glauben, um darin das Mittel zu finden, zu vermeiden, daß getan wird, was Verurteilung nach sich ziehen muß.

Unter den vielen Lehren, die die Herrschaft des Unmenschen dem von ihr überwältigten Bewußtsein erteilt, ist die wichtigste, sich die Haltung zu verbieten, auf der sie beruhte: zu verurteilen, was einem widerstrebt.

Anlaß – wenn nicht: Vorwand – einer der späteren Anfeindungen, denen Hans Blumenberg sich ausgesetzt fand, war seine Weigerung, aufzugeben, was ihn als Person ebenso wie als Philosoph mit Erich Rothacker verband, und in dessen Verfemung einzustimmen, nachdem dessen opportunistische Anbiederung beim Regime um eine Generation verspätet noch skandalisiert worden war, die der bruchlosen Fortsetzung seiner akademischen Karriere nach 1945 nicht geschadet hatte.

Haben Sie jemals danach gefragt, was er zwischen 1933 und 1945 alles getan hat? Ich war mit E.R. befreundet. Ich mochte ihn. Ich habe gefragt, was er zwischen 1933 und 1945 alles getan habe. Ich bin trotzdem bis zu seinem Tode mit ihm befreundet geblieben (»Ein noch zu schreibender Brief«).

Das war nicht nur eine noble Geste, einem angefeindeten Freund noch posthum beizustehen. Der Satz, mit der diese höchst stilisierte, geballt bedeutsame Miniatur eines Selbstinterviews den ›Fall‹ beschließt, ist einer der wichtigsten Beiträge zu einer Ethik, die der Erfahrung der Geschichte gerecht würde –: *Ich wollte nicht sein, was ich nicht zu sein brauchte: das Weltgericht.*

Über etwas zu schweigen, muß nicht heißen, es zu verschweigen. Das Schweigen bietet nicht nur dem Fragwürdigen Schutz, sondern auch vor der Fragwürdigkeit, die das Entlarven begleitet.

Hans Blumenberg, »Ein noch zu schreibender Brief«, in: *Die Verführbarkeit des Philosophen*, Frankfurt a. M. 2000, 144

Ernst Weiß, *Der Augenzeuge*. Roman, Frankfurt a. M. 2000

Sie oder Wir

Aussichtslosigkeit der Weltrettung

Mit seinem *Prinzip Verantwortung* hat Hans Jonas 1979 die Sorge um die Welt, die die gerade entstandene ökologische Bewegung mit apokalyptischem Nachdruck in sie brachte, philosophisch geadelt. Seitdem gibt es einen Wettstreit um das beste Programm zu ihrer Rettung. Als Erde erweist sie sich immer mehr als die beste, seitdem der Blick aus dem Weltall auf sie auch dem letzten vor Augen führte, daß sie die einzige mögliche für uns ist. *Die kosmische Oase, auf der der Mensch lebt, dieses Wunder an Ausnahme, der blaue Eigenplanet inmitten der enttäuschenden Himmelswüste, ist nicht mehr ›auch ein Stern‹, sondern der einzige, der diesen Namen zu verdienen scheint* (Blumenberg, *Genesis*, 793 f. – vgl. Steffens, *Ontoanthropologie*, 237–262).

Retten wir also die Welt.

Bevor wir aber daran gehen könnten, müßten wir wissen, was genau sie ist, um die wir uns immer stärker sorgen.

Die Selbstverständlichkeit, mit der wir überzeugt sind, es zu wissen, ist so unbegründet, wie jede. Angst macht blind. Die Angst um die Welt, die nichts anderes ist als Angst um *uns*, macht blind für die Welt, um die wir fürchten, weil wir für uns fürchten. Wir tun es, weil wir als Verdichtung einer Jahrzehntausende währenden Erfahrung des Menschen mit der Welt wissen, ohne daß uns dies immer bewußt wäre, daß wir der Welt vollkommen gleichgültig sind.

Gewußt haben Menschen es immer, auch, ohne es zu verstehen. Bis sie es aufgaben, es verstehen zu wollen, und stattdessen daran gingen, die Welt so zu verändern, daß sie von ihr nicht mehr ständig daran erinnert werden konnten. Die Zivilisation der ›Weltbeherrschung‹ als ›Naturbeherrschung‹, die sich seit fünfhundert Jahren über die Welt verbreitete, ließ es schließlich vergessen.

Das erklärt den Vorrang des Menschlichen, auf den Jonas sein metaphysisches Gebot gründet, den Bestand der Welt zu gewährleisten, damit es weiterhin Menschen geben könne. Die ›Heuristik der Furcht‹ stiftet den Grundgedanken seiner ›Ethik für die technologische Zivilisation‹, daß *überhaupt Menschen in der Welt sein sollen* (Jonas, *Prinzip*, 8). Sie hat zu begründen, *warum also der unbedingte Imperativ gilt, ihre Existenz für die Zukunft zu sichern*. Nicht um ihrer selbst willen, sondern zum Fortbestand des Menschen. Zu erhalten ist sie als Medium seines Daseins. Das aber heißt nichts anderes, als daß die Ethik der Verantwortung die Ontologie menschlicher Überlegenheit fortsetzt, die der Kritiker der Zivilisation doch als Ursache ihrer Weltgefährdung dingfest macht.

Während Hans Jonas sich noch ganz seiner Wiederentdeckung der Gnosis widmete – mit der er nebenbei die Fundamente der ›Fundamentalontologie‹ seines Lehrers Heidegger freilegte –, stellte der Schweizer Schriftsteller Charles-Ferdinand Ramuz 1935 ins Zentrum seines Beitrages zur Gattung literarischen Philosophierens *Taille de l'homme* – 1949 deutsch unter dem Titel *Mass des Menschen* erschienen – den Gedanken einer Ewigkeit des Menschen. Zu ihr muß er sich bekennen, um seine Stellung auf der Erde zu behaupten, die im kosmischen Maßstab zur Geringfügigkeit schrumpfte. *Not tut, daß der Mensch sich selbst für unentbehrlich halte. Er muß fest überzeugt sein, daß das Universum ihn auf irgendeine Wei-*

se brauche. Und nicht nur des eigenen Seins, sondern auch der unbegrenzten Dauer dieses Seins muß der Mensch sich versichert fühlen. Denn mag er auch im Räumlichen nur wenig gelten: denkbar wäre doch, daß er in der Kategorie der Zeit viel zu bedeuten hätte. Es bleibt ihm denn auch keineswegs verborgen, daß er die eine Hälfte seines Wesens verleugnet, daß er Verrat an der eigenen Natur begeht, wenn er sich von sich selbst eine nur räumliche Vorstellung macht. Der Mensch fühlt, daß nur unbegrenzte Dauer, daß nur die E w i g - k e i t seinem Vorhandensein einen Sinn zu geben vermag (Ramuz, *Mass*, 181 f.).

Nur, wenn das Dasein des Menschen in ihr als von ebensolcher Dauer wie die Welt selbst gedacht wird, kann es die doppelte Verpflichtung geben, nicht nur sich in ihr zu erhalten, sondern dies auf eine Art zu leisten, daß es ihren eigenen Bestand nicht gefährdet. Nur als ihr notwendiger Bestandteil kann der Mensch sich die Verpflichtung zu ihrer Schonung auferlegen, und ihr gerecht zu werden versuchen. Mit der astronomischen Entwertung der Erde wird die Selbstbehauptung des Menschen zum Garanten ihrer eigenen kosmischen Würde. Weil wir in ihr entstanden, und nirgendwo sonst Vergleichbares existiert, ist sie nicht Nichts. Indem wir sie bewahren, retten wir sie vor kosmischer Bedeutungslosigkeit.

Das ökologische Bewußtsein, das die Naturverwobenheit des Menschen betont, verleiht diesem metaphysischen Grundgedanken einer Ontoanthropologie neue Überzeugungskraft. Nur, wenn die Welt nicht mehr sein könnte, was sie ist, wenn es den Menschen als ihren integralen Bestandteil nicht mehr gäbe, kann es eine Pflicht zu ihrer Bewahrung geben. Sie muß geschützt werden, damit sie nicht als Beinahe-Nichts im Universum verschwindet, wozu sie würde, ginge ihr der Mensch als einzigartiges Ereignis im universalen Sein verloren. Wozu es jedoch kommen muß, wenn er diese Pflicht nicht erfüllt. Ohne Welt kein Mensch; ohne Mensch aber auch keine Welt.

Daß hinter diesem ›double bind‹ unverkennbar das Modell des biblischen Mythos' steht, der die Unzufriedenheit Gottes mit seiner Weltschöpfung als Motiv zur Schöpfung des Menschen als deren Vollendung benennt, entwertet es nicht, sondern belegt seine metaphysische Unentbehrlichkeit noch für ein säkularisiertes Bewußtsein. Es mag die Welt auch ohne uns geben; aber dann wäre sie nicht, als was wir sie denken müssen, um uns als ihr Teil zu verstehen. Und nur unter dieser Voraussetzung können wir den Gedanken, wir könnten sie durch unser Dasein gefährden, nicht nur zulassen, sondern überhaupt haben.

Gesellschaften lernen nur sehr langsam, und nur für kurze Zeiten. Kaum einmal über eine Generation hinaus. Durch die plötzliche Wiederkehr der Geschichte und der großen Politik mit dem Fall der Mauer 1989 und dem Zerfall der Sowjetunion kurz darauf, wurde das gerade entstandene, und in Politik einzusickern beginnende ökologische Bewußtsein durch die neuen Verheißungen einer dank des Fortfalls der die Weltpolitik das Jahrhundert lang in Atem haltenden Alternative des ›real existierenden Sozialismus‹ zur alleinigen Herrschaft gelangenden Ökonomie verdrängt. Um mit den immer drastischeren Phänomenen des Klimawandels zu Beginn des folgenden Jahrhunderts schlagartig zurückzukehren, zu deren Verursacher sie wurde.

Die Institutionen der parlamentarischen Demokratie regieren; die Ökonomie aber herrscht. Politik wurde zum Verwaltungshandeln zur Durchdringung der Gesellschaft mit dem einzigen Maß des Profitinteresses. Mit der Globalisierung seiner Kapitalordnung wurde der Neoliberalismus totalitär. Mit dessen vollständiger Enthemmung erreicht die Zivilisation der Weltverfügung ihren historischen Höhepunkt. Ihn markiert die nun von den Enkeln der ersten Ökologiebewegten erneuerte Sorge um die Welt.

Wenn es denn stimmt, daß die Welt wenigstens als *unsere* Welt gerettet werden muß, weil die Zivilisation dabei ist, zu zerstören, dessen wir als Natur zum Überleben in ihr bedürfen, muß das nicht ebenfalls bedeuten, daß sie auch zu retten *ist*. Die ›zu rettende‹ Welt ist nicht nur die, die gerettet werden muß, sondern auch die, die rettbar sein muß. Aber wird sie es auch, sich retten lassen? Kann sie es überhaupt?

In unserem angstgesteuerten Eifer sind wir dabei, die wichtigste Voraussetzung dafür zu übersehen. Sie ist nicht die fehlende Bereitschaft der Politik, das dazu Notwenige zu tun. Es ist die Verfassung der Welt selbst; ihr eigenes, vom Menschentreiben in ihr unabhängiges Sein, das wir so gründlich mißachteten, daß wir nun die Folgen katastrophal zu spüren bekommen. Es ist das gegenseitige Verhältnis von Welt und Leben überhaupt.

Was wir uns zum zweiten Mal zu retten entschließen, nach einem halben Jahrhundert der Untätigkeit trotz hinreichender Kenntnisse, die zum Handeln schon ebenso lange hätten zwingen sollen, kann die Welt nicht sein; höchstens unser Teil an ihr. Im erneuten Aufbruch wiederholt sich in genauer Umkehrung der anthropozentrische Hochmut, der sie so lange hat mißhandeln lassen, als wäre unser Dasein auf dieselbe Art auch für sie das Wichtigste, wie es das für uns sein muß. Als gäbe es für die Welt den korrespondierenden Imperativ, weiter zu existieren, damit die Menschen weiterleben können, die ihren Fortbestand gefährden.

Als müßte sie nun auch ihre Rettung zulassen, nachdem sie ihren schleichenden Ruin so lange duldete.

Selbst eine Geltung jenes von Jonas so fragwürdig proklamierten Imperativs vorausgesetzt, böte das keine Garantie, daß seine Befolgung das Ziel, auf das er anlegt, auch erreichen läßt. Denn es ist ungewiß, ob es überhaupt Ziel sein kann.

Den Zweifel daran begründet die Verfassung des Lebens selbst, dessen Bewahrung als menschliches es zur unbedingten Aufgabe erhebt, und seine Stellung in der Welt. Konterkariert wird es von deren Verfassung, und den Bedingungen seiner Möglichkeit, die sie ihm auferlegt.

Hans Blumenberg hat das zuerst ausgesprochen, in einer seiner ›astronoetischen‹ Glossen: Wenn die Welt am Leben untergeht, dann, weil beide sind, was sie sind; nicht, weil der Mensch es mit seinem Leben in der Welt zu arg übertrieb. Daß er es überhaupt konnte, gehört zu den Optionen *des* Lebens, und den Möglichkeiten seines Anteils an ihm.

Diese schärfste aller möglichen Ernüchterungen eines ontologisch guten Willens beginnt mit dem Rückgriff auf eine romantische Idee. *Es ist eine Tröstlichkeit höherer Ordnung, sich dem Gedanken hinzugeben, das Universum sei im ganzen ein zwischen äußerster Kondensation und äußerster Expansion pulsierendes Wesen, das sich in diesem Herzschlag der bloßen Materie erhält. Das Leben, das in diesem All irgendwo oder öfter auftritt, wäre dann nur die gewagteste Darstellung des Prinzips der Pulsation, dessen episodische Kurzfassung oder gar emblematische Verbildlichung. Das Leben die absolute Metapher für das Universum? Hinfälligkeit durch den vertracktesten Komplikationsgrad als Fußnote zum Ganzen?* (»Der Untergang der Welt am Leben«, 92).

Die kosmologische Korrektur des ontologischen Anthropozentrismus' führt zur *Frage nach der Wahrscheinlichkeit des Weltuntergangs*. Sie hat *nur als an das Leben gestellte einen akuten Sinn*. Ihre Antwort bekräftigt den Schrecken, den die Entdeckung der Entropie-Gesetze im 19. Jahrhundert schon einmal weckte. *Der Untergang des Lebens auf der Erde – der ›Welt‹ in diesem Sinne – ist wahrscheinlich. Das ist nicht erst im Schatten des Atoms so. Es kann nicht anders sein* (a.a.O., 94).

Denn die Bedingungen des Lebens sind die, die die Verfassung der Welt ihm auferlegt. *Die Rarität seiner Existenzbedingungen, der Kraftaufwand, sie zu erbringen und zu gewinnen, erzwingt die Rücksichtslosigkeit des Lebens im Verbrauch der ihm erreichbaren Ressourcen. Es ist kraft seines Wesens, und nicht nur aus Tücke oder Mißgestalt, zum Untergang verurteilt. Das Leben kann die Bedingnisse seines Fortbestandes nicht so schonen, daß seine Bedürfnisse ins Gleichgewicht mit ihrer Versorgung kämen. Denn es vollzieht sich als Selbstverzehr seiner Möglichkeit* (a.a.O., 93). Für Leben, das sich erhalten will, gibt es kein anderes Mittel.

Der Mensch steht zur Welt im Verhältnis wie die Mikroben, Bakterien und Viren zu ihm, die ihn befallen. Indem er wie sie seinen Wirt zerstört, vernichtet er sich selbst. Ihr ebenso stilles wie tödliches Wirken widerlegt den Gedanken, *daß Leben ein Recht zu leben impliziert* (a.a.O., 95), der allein den anderen von der unbedingten Pflicht zur Erhaltung des menschlichen beglaubigen könnte. *Die Relativität des Schädlichen belehrt darüber: auch Mikrobe und Virus haben das Recht auf ›Befall‹ dessen, was für sie doch Medium ihres Lebens, der jeweils bessere Wirt ist, zu dem alles wandert, was wandern kann*. Ein unbedingtes Recht auf Leben zuzugestehen, hieße, jede Tötung, die einem Weiterleben dient, zulassen zu müssen. Diese Konsequenz hat eine Variante der ›Tiefenökologie‹ denn auch allen Ernstes vertreten, mit dem Nebeneffekt, drastisch zu demonstrieren, daß Denken eine Gestalt von Dummheit sein – oder, freundlicher, daß man sich dumm denken – kann (vgl. Birnbacher, *Ökophilosophie*). Folgerichtig in die ›Humanökologie‹ übertragen, folgte daraus, daß es kein Gesetz gegen Mord aus Habgier mehr geben dürfte. Gemordet wird immer um eines eigenen Lebensvorteils willen.

Sich der Mikrolebewesen mit den Mitteln der Biochemie zu erwehren, hat inzwischen auf dem Weg der Resistenzbildung zur Umkehrung des Mittels geführt: was kurzfristig schützt, verschlimmert langfristig die Gefährdung. *Der Weltuntergang könnte sich als Züchtungsprodukt der Resistenz einstellen, während die großen Bomben ohne Bedienungen rostend herumstehen, auf die alle den Richtstrahl der Angst konzentriert haben. Der Weltuntergang durch Mikroben wäre ein paradoxes Paradigma, denn im Moment des Triumphes hätten sich die Sieger selbst ums Leben gebracht* (Blumenberg, »Untergang«, 96). Die tödlich endende Vireninfektion wird zum Modell des menschlichen Weltverhältnisses. *Das Leben läßt sich die Medizin so wenig gefallen wie die Saurier. Die Niedermachung der Wirte durch die Gäste, das ist noch deutlicher das Grundmuster des Verhältnisses von Leben und Erde insgesamt als das berühmte ›Fressen und Gefressenwerden‹.*

Die Begrenztheit der Lebensreserven auf der Erde führt zwingend zu dem Paradox, die Vielfalt der Erscheinungsformen von Leben und die Quantität der verbleibenden extrem vermindern zu müssen, um ein mit ihrem Verbrauch immer geringeres Restleben möglichst lange aufrechtzuerhalten. Als wäre das zivilisatorisch ausgelöste massenhafte Artensterben eine Hilfestellung für die Erde, es möglichst lange mit immer weniger Leben aushalten zu können. Je weniger Leben sie zuläßt, desto länger wird es sie geben können, da sie selbst mit allem, was sie enthält, Bedingung seiner Erhaltung in ihr ist. Nur ohne Lebewesen hat sie eine Zukunft kosmischen Rangs. Aber ohne sie wäre sie nicht, was sie ist. Sie hat die Wahl: ihr Dasein nach den Zeitmaßen des Universums auszudehnen, oder für eine kürzere Dauer zu bleiben, was sie ist.

So hieße, die Erde zu schonen und die Welt zu retten, Leben zum Verschwinden bringen zu müssen. Wie aber könnte dem zugestimmt werden, stammt der Rettungsimpuls doch aus vitaler Empathie, aus Furcht um das Leben auf der Erde?

Eine Rechtfertigung ihrer Verwüstung durch den Menschen wird aus diesem unlösbaren Widerspruch nur ableiten, wer auf den metaphysischen Hochmut nicht verzichten mag, in ihm das Höchste und Bewahrenswerteste zu sehen, was die Welt enthält. Denn daß es kein Recht auf Leben gibt, rechtfertigt keinen Umkehrschluß auf ein Recht, zu zerstören, was es ermöglicht. Aber es kann die Welt nicht bewahren, sie zu schonen, solange es in ihr gibt, was für seine eigene Bewahrung darauf angewiesen ist, sie zu benutzen. Und jede Nutzung vernutzt das Genutzte.

Die einzige Wohltat, die das Lebewesen Mensch ihr erweisen könnte, wäre, sich selbst aus ihr vollständig zu entfernen. Technisch ist das inzwischen sogar möglich geworden, wenn auch unwahrscheinlich, auch wenn es Atomkriege geben sollte, was wahrscheinlich ist. Der Preis dafür, die dazu vorhandenen Mittel anzuwenden, wäre allerdings ein Ausmaß an Verwüstung, das diejenige, die wir uns immer wieder zu unterlassen entschließen, noch bei weitem überträfe.

Bedingung unseres Fortbestehens wäre die Bewahrung der Welt; deren optimales Gelingen aber unser Untergang.

Welche Schlüsse immer man aus dieser Aporie ziehen mag, Resignation in die Untätigkeit der Vergeblichkeit muß es nicht sein; Verzicht auf die Heuchelei, unser Dasein wäre ohne Kosten für die Welt möglich, sollte es sein. Möglich bleibt, das Unvermeidliche als das Notwendige mit immer weniger Aufwand an Verbrauch aller Art zu tun – sich am Untergang der Welt am Leben mit dem eigenen so geringfügig wie möglich zu beteiligen. Und, darin einzuwilligen, mit dem eigenen Verschwinden aus ihr abzubüßen, dessen man unvermeidlich schuldig wurde, indem man lebte. Einverständnis mit dem eigenen Tod rechtfertigt, den der Gattung vermeiden zu wollen. Wie das Verschwinden der Welt ihr Preis dafür sein wird, das Leben geduldet zu haben.

Dieter Birnbacher, Hg., *Ökophilosophie*, Stuttgart 1997

Hans Blumenberg, *Die Genesis der kopernikanischen Welt*, Frankfurt a. M. 1975

Hans Blumenberg,»Der Untergang der Welt am Leben«, in: *Die Vollzähligkeit der Sterne*, Frankfurt a. M. 1997

Hans Jonas, *Das Prinzip Verantwortung*, Frankfurt a. M. 1979

Charles-Ferdinand Ramuz, *Mass des Menschen* (1935), Zürich 1949

Andreas Steffens, *Ontoanthropologie. Vom Unverfügbaren und seinen Spuren*, Wuppertal 2011

Aus der Kindheit

Die Erscheinung der Erscheinung

Zu den wenigen seiner Kindheitserinnerungen, zu deren Erzählung mein Vater sich bereitfand, die sich mir einprägten, gehört die Empörung, die ihn jedes Mal ergriff, und sein großväterliches Erbe des Jähzorns in Erscheinung treten ließ, wenn Verwandtschaft auf Besuch sich daran belustigte, wie schön er spiele. *Ich spiele nicht, ich arbeite!*, war sein harscher Bescheid. Zum Künstler geworden, wurde eine der glücklichsten Bestätigungen des Autodidakten, in Schillers *Ästhetischer Erziehung* zu lesen, der Mensch sei nur dort ganz Mensch, wo er spiele. Darin fand er sein Leben als Maler beglaubigt. Einen Moment letzter Genugtuung während seines langen Siechtums gegen Ende seines Lebens bereitete es ihm, zu erfahren, die letzten Worte Günther Eichs seien gewesen, *Ich will beginnen, zu spielen*.

Gegenstand ernster philosophischer Arbeit wurde das Spiel erst spät, mit Wittgensteins Erprobung des ›Sprachspiels‹ als einer letzten Erkenntniskritik, mit der Folge des ›linguistic turn‹, der bis in die Soziologie wirkte, in der die ›Spieltheorie‹ eine kurze, aber heftige Karriere machte.

Noch 1960 hielt Eugen Fink es für angebracht, seine heideggerianische Ontologie des Spiels mit einer Beinaheentschuldigung einzuleiten. *Das SPIEL als Thema eines philosophischen Traktats zu wählen, mag befremden. Unsere landläufige Kenntnis von Philosophie kann das strenge Geschäft des abstrakten Denkens und seinen finsteren Ernst kaum mit der gelösten Heiterkeit und der bildverhafteten Darstellungsfreude des Spieles zusammenbringen. Spielen und Denken scheinen entgegengesetzte Lebenshaltungen anzugehören; die sinnenfrohe Naivität des Spieles, die unbedenklich Wirkliches und Phantastisches mischt und von keines ›Gedankens Blässe angekränkelt‹ wird, steht offenbar doch weit ab von jeder kritischen und bedachtsamen Überprüfung der Dinge, die zweifelnd frägt, ob sie sind, was sie sind und wie sie sind* (Fink, *Spiel*, 7).

Dem widerspricht der Ernst, mit dem Kinder sich ihren Spielen hingeben. Wirklichkeitsunbekümmertheit ist kein Synonym für Unernst. Andernfalls es niemals eine ›surrealistische‹, oder überhaupt Kunst gegeben hätte. Die Fiktionen der ernsten Künste sind so wirklichkeitsunbekümmert wie jedes Kinderspiel.

Das Spiel des Kindes verleugnet die Wirklichkeit nicht; es reagiert auf deren Ernst, der sich ihm als deren Fremdheit mitteilt. Noch unbekannt, ›bewältigt‹ es, was es noch nicht verstehen kann, indem es ›nachmacht‹, was es von ihr wahrnimmt. Es ist bewußtlose Praxis der Ästhetik der Poiesis, durch Machen zu verstehen. Man müßte ein Indianer sein, um zu verstehen, was es heißt, einer zu sein; spielerisch nachzuahmen, wovon man weiß, daß es einen ausmacht, überführt seine Unkenntnis in ein vorgreifendes Beinaheverstehen. Das Kind, das etwas spielt, *ist* es. Nichts kann es darin beirren.

Auch im Umgang mit sich selbst äußerst diskret, gibt es von Hans Blumenberg nur einen einzigen autobiographischen Text. Seine Bedeutung überflügelt seine Kürze. Er enthält einen Schlüssel zum Werk. Er ist der Sammlung der Texte vorangestellt, die er für sein letztes publizistisches Projekt schrieb, die Kolumne über Begriffsgeschichte für die von Henning Ritter redigierten »Geisteswissenschaften« der F.A.Z.. Abweichend vom üblichen Suhrkamp-Garamond in strenger Helvetica gesetzt, signalisiert die typographische Absetzung seine Sonderstellung im Werk. Er fällt aus dessen Disziplin heraus, denn er greift hinab zu dessen Ursprung. Was er berichtet, liegt ihm ermöglichend voraus.

Entstanden zu der Zeit, als er sich intensiv mit Freuds Theorie befaßt, enthält sein Subtext deren ironische Bestätigung, bei souveräner Mitachtung ihrer eigenen Begründung. Er verfährt nach ihrem Grundsatz, das späte Leben aus seinen frühen Kindheitserlebnissen zu verstehen, ohne die Sphäre zu berühren, aus der die psychoanalytische Archäologie ihre Aufschlüsse bezieht.

Die Kindheitsanekdote, die er erzählt, ist nicht weniger als die Demonstration, wie die Methode seiner Historiographie des Bewußtseins entstand, die danach fragt, wie die Veränderungen möglich werden, die seine Geschichte bewegen.

Die Szene ist das Labor seines Vaters, der *ein Photograph von großer Leidenschaft und mäßigen Erfolgen* war. Der Sohn geht ihm bei der Entwicklung der Bildausbeute ihrer gemeinsamen Exkursionen zur Hand, und schaut genau, was dabei geschieht. *Die von meinem Vater als gut befundenen Resultate interessierten mich wenig. Was mich faszinierte, war der Prozeß, wie aus dem Nichts etwas entstand, was vorher ganz und gar nicht dagewesen war.* Was er zu sehen bekommt, ist die Visualisierung des Mythos' der Genesis. *Dafür gedieh der erste Artikel meines Credo: Ich wußte, ich sah es vor mir, wie es bei der Erschaffung der Welt zugegangen war. Erst nichts, und dann etwas – und etwas nur, weil zuerst einmal für Licht gesorgt worden war. Die biblische Prozedur erschien mir phototechnisch als ganz richtig, und die Dunkel-*

kammer als Imitation der Gesamtlage im Universum vor dem ersten Schöpfungstag. Die Chemie, die das Geschehen in der erschaffenen Welt bestimmt, erklärt deren Entstehung. Was die Welt begreifen läßt, erweist die Schöpfung als identisch mit Natur. Und untergräbt damit den Mythos, dessen Erzählung sie verständlich macht. Das Verständnis ihrer Erscheinungen dementiert den Glauben an den Ursprung der Welt. Zu verstehen, wie er seinen Kinderglauben verstand, mußte ihn verlieren lassen.

Man wird es mir nicht verzeihen: Einer, der an die Schöpfung nicht glaubt, versteht ihren Begriff doch immer noch, wie er ihn in der Dunkelkammer anschaulich vor sich ›produzierte‹. Seither ahnte ich wenigstens, wie Begriffe entstehen (Begriffe, 7 f.).

Aber nicht nur das. Da war mehr im Vorspiel zum späteren Lebens-Werk. Das Erscheinen des Fotos im Entwicklerbad bietet nicht nur die Analogie zur Schöpfung, die der junge Hans darin in der Erinnerung des Philosophen zu sehen bekam – mit ihm sah der genau Hinsehende zum ersten Mal, was ein ›Phänomen‹ ist: vor seinen Augen vollzog sich die Erscheinung dessen, was in sein Bewußtsein trat. Ohne es zu benennen, beschrieb er den Moment, in dem er zum ›Phänomenologen‹ geworden war. Der phänomenologische Vollzug des Philosophierens geschieht ebenso, wie das chemische Papier-Bild der analogen Photographie entsteht: erst nichts, dann etwas, dann etwas Bestimmtes.

Blumenberg hatte die mimetische Einübung des Kindes in die Wirklichkeit im Spiel in diesem Erlebnis ausschließlich durch faszinierte Beobachtung vollzogen. Sein Anteil am gemeinsamen Vater-Sohn-Photographen-Spiel war genaue Wahrnehmung. So genau, daß es ihm vermittelte, was den Philosophen ausmacht: die Bildung seiner Begriffe im Erscheinenlassen seiner Anschauungen in der Sprache.

Auch diesen Philosophen hatte seine Kindheit bestens auf das vorbereitet, was er sein würde, und sein Leben bestimmen.

Daß es in einer Vater-Sohn-Konstellation geschah, wäre eine eigene Überlegung wert.

Hans Blumenberg, *Begriffe in Geschichten*, Frankfurt a. M. 1998

Eugen Fink, *Spiel als Weltsymbol*, Stuttgart 1960

Hauptsächlich nebenbei

Gnosis als Hobby

Mit seiner *Matthäuspassion* gelang Blumenberg das Kunststück, ein Buch über eine Musik zu schreiben, in dem Musik nicht vorkommt. Mit der einen Ausnahme des Hinweises, diese gebe zu hören, was er mit ihm auszusprechen unternahm: eine Theologie der gescheiterten Schöpfung.

Bachs Musik war notwendig, weil der Text, den sie vertont, verschweigt, worum es geht. Der Nietzsche als Allzumenschlichkeit befremdende Zorn Gottes darüber, daß der Mensch als sein botmäßiges Geschöpf für sich beanspruchte, zu werden wie er, das doch, nach seinem Bild geschaffen, nur sein konnte wie er, kann als Motiv zur Passion des in seine Welt geschickten Gottessohnes nicht ausgereicht haben. *Es muß um mehr gegangen sein.*

Und davon handelt Bachs Musik. *Dieses Mehr macht in Bachs Passion die Differenz zwischen dem Wort u n d der Musik aus. Läßt man den ›kanonischen‹ Rang des Textes auf sich beruhen, transzendiert der Ton alles, was ihm ›unterlegt‹ wird. Das Mehr selbst tönt in der Passion. Es zu e r f a s s e n wird immer vergeblich sein; ihm e i n e Fassung zu geben, mag schon ein Äußerstes erfordern, an das nur Annäherungen zu versuchen sind* (*Matthäuspassion*, 15).

Auch deshalb, weil Bach nicht erfassen konnte, was seine Musik erklingen läßt, weil es dafür keine Ausdrücklichkeit gegeben hatte. *Kein Theologe hat je ernstlich zu sagen gewagt, Gott hätte seinen Heilswillen nicht auch ohne das Opfer seines Menschensohnes vollziehen können.* Warum der Umweg des Heils über

Sündenfall und erlösende Passion des zum Sohn gewordenen Vater-Gottes, aus dessen Willen doch alles entsprungen war? Was wäre eine größere Zumutung für alle Gläubigen, als die Unbegründetheit des Erbarmens Gottes, der doch zuließ, was es erforderlich machte, indem er sein Geschöpf dessen eigenem Willen anheimgab, wissend, was daraus werden konnte, wenn nicht mußte? Warum ein Kind sehenden Auges in sein Unglück rennen lassen, um es anschließend dafür zu strafen, und ihm dann seine Strafe gnädig wieder zu erlassen?

Die Passionsmusik bildet das vielleicht größte Versäumnis der christlichen Tradition ab, den Doketismus der Christologie an deren härtestem Kern zu überwinden: das Wort von der Versuchlichkeit Jesu in seinem ›Realismus‹ stehenzulassen. Das Vertrauen der christlichen Dogmatik in die Gewalt des Unverständlichen hat verhindert, ihren gefährlichsten Widersacher ganz zu überwinden. Dessen stillen Triumph hört Blumenberg aus Bachs Musik heraus. Was sie hören läßt, kann in dem Text nicht stehen, dem sie folgt. *Daß hier etwas von der schieren Unüberwindlichkeit der Gnosis geblieben ist, läßt sich an Bachs Werk, als Passion der Passion, erfahren* (198). Sie vertont das Leiden an der unbegründeten Notwendigkeit des Leidens. Ein nur zum Schein leibhaftig gewordener Christus wäre Gottes unverzeihlicher Betrug bösartiger Willkür an dem Leben, dem er die schuldlösende Notwendigkeit des wirklich zu erleidenden Todes auferlegte.

Zwanzig Jahre, nachdem er in der *Legitimität der Neuzeit* das doppelte Scheitern der Gnosis-Abwehr dargelegt hatte, lenken die 1945 im ägyptischen Nag Hammadi entdeckten, und inzwischen entzifferten und veröffentlichten gnostischen Schriften seine Aufmerksamkeit noch einmal darauf. In deren *zum Hobby be-*

triebenen Erarbeitung (30) findet er die Bekräftigung seiner frühesten theologischen Vermutung, Gottes Zorn gegen den Menschen sei eine Folge seiner eigenen Furcht, dem mit seiner Schöpfung der Welt erhobenen Anspruch nicht genügt zu haben.

Wie aber kann dieser ungeheure Gedanke, der das Fundament eines Jahrtausends europäischer Kultur nicht nur erschüttert, sondern als Illusion erscheinen läßt, Gegenstand nur eines ›Hobbys‹ sein? Die eigene wiederholte Befassung mit dem ungelösten Grundproblem der christlichen Kultur als eines zu deklarieren, konnte keine Herabstufung seiner Bedeutung zu einer Nebensache sein, die er doch einst selbst als Hauptsache behandelt hatte.

Der in diesem Kontext irritierende Begriff ist ein Kommentar zum geisteswissenschaftlichen Zeitgeist in einem einzigen Wort. Seit Jakob Taubes in Berlin aus der verspäteten Rezeption der Gnosis-Studien von Hans Jonas ein Suchspiel der Spuren ihrer Unvergänglichkeit machte, nicht ohne daß Hans Blumenberg in seiner *Legitimität der Neuzeit* 1966 eine andere Spur zu ihr gelegt hatte als die, die von Jonas zurück zu Heidegger führte, hatte dieses akademische ›Hobby‹ eine solche Verbreitung gefunden, daß das eigene besondere Interesse darüber zu einer Allerweltssache verblaßte. Da alle nun überall finden wollten, was zu entdecken geblieben war, bewahrte nur die Distanz der Ironie es davor, im allgemeinen unterzugehen.

Auch dies ist ein Stück Phänomenologie der Geschichte. In deren Bewußtsein wandelt sich die Hierarchie des Bedeutsamen ebenso wie ihre Phänomene und deren Wahrnehmung.

Hans Blumenberg, *Matthäuspassion*, Frankfurt a. M. 1988

Ironie der Geschichte

1989 erschienen Hans Blumenbergs *Höhlenausgänge*. Während Interessierte und die, die sich zu interessieren hatten, noch den langen Atem schöpften, den es brauchte, sich dem Monumentalwerk zu widmen, verließen die Bürger der Deutschen Demokratischen Republik die Höhle ihres geschlossenen Staates, die Mauer fiel, und die mit grandioser Plötzlichkeit wiederkehrende Geschichte, die so lange im Winterschlaf des Kalten Krieges erstarrt gewesen zu sein schien, monopolisierte die Aufmerksamkeit, alles andere verdrängend.

So ging eine ihrer bedeutendsten Philosophien, die das 20. Jahrhundert hervorbrachte, in dem begeisternden Weltspektakel ihres Gegenstandes unter. Und betrog ihren feinsten Anwalt um die Wahrnehmung seiner Summe ihres Bedenkens. Sie blieb das letzte Buch, das er veröffentlichte. Und das am wenigsten gelesene.

Das ist umso bedauerlicher, als die Mauer, deren Öffnung den Ausgang aus der Höhle des deutschen ›real existierenden Sozialismus‹ ermöglichte, im letzten opus magnum eigener Hand mitbedacht ist. Das historische Bauwerk findet seinen theoretisch bedeutsamen Platz als ein Stück Wirklichkeit in der Kritik des Gebrauchs, den Wittgenstein von der Metapher der ›Grenzen der Sprache‹ macht. *Aber was für eine Grenze kann das sein und wo gibt es sie, gegen die man derart anrennen könnte oder müßte, daß es eine Beule (doch wohl am Kopf?) kostete? Es handelt sich eben gar nicht um eine ›Grenze‹, sondern um eine ›Wand‹ – Wittgenstein kannte die Ausnahme noch nicht, daß eine Grenze eine (Mauer-)Wand sein würde* (*Höhlenausgänge*, 783).

Deren Verschwinden mit allen seinen Folgen an Interessensabsorption im Jahr seines Erscheinens brachte das Buch um seine zeitige Rezeption. Die bittere Ironie, die darin liegt, mag zu den Betrübnissen der letzten Lebensjahre Blumenbergs beigetragen haben. Er, der Geschichte bedacht hatte, wie kein philosophischer Zeitgenosse sonst, und gegen ihre Verächter jeder Couleur verteidigt, fand sich von ihr im Stich gelassen.

Zur richtigen Zeit aufzutreten, bietet keine Garantie dafür, auch beachtet zu werden.

Hans Blumenberg, *Höhlenausgänge*, Frankfurt a. M. 1989

Mehr als genug

Ertrag der Nachdenklichkeit

> *Wer gelernt hat, Gedanken nachzuvollziehen, kann alles machen, außer Handarbeit. Aber auch über die kann er noch Entscheidungen treffen.*
>
> Robert Menasse, *Don Juan de la Mancha*

Das ist alles.
Hämebereitschaft der Tüchtigen, die das Treiben der Philosophen schon immer für überflüssig hielten, läse das Fazit seiner Dankesrede zum Sigmund-Freud-Preis prompt als ›Das ist alles nichts‹. Endlich scheint einer es auch einmal zuzugeben.

Man muß nicht zu den Verächtern gehören, um auf Anhieb enttäuscht zu sein. Wer nur diese Rede kennen würde, dürfte es.

Aufs Ganze des Werkes gesehen, ist Blumenbergs Apologie der Nachdenklichkeit vom Einbekenntnis ihrer Bedeutungslosigkeit ebenso weit entfernt wie von einer Ermahnung der Philosophie zur Bescheidenheit. Das Gegenteil ist der Fall. Die Lakonie der drei Worte dieses Schlusses ist eine zwar verhaltene, doch unverkennbar herrische Geste, in der trotziger Unwille gegen überzogene, weil uneinlösbare Ansprüche mitschwingt, die ihre wirkliche Leistung vereiteln müssen. Eine Geste der Souveränität, die unbescheidener nicht sein könnte.

Dieses *alles* nämlich ist nicht wenig. Und gar nicht geringfügig. Es ist mehr als genug: gerade so viel, verstehen zu können, wann es genug ist. Es ist das Kennwort der solidesten Erfüllung des Gesetzes, unter dem das Denken steht, Menschenleben zu ermöglichen: bestimmbar zu machen, was dazu ausreicht, und was noch zu leisten bleibt, um das Ausreichende hinreichend zu sichern. Nach dem Nachdenken weiß man genauer, was zu denken ist. Dann stellt sich das Wie des Wozu deutlicher dar.

Das ist alles heißt: mehr ist nicht möglich. Der ganze Ertrag und dessen Wert liegt im Verzicht auf dieses ›mehr‹. Nachdenklichkeit kann nur dann eine ›lebensweltliche‹ Bedeutung entfalten, wenn ihr nicht mehr abverlangt wird, als sie leisten kann. Was Resignation zu streifen scheint, ist der wirksamste Schutz vor der Enttäuschung, die in sie treiben müßte. Das Denken, dem am wenigsten abverlangt wird, kann, ungehindert ohne Einschränkung seinen eigenen Impulsen folgend, Resultate zeitigen, die jene Kraft der Lebensförderung entfalten können, die den Hoffnungshorizont des Denkens als einer vitalen Regung des Menschen bilden. Auch, ihm nichts abverlangend, wird man sich von ihm alles erhoffen, was für das Lebewesen, das denken muß, um leben zu können, Notwendigkeit bleiben, oder Bedürfnis werden mag. Deshalb muß das Denken frei sein. Frei von Erwartungen, die es in der Vorgabe eines Zieles beschränken würden. Auf nichts hin angelegt, kann es alles erreichen, was als Ziel erscheinen mag.

Genau deshalb kann nur enttäuscht werden, wer von Philosophie ein Wissen erwartet, das die großen Fragen des Lebens beantwortet, die das Verschwinden der Glaubensgewißheiten neu aufgeworfen hat. Im Zeitalter der Wissenschaft, dessen letzter Glaube der an das Wissen ist, müssen die Einsichten des Nachdenkens als vergleichsweise schwach erscheinen. Aber so sehr es auf Wissen angewiesen ist, so wenig vollzieht unser Leben sich als dessen Anwendung. Wir leben, indem wir nutzen, was auf Wissen beruht; nicht, indem wir es verwenden. Das ist die Chance des zweckfreien Denkens, das kein Ziel hat, außer, besser zu verstehen. Oder überhaupt.

Nachdenken ist keine ›Methode‹ der Philosophie, die sie sich in der Konkurrenz zur Wissenschaft immer wieder selbst abverlangt, sondern eine Haltung des Philosophierens als Aktivität bewußter Lebensführung. Sie ist die Gestalt der jedermann möglichen Teilhabe an Philosophie, und deren tatsächliche Wirkung in der Lebenswelt, zu deren verbreitetsten Überzeugungen gehört, auf sie verzichten zu können.

Noch inmitten ihrer zivilisatorischen Einrichtungen besteht die Welt aus Ungewißheiten. Die ›Sorge‹, die sie bereiten, verlangt nach Vorsorge zur Abwendung von Gefahren aller Art. Führt ein Weg vom Nachdenken zur Vorsorge? Kann das ›Nachgedachte‹ mit seinen Einsichten in Vorheriges Teil der Bewältigungsvorbereitung auf Folgendes sein? Die Frage ist der Kern der Legitimation des historischen Bewußtseins. Wieviel Vergangenheit geht in Zukunft über? Wieviel von ihr muß bekannt und beachtet bleiben, um vor der Zukunft und ihren anderen, neuen Möglichkeiten und Verbindlichkeiten nicht zu versagen, und ihren Unwägbarkeiten standzuhalten?

In Nachdenklichkeit einen Wert fürs Leben zu sehen, beruht auf der Überzeugung, daß nichts Künftiges sein und auskommen wird, ohne Gewesenes aufgenommen zu haben und fortzuführen. Am überzeugendsten belegt sie die Entwicklung der Technik. Zum Mond konnte nur geflogen werden, weil es die Entwicklung von Raketen als deutsche ›Wunderwaffen‹ gegeben hatte, und die leitenden Ingenieure beider Unternehmungen dieselben waren. Cape Canaveral hätte es ohne Peenemünde nicht gegeben. Vorgedachtes nachzudenken, machte schließlich den kleinen Schritt eines Menschen als den großen der ins All ausgreifenden Menschheit möglich.

Indem sie bekräftigt oder verwirft, was als Einsicht schon festzustehen scheint, öffnet Nachdenklichkeit den Raum, in dem Irrtümer behebbar werden. Irrtümer, die jeder Bemühung um Einsicht immer aufgrund der Neigung zur Übereilung drohen, da sie unter dem Regime der Überlebenserfordernisse gewonnen werden *muß*. Wir können erkennen, weil wir es müssen, andernfalls nicht gewußt werden könnte, wie zu leben ist. Die Nachdenklichkeit zügelt die Überstürzung, und fängt die Gedanken wieder ein, die mit dem Erkennen unter dem Druck seiner immer wirksamen, aber nur selten bewußten Notwendigkeit durchgingen. Ihr Verfahren beruht auf der einen und einzigen Frage: Ist es so, oder nicht auch anders?

So können wir mehr wissen, als wir müssen, und verstehen, warum: mehr, als zum Leben unmittelbar erforderlich. Nur dadurch kann es die Vorstellung, und manchmal die Verwirklichung, eines ›besseren‹ Lebens geben, das immer jenseits der Pflichten liegt, die die Selbsterhaltung ihm auferlegt. Nur im Überfluß tritt das Unerläßliche hervor: in der Probe, worauf sich verzichten läßt. Es muß mehr als genug geben, um herausfinden zu können, was reicht. Alles muß immer noch einmal gedacht werden, um zu erfahren, ob es schon genug war.

Nichts so hinzunehmen, wie es sich gibt; alles immer noch einmal auf seinen Sinn und dessen Erweisbarkeit hin zu befragen, macht Nachdenklichkeit zu einer Form von Widerständigkeit, die es mit dem Widerstand aufnimmt, als welcher die Wirklichkeit sich ihrer Erfahrung, mehr noch ihrer Bewältigung entgegenstellt. Das Fragen ist ihr wichtiger als das Antworten. Das ist allen Dogmatikern ein Greuel. Nachdenklichkeit ist die Souveränität des Denkens in Aktion. Die ihr gemäßen Gattungen sind der Essay, und der Aphorismus: die Disziplinen des Erprobens. Als Praxis des Philosophierens mündet sie in keine als Lehre zu vertretende Philosophie.

Ihr Ertrag besteht darin, daß danach etwas nicht mehr ist, wie vorher, ohne daß es anders geworden wäre: gleich geblieben, ist es sich im Denken näher gekommen.

Das verleiht ihr einen Zug des Bilanzierens. Ein Ende auf sich zukommen zu sehen, macht nachdenklich, und aufs Ganze eines Lebens gesehen, erhebt sich die Frage, ob das alles war. Das war es. Immer. Weshalb es im Denken noch einmal durchlebt werden muß, sich seiner Erfolge und Versehen, seiner Irrtümer und Bewährungen zu versichern, um damit einverstanden sein zu können, daß es, so, wie es war, alles war, das möglich gewesen ist.

Ihrem letzten Buch, das keines mehr war, sondern eine Serie bruchstückhafter Aufzeichnungen des Abschieds in der beginnenden Agonie, gab Marguerite Duras den trefflichsten aller dafür möglichen Titel: *C'est tout, Das ist alles.*

Sich an das endende Leben klammernd, erscheint ihr das vergangene als ein Nichts, und das Denken als Garant der Vergeblichkeit. *Es ist nichts. Alles, was man macht, es ist nichts. – Worauf es ankommt, das ist das äußerste Denken, das nirgendwohin führt, zu nichts* (51).

Mit seiner Erzählung *Bereitschaftsdienst* hat Hans Erich Nossack eine Daseinsparabel des Standhaltens gegeben. *Nur eine geringfügige Wendung, nur ein unbeabsichtigter winziger Schritt, ganz aus Versehen, und da war das Nichts mit seinem Sog.* Dagegen besteht nur die heroische Nüchternheit des Aus- und Durchhaltens: *wir können nur die Routine des Daseins erhalten, das ist die einzige Chance* (121; 90).

Das Leben selbst, um dessen Verständnis Nachdenklichkeit sich bemüht, *ist* Umweg –: von Nichtsein zu Nichtsein. Leben heißt, unterwegs zu sein vom Nicht-mehr-nicht-Sein zum Wieder-nicht-Sein. Die davon unabweisbar immer wieder aufgeworfene Frage *Wozu?* ist unbeantwortbar. Um eine Antwort (er)finden zu können, müßte ein Merkmal der Verschiedenheit beider Zustände des Nicht-Seins benennbar sein. Nur dann wäre diese elementare Umwegigkeit des Lebens von Nicht zu Nicht sinnvoll, wenn beide nicht dieselben wären. Aber beide Zustände lassen sich nicht vergleichen, da sich von ihnen nichts wissen läßt.

Für den Vor- und Nach-Lebens-Nicht-Zustand unentscheidbar, läßt sich *ein* Unterschied dennoch sicher angeben: die *Welt*, in der das Leben seine Umwege absolviert, ist nach dem Ende eines Lebens in ihr eine andere, als sie vor dessen Beginn gewesen ist. Die Umwegigkeit der individuellen Leben ist einer der Mechanismen der Welt, sich durch Veränderung zu erhalten. Sie besteht, indem sie ständig dasselbe auf dieselbe Art, und doch immer als ein Anderes, Niedagewesenes hervorbringt. In dieser individuellen Differenz desselben liegt, was es für das Bewußtsein eines Lebens als dessen ›Sinn‹ geben kann. Mit seinen eigenen Daseinsäußerungen trägt jedes einzelne Leben zum Weltprozeß unablässiger Veränderung bei.

Vor dem Abgrund des Tiefsinns, an dessen Rand das Sinnverlangen immer wieder führt – vor dem eindringlich zu warnen zu den Abschweifungen Blumenbergs im Gedankengespinst seiner Vorlesungen gehörte – bewahrt die Disziplin der Nachdenklichkeit, statt das Äußerste, das Naheste zu bedenken: das, was unter den Geboten der Selbsterhaltung das Nächstliegende ist. Phänomenologisch: was wir vor den eigenen Augen haben. In ihnen erscheint, was mehr ist als nichts, und alles uns Mögliche.

Hans Blumenberg, »Nachdenklichkeit«, in: Deutsche Akademie für Sprache und Dichtung, *Jahrbuch 1980*, Zweite Lieferung, Heidelberg 1981, 57–61
Marguerite Duras, *C'est tout/Das ist alles*, Frankfurt a. M. 1996
Robert Menasse, *Don Juan de la Mancha oder Die Erziehung der Lust*. Roman, Frankfurt a. M. 2007
Hans Erich Nossack, *Bereitschaftsdienst. Bericht über die Epidemie*, Frankfurt a. M. 1975; 1987

Im Geflecht der Bezüglichkeiten

Zum Titelbild

Seit ich sie als Kind im Von-der-Heydt-Museum zuerst, später dann in Werner Schmalenbachs Düsseldorfer Kunstsammlung NRW, deren Grundstock sie bildeten, zu sehen bekam, begleiten mich die Bilder Paul Klees. Mit ihnen bin ich groß geworden. Sie gehörten zu den Inspirationen meines Vaters, der wie Klee ein Musiker, ein Geiger, und ein Maler war.

Ihre frühe Faszination senkte sich ins Unbewußte so tief ein, daß sie sich in den eigenen bildnerischen Versuchen Jahrzehnte später regen mußte. Am deutlichsten tritt sie in dem Bild zutage, das zum Umschlag-Motiv dieses Buches wurde. Es ist eine der Miniaturen aus der »Abgestreift«-Serie aus dem Jahr 2010, die aus den Farbresten größerer Öl-Malereien auf den Kartons der Notizblöcke aus der schriftstellerischen Werkstatt entstanden. So ins Auge springend, daß es unmöglich war, ihr einen anderen Titel zu geben als »Zu Besuch bei Klee«.

1942 veröffentlichte Jankel Adler, dessen Bild »Treblinka« eine der künstlerischen Inspirationen meines Aufbruchs zu einer anthropologischen Ästhetik wurde (vgl. Steffens, *Poetik,* 124–136), in seinem Londoner Exil Erinnerungen an seine Zeit mit Klee an der Düsseldorfer Akademie. In dessen Bildern sah er *Visionen einer ursprünglichen Poesie.* Den ›primitiven‹ Künsten verwandt, komme es ihm *auf die Seele der Dinge an. Er will nahe sein dem ersten Wort, dem elementaren Sichkundtun, und gleichzeitig das einbeziehen, was folgen wird* (Adler, in: Grote, 103–105).

1957, in meinem Geburtsjahr, erschien Hans Blumenbergs Studie »›Nachahmung der Natur‹. Zur Vorgeschichte der Idee des schöpferischen Menschen«, bei deren Lektüre sich die Perspektive auf eine anthropologische Ästhetik theoretisch zu klären begann. Sie schließt mit einem Bezug auf Klee, in dessen Werk sich die schöpferische Souveränität des Subjekts mit dem Bewußtsein der lebensstiftenden elementaren Naturverhältnisse verbinde. *Ich denke an ein in der Bewußtheit seiner Antriebe so paradigmatisches Lebenswerk wie das von Paul Klee, an dem sich zeigt, wie im Spielraum des frei Geschaffenen sich unvermutet Strukturen kristallisieren, in denen sich das Uralte, Immer-Gewesene eines Urgrundes der Natur in neuer Überzeugungskraft zu erkennen gibt* (93).

Da befand Klees nach der Zeit der Verfemung als ›Entarteter‹ erneuerter Ruhm sich auf dem Höhepunkt. Will Grohmanns große Monographie hatte ihn 1954 repräsentativ in den Kanon der Moderne heimgeholt. In seinen Bildern erkannte die Nachkriegszeit sich so sehr wieder, daß ihre Gestaltung bis hinein in deren Design von Tapeten und Krawatten Teil der kollektiven Ästhetik wurde.

In der Charakterisierung, die Grohmann von Klees Person gab, tritt eine Verwandtschaft zwischen ihr und der des Philosophen hervor, die dessen Wiedererkennung seines Denkens in dessen Kunst aus der Theorie in das Leben zurückbindet, dessen Erhellung es ebenso gewidmet ist wie das Bildnertum des Malers. *Wie er andere nicht in sein Privatleben eindringen ließ, scheute er sich, in das seiner Freunde, Kollegen und Mitmenschen einzudringen, sogar im Gespräch urteilte er zurückhaltend. – In welchem Kreise Klee auch gegenwärtig war, er verharrte in seiner Zurückgezogenheit. Nicht daß er es gewollt hätte; er konnte nicht an-*

ders. – Alle Direktheiten waren ihm zuwider. Während von konkreten Dingen gesprochen wurde, übersetzte Klee in sein Beziehungssystem (Grohmann, *Klee*, 25).

In dem, was dem außenstehenden Beobachter als Verwandtschaft erscheint, tritt als Phänomen hervor, was den Zufall, der Unbezügliches in Beziehung setzt, als Wirkung einer *Anziehungskraft des Bezüglichen* offenbart. Sie hat die jenseits aller Kausalität wirkende Macht, *das Handeln der im Bereich dieser Anziehungskraft sich befindenden Menschen zu bestimmen, ohne ihnen zum Bewußtsein zu kommen* (Scholz, *Zufall*, 37).

Wenn es eine Geschichte des Geistes gibt, dann besteht deren Erforschung in der Offenlegung dieses Bezüglichkeitsgeflechtes.

Jankel Adler, in: Ludwig Grote, *Erinnerungen an Paul Klee*, München 1959
Hans Blumenberg, »›Nachahmung der Natur‹. Zur Vorgeschichte der Idee des schöpferischen Menschen«, in: *Wirklichkeiten, in denen wir leben. Aufsätze und eine Rede*, Stuttgart 1981, 55–103
Will Grohmann, *Paul Klee*, Stuttgart 1954
Wilhelm von Scholz, *Der Zufall*, Stuttgart 1924
Andreas Steffens, *Poetik der Welt*, Hamburg 1995

Nachweise

Apologie der Selbstbehauptung
Erstdruck in: Andreas Steffens, *Philosophie des 20. Jahrhunderts oder Die Wiederkehr des Menschen*, Leipzig: Reclam-Verlag, 1999, Vierter Teil: »Rückkehr aus der Menschenleere. Konturen einer Archäologie der Humanität«, IV: 294–306

Orbis Pictus
Erstdruck in: Andreas Steffens, *Poetik der Welt*, Hamburg: Europäische Verlagsanstalt, 1995, Kapitel V, 64–71

Philosophie jenseits der Philosophie
Erstdruck in: *zeitmitschrift. Journal für Ästhetik und Politik*, Düsseldorf, Heft 4, 1988, 157–160

Vorwegnahme posthumer Ausdrücklichkeit
Überarbeiteter und erweiterter Auszug aus: Andreas Steffens, *Selbst-Bildung. Die Perspektive der Anthropoästhetik*, Kunst und Bildung Band 6, Oberhausen: ATHENA-Verlag, 2011, 48–50

An Bord gerufen: Heimkehr ins Nicht
aus: Andreas Steffens, *Landgänge. Mensch und Meer*, Wuppertal/Wien: Arco Verlag, 2021

Landungsbrücke Philosophie
aus: Andreas Steffens, *Landgänge. Mensch und Meer*, Wuppertal/Wien: Arco Verlag, 2021

Georg Simmels Entdeckung der Lebenswelt
Erstdruck in: »Beobachtungen. Hans Blumenberg zum 70. Geburtstag«, in: *zeitmitschrift. Journal für Ästhetik & Politik*, Düsseldorf, 4. Jahrgang 1990, Heft 2, 276–279

Alle übrigen Texte sind bisher unveröffentlicht.
Die nicht mit einer Jahreszahl versehenen stammen aus den Jahren 2016 bis 2019.

Bibliographische Information der Deutschen Bibliothek: Die Deutsche Bibliothek verzeichnet diese Publikation in der Deutschen Nationalbibliographie; detaillierte bibliographische Daten sind im Internet über http://dnb.ddb.de abrufbar.

Der Arco Verlag unterstützt die Kurt-Wolff-Stiftung für eine vielfältige Verlags- und Literaturszene.
www.kurt-wolff-stiftung.de

© Arco Verlag, Wuppertal, 2021
Alle Rechte vorbehalten.

Umschlaggestaltung: Praxis für visuelle Kommunikation, Wuppertal, unter Verwendung von Andreas Steffens: »Besuch bei Klee«, Öl auf Karton, 21x15 cm, 2010, aus der Serie: »Abgestreift. Gemalte Miniaturen«, Katalog Galerie Epikur, Wuppertal 2011, Abb. 13

Druck und Bindung: MCP – Mazowieckie Centrum Poligrafii, Marki
Printed in Poland
ISBN 978-3-96587-015-4

Arco Verlag GmbH, Obergrünewalder Straße 17, D-42103 Wuppertal
Arco Verlag (Wien), Lorbeergasse 10/12, A-1030 Wien
Tel.: 0043 (0)1 715 46 06 / Fax: 0049 (0)202 263 4000
www.arco-verlag.com I service@arco-verlag.com